ULLSTEIN

Das Buch

»Meinen Eltern bedeute ich viel, besonders meinem Vater. Ich war sein Lieblingskind. Aber ich habe ihn und meine Mutter zutiefst verletzt. Ich habe etwas getan, das sie nie von mir erwartet hätten: Ich habe ihre Religion, ihren Glauben missachtet. Und damit ihren Stolz und ihre Ehre, die ihnen noch mehr bedeuten als ihre Tochter.«

Ayşes größter Wunsch: ein selbstbestimmtes Leben. Doch dies ist unmöglich in der archaischen Welt ihrer Familie. Ihre Eltern wollen Ayşe zwingen, ihren Cousin Hassan zu heiraten, dem sie seit ihrer frühsten Kindheit an versprochen ist. Er ist Jeside wie sie. Und so will es die Tradition und die Ehre der Familie. Ayşe jedoch liebt einen Deutschen. Im August 2002 nimmt sie den Kampf gegen ihre Eltern auf und flieht. Alles ist vorbereitet: Tagebücher und Adressbuch sind vernichtet, heimlich beiseite gelegtes Geld steckt in ihrer Tasche – und ein Bahnticket zu ihrem Freund nach München. Es wird eine Flucht auf Lebenszeit – denn Ayşes Eltern hätten nun lieber eine tote Tochter, um die Ehre der Familie zu retten.

Die Autorin

Ayşe wurde am 20. März 1981 in Berlin geboren. Ihre Eltern sind vor 25 Jahren aus der Türkei nach Berlin ausgewandert. Sie sind Jesiden, eine verfolgte Religionsgemeinschaft unter den Kurden mit archaischen Traditionen. Nach der Schule absolvierte Ayşe eine Ausbildung zur Krankenschwester. Ihr erster Fluchtversuch missglückte, aber die deutsche Polizei konnte sie aus der Gewalt ihrer Familie retten und brachte sie zu der Berliner Kriseneinrichtung Papatya. Mittlerweile lebt Ayşe an einem geheimen Ort und hat eine neue Identität angenommen. Doch die Angst, von ihrer Familie gefunden zu werden, bleibt – ihr Leben lang.

Ayşe

Scheherazades Tochter

Von meinen eigenen Eltern
zum Tode verurteilt

Aufgezeichnet von
Isabella Kroth

Ullstein

Scheherazades Tochter schildert Ereignisse, die sich wirklich zugetragen haben. Alle im Buch vorkommenden Personen sind Personen des wirklichen Lebens. Um ihre Privatsphäre zu schützen, werden manche von ihnen unter einem veränderten Namen vorgestellt.

Dank

Ich möchte mich bei all den lieben Menschen bedanken, die immer für mich da waren. Insbesondere bei Oliver, Jasmin und den Leuten von Papatya.

Besuchen Sie uns im Internet:
www.ullstein-taschenbuch.de

Umwelthinweis:
Dieses Buch wurde auf chlor- und säurefreiem Papier gedruckt.

Ullstein Verlag
Ullstein ist ein Verlag des Verlagshauses
Ullstein Heyne List GmbH & Co. KG.
Originalausgabe
1. Auflage Januar 2004

Lektorat: Regina Carstensen
Umschlaggestaltung: Thomas Jarzina, Köln
Titelabbildung: Corbis, Düsseldorf
Gesetzt aus der Sabon
Satz: KompetenzCenter, Mönchengladbach
Druck und Bindearbeiten: Ebner & Spiegel, Ulm
Printed in Germany
ISBN 3-548-36484-5

Prolog

Meine Eltern hätten lieber eine tote Tochter als eine sündige. Das weiß ich inzwischen. Mit diesem Buch laufe ich Gefahr, dass meine Familie mich findet. Trotzdem wollte ich meine Geschichte aufschreiben. Denn ich weiß, dass ich sie mit mehr als dreißigtausend Frauen in Deutschland teile. Frauen, die wie ich unter den patriarchalisch geprägten Strukturen ihrer Familien zu leiden haben.

Meine Eltern sind Jesiden, das ist eine kleine Religionsgemeinschaft unter den Kurden. Vor einem Vierteljahrhundert sind sie von Diyarbakır, einer Stadt im Süden der Türkei, nach Berlin gekommen, um hier zu arbeiten. Mitgebracht haben sie die Tradition, innerhalb der jesidischen Familie zu heiraten, um den eigenen Zusammenhalt zu stärken. Denn zum jesidischen Glauben kann man sich nicht bekennen. Jeside ist man von Geburt an und man bleibt es bis zum Tod. In diesen Glauben kann man nur hineingeboren werden, so wie ich.

Nach dem Willen meiner Eltern sollte ich meinen Cousin Hassan heiraten. Das konnte ich jedoch nicht, das wäre für mich wie eine Vergewaltigung auf Lebenszeit gewesen. Denn ich liebe Oliver, einen Deutschen, den ich vor fast zwei Jahren kennen gelernt habe und um den ich kämpfen will.

Um Spuren zu verwischen, kann ich die wahren Namen der Personen, mit denen ich zu tun hatte, und die der Orte, in denen ich mich aufhielt, nicht nennen. Das ändert aber nichts daran, dass meine Geschichte so passiert ist, wie ich sie erzählen werde. Eine Geschichte, deren Verlauf ich durch meine Flucht von zu Hause selber in die Hand genommen habe, die aber noch kein glückliches Ende gefunden hat. Ich bin zu Oliver geflohen, dem Mann, den ich liebe und der mich liebt. Bei ihm habe ich mein Glück gefunden, aber damit gleichzeitig meine Ehre und damit die meiner ganzen Familie beschmutzt.

Wenn ich meine Eltern jetzt von meiner geheimen Unterkunft aus anrufen würde, würden sie mir vielleicht vorschlagen: »Komm zurück, Ayşe, es ist noch nicht zu spät.« Möglicherweise würden sie versuchen, die Hochzeit erneut für mich zu arrangieren, wenn Hassan mich trotz allem noch will. Andernfalls würden sie mich mit irgendeinem anderen jesidischen Mann verheiraten, und das so schnell wie möglich, ich bin ja schon einundzwanzig Jahre alt.

Ich werde aber nicht mehr zurückkehren. Deshalb wird meine Flucht auch erst dann wirklich beendet sein, wenn mich einer meiner Verwandten aufspürt, mich zu meinen Eltern zerrt oder sogar einen Ehrenmord an mir begeht. Wie eigenartig das klingt, Ehrenmord. Fast schön. Grausam schön. Es geht aber nicht um meine Ehre, es geht um die meiner Eltern, meiner Familie. Ich selber lebe dann ja nicht mehr.

Ehrenmorde passieren. Nicht nur irgendwo in der Türkei, dem Land, aus dem meine Eltern stammen, sondern hier, mitten in Deutschland, in einer Großstadt wie

Berlin. Obwohl ich inzwischen weit entfernt von ihnen lebe, drehe ich mich immer noch um, wenn ich durch die Stadt laufe. Ich habe Angst, meinem Vater zu begegnen oder einem meiner vielen Cousins. Irgendwann wird das einmal der Fall sein, da bin ich mir sicher. Vielleicht geschieht es sogar heute oder morgen.

Meine Familie ist groß und in der Religionsgemeinschaft der Jesiden halten alle zusammen. Ich weiß nicht, wie viele Menschen bewusst nach mir suchen. Sie alle wissen, wer ich bin, aber ich habe einige von ihnen noch nie gesehen, vielleicht noch nicht einmal von ihnen gehört.

Meinen Eltern bedeute ich viel, besonders meinem Vater. Ich war sein Lieblingskind. Aber ich habe ihn und meine Mutter zutiefst verletzt. Ich habe etwas getan, das sie nie von mir erwartet hätten: Ich habe ihre Religion, ihren Glauben missachtet. Und damit ihren Stolz und ihre Ehre, die ihnen noch mehr bedeuten als ihre Tochter.

Erster Teil

Die Hochzeit

Die Braut liegt in seinen Armen. Sie halten sich an den Händen, drehen sich, das Publikum klatscht den Takt. Die Braut lacht, sie wirft den Kopf in ihren Nacken, eine weiße Rose fällt aus den tiefschwarzen Haaren. Der Bräutigam tanzt aufrecht, stolz und ernst. Die Musik wird schneller, immer schneller, die Gäste johlen, auf der Stirn des Mannes steht der Schweiß. Das weiße Kleid der Braut fegt den Boden, Kinder springen aus der Menge hervor, sie sammeln die Rosen auf, die die Gäste dem Brautpaar zuwerfen.

Wir feiern in einer großen Sporthalle im Osten von Berlin. Dreihundert Gäste sind gekommen. Fast jedes Restaurant wäre da zu klein gewesen. Deshalb haben die Eltern des Brautpaars diese Halle gemietet, haben Biertische aneinander gereiht und darauf weiße Papiertücher ausgebreitet. Auf diese Weise ist ein sechzig Meter langes Bankett entstanden, an das sich die Gäste später, nach dem Hochzeitstanz, setzen werden, um zu essen.

Hochzeiten finden in unserer Familie fast jede Woche statt. Immer heiratet irgendwo in Deutschland einer meiner Cousins oder eine Cousine. Oft genug sind die Verwandtschaftsgrade so weitläufig, dass ich mir gar nicht mehr die Mühe mache herauszufinden, um wie viele Ecken ich tatsächlich mit dem Hochzeitspaar verwandt bin.

Manchmal glaube ich, alle Jesiden hier in Deutschland sind eine einzige große Familie. Eine Familie, zu der ich aber nicht mehr gehören will. Ich will sie verlassen. Heute Abend.

Das Fest ist ein Abschied – nicht nur für mich. Es ist ein Abschied für die sechzehnjährige Braut Şhirin, die weiß, dass nun ihre Jugend beendet ist. Von nun an hat sie die Pflichten einer Ehefrau zu erfüllen, muss Kinder bekommen und den Haushalt einer neuen Familie übernehmen, nämlich den der Eltern ihres Bräutigams Ibo. Sie beginnt ein Leben, für das sie sich nicht entschieden hat. Die Entscheidung haben ihre Eltern gefällt. Sie haben nicht gewartet, bis sie volljährig ist. Oft genug werden in meiner Familie Töchter an den Mann gebracht, solange sie noch blutjung sind. Und zu schüchtern, um sich zu wehren. Aber Şhirin lacht, sie hat sich mit der arrangierten Ehe abgefunden. Ihr Bräutigam Ibo ist mit Anfang dreißig keineswegs zu alt und hässlich ist er auch nicht. Insofern hat Şhirin Glück gehabt.

Aber ich glaube nicht an solche Hochzeiten. Ich glaube nicht daran, dass sich irgendwann einmal wahre Liebe zwischen Şhirin und Ibo einstellen wird. Auch deshalb ist dieses Fest das letzte Mal, dass ich mit meiner Familie eine Hochzeit feiere. Dass ich mich schön mache, obwohl ich hier für niemanden schön sein will. Ich tanze auch das letzte Mal in diesem Kreis, obwohl ich es nicht will, lächle, obwohl mir zum Weinen ist. Es ist der 23. August 2002, ein Freitag. Ich sage mich heute von meiner Familie los.

Meine Familie? Es ist eine Familie, die mir immer fremd war. Fremd bleiben wird. Meine Eltern, meine Geschwister, ich kann sie nicht verstehen und auch sie verstehen mich nicht. Würden mich nicht verstehen. Denn im Grunde wissen sie nichts von mir. Meine Gedanken, meine Wünsche und Träume – die kennen sie nicht.

Die Dinge, über die ich mit meinen Eltern spreche, das sind nur Geld, Verbote und die Männer, die um mich werben. Über Gefühle rede ich nie mit ihnen. Im Grunde kenne jedoch auch ich meine Eltern ebenso wenig wie sie mich. Ihre heimliche Sehnsucht nach der Türkei und die Probleme, die sie in Deutschland haben, wo sie sich nicht heimisch fühlen, erahne ich immer nur. Aber so ist das bei uns: Wir reden nicht über Gefühle. Nur bei Beerdigungen oder Hochzeiten lassen wir Trauer oder Wehmut zu.

Als mein Vater von der Türkei nach Deutschland ging, hoffte er auf ein besseres Leben, hier in Berlin. Meine Mutter ist mit ihm in die Fremde gezogen. Sie hat sich Beriwan, meine älteste Schwester, die gerade geboren war, um die Brust gewickelt. Meine Eltern hatten alles, was sie besaßen, in Koffer und Tüten gepackt. Nur ihr Herz ließen sie da, in der Türkei. Mein Herz jedoch empfindet nichts für ihre Heimat. Meine Heimat ist Deutschland.

Die Kultur meiner Eltern ist mir fremd. Ich bin als Jesidin zur Welt gekommen, aber ich fühle und denke anders als der Rest meiner Familie. Ich bin in diese Kultur hineingeboren worden, aber identifizieren kann ich mich nicht mit ihr. Ich weiß, dass meiner Familie ihr Glaube alles bedeutet. Das hängt mit der Geschichte ihrer Religion zusammen.

Es ist eine Religion, die am Aussterben ist, obwohl sie mehr als dreitausend Jahre alt sein soll. Bevor sich der Islam in Kurdistan ausbreitete, hatte sich fast die gesamte Bevölkerung dem Jesidentum angeschlossen.

Jetzt gibt es auf der ganzen Welt nur noch etwa sechshunderttausend Jesiden. Ungefähr vierzigtausend davon leben in Deutschland. Eine ungeheuer große Zahl, wenn man bedenkt, dass in der Türkei – einem der Herkunftsländer der Jesiden – nur noch höchstens dreihundert von ihnen leben.

Die meisten Jesiden, die hier Asyl erhalten haben, kommen aus den kurdischen Gebieten des Vorderen Orients, so wie meine Eltern. Oder sie sind aus dem Irak geflohen. Oder aus Syrien, Georgien und Armenien. Ganz gleich, wo Jesiden leben, sie werden verfolgt und bedroht. Im Gegensatz zu vielen anderen kurdischen Religionsgemeinschaften haben sich die Jesiden der Islamisierungswelle widersetzt. Und sind deshalb massivem Druck durch die Muslime ausgeliefert.

Teufelsanbeter, Lichtauslöscher und Heiden – Jesiden werden mit vielen Namen beschimpft. Dahinter steht der Vorwurf, einer dubiosen Geheimreligion oder Sekte anzugehören. Dabei ist der Glaube gar nicht so verschworen oder ungewöhnlich. Vieles aus anderen Religionen findet sich darin wieder: Jesiden glauben an Gott und an die sieben Engel, an Adam und Eva, sie beten und fasten, machen Pilgerfahrten und lassen ihre Söhne beschneiden. Wie bei den Indern gibt es bei Jesiden ein Kastenwesen. Und wie bei den Zoroastriern haben Sonne und Mond eine besondere Bedeutung für uns, sie sind uns heilig.

Aber eigentlich sind die meisten Jesiden, zumindest die, die im Exil leben, nicht besonders religiös. Viele gehören zu der Kaste der Murid, den »Laien«. Die Murid umfassen die einfache Bevölkerung, zu der auch meine Familie gehört. Bei ihnen steht nicht der Glaube im Vordergrund. Sie beten nicht, sie pilgern nicht zum Heiligtum der Jesiden im Irak, dem Tempel von Lalish, um sich dort mit anderen Jesiden zu Ehren von Sheikh Adi, unserem Propheten und Begründer des Kastenwesens, zu treffen.

Es sind vielmehr die gesellschaftlichen Regeln, an denen festgehalten wird. Und eine Regel kennen und befolgen sie alle: Heirate nur innerhalb deines Glaubens und deiner Kaste.

Die Konsequenz daraus: Ein Jeside muss eine Jesidin heiraten, um die Gemeinschaft am Leben zu erhalten. Und weil es so schwierig ist, den passenden Partner zu finden, heiratet man innerhalb der Großfamilie.

In dem Wohnblock, in dem meine Eltern leben, sind tatsächlich alle Nachbarn eng verwandt mit mir. Mein Vater hat ein Haus in einem Randbezirk von Berlin gebaut. Nach und nach sind alle seine Geschwister – er hat vier Brüder und eine Schwester – mit ihren Familien in die Nachbarschaft gezogen.

Auch heute sind sie alle hier. Viele der Gäste habe ich erst ein paarmal gesehen, manche noch nie. Aber mich begrüßen im Gedränge der Hochzeit fast alle, sie wissen, wer ich bin. Mein Vater ist sehr beliebt. Und angesehen, weil er es vom einfachen Steinsetzer zu einem reichen Mann mit eigenem Haus und Garten gebracht hat.

Neben mir steht meine Cousine Songül. Sie wohnt in dem Haus neben dem unseren. Wie die anderen jubelt sie dem Hochzeitspaar zu, lacht. Wie hübsch Songül heute aussieht in ihrem beigefarbenen langen Rock und der weißen Bluse. Im Kreis der anderen, die sich um das tanzende Paar versammelt haben, wippt sie zur Musik. Ich kann mich dem Rhythmus der Musik nicht hingeben, obwohl ich eigentlich gerne tanze. Ich stehe wie angewurzelt da und zwinge mich zu einem Lächeln. Es fühlt sich an, als trüge ich eine Maske.

Ich gehe schon lange nur noch auf Hochzeiten mit, wenn es unbedingt nötig ist. Wenn jemand aus meiner engeren Verwandtschaft heiratet und meine Eltern mir sagen: »Du musst aber.«

Früher bin ich voller Freude auf Hochzeiten gegangen. Weil ich dann der Langeweile daheim entkommen konnte. Ich bin eine gute Tänzerin und durfte deshalb oft den Zug der Hochzeitsgäste anführen. Ich habe das genossen: die bewundernden Blicke, das schöne, teure Kleid, das ich anziehen durfte, den Schmuck und das Make-up.

Aber jetzt habe ich genau das satt. Diese Zeremonien, die traditionellen kurdischen Tänze, das Gehabe der Männer, das Heulen der Frauen und nicht zuletzt die Blicke, die mir dort zugeworfen werden. Ich habe ihr System durchschaut. Eine Hochzeit bei uns ist immer auch ein großer Heiratsmarkt. Im Grunde nichts als Fleischbeschau. Viel wert ist, wer jung und noch zu haben ist, wer aus einer guten Familie kommt und dazu noch hübsch ist. Bei mir trifft alles zu.

Der offizielle Hochzeitstanz ist vorbei. Die Gäste klatschen Beifall, das Paar lacht erschöpft. Meiner Cousine Şhirin ist schwindlig, ihr frisch angetrauter Ehemann Ibo muss sie halten. Aber auch er schwankt ein wenig.

Die Gäste drängen sich zu den Tischen. Die älteren Frauen tragen bunte Röcke über Hosen, dazu Blusen und bestickte Kopftücher als Schmuck fürs Haar. Die Männer stolzieren in braunen oder schwarzen Pluderhosen umher, sie haben sich rote, grüne oder bunte

Schärpen umgebunden und tragen weiße Hemden und Jacketts. Heute hat jeder das Feinste, was in seinem Schrank hängt, angezogen. Die Älteren traditionelle Gewänder, die jungen Mädchen Abendkleider, so wie ich.

Meins ist aus dunkelgrünem Samt und bodenlang. An der Taille ist es geschnürt und an den Seiten gerafft. Meine Mutter hat das Kleid selber genäht und mir zu meinem achtzehnten Geburtstag geschenkt. Die Farbe hat sie wegen meiner Augen gewählt. Ich bin die Einzige in meiner Verwandtschaft mit grünen Augen. Schon allein deshalb denke ich manchmal, dass ich nicht zu dieser Familie gehören kann. Wie viele Male hatte ich dieses Kleid bereits an! Aber heute, wenn ich fortgehe, werde ich es ausziehen, um es nie wieder tragen zu müssen.

Die Band spielt weiter jesidische Folklorelieder, aber niemand achtet mehr darauf. Das Stimmengewirr der vielen hundert Gäste übertönt die Musik. Şhirins Vater, mein Onkel Cemal, hält alles auf Video fest: die mit bunten Girlanden geschmückte Halle, die Gäste, die eben noch tanzten und jetzt zu den Tischen drängen. Er filmt die Kinder, die Alten, die Band. Dann schwenkt er herum und hält die Kamera auf mich. Ich lächle gequält, winke in die Kamera. Das ist das letzte Bild, das ihnen von mir bleiben wird. Wenn meine Familie zusammensitzen wird, um dieses Video anzusehen, bin ich schon längst fort.

Wie viele Hochzeitsvideos habe ich schon gesehen! Wie viele Stunden saß ich bereits mit Şhirin oder meinen anderen Cousinen – Songül, Zozan, Yuksel und Şükriya – nachmittags im Wohnzimmer. Wir durften ja nie raus, in die Stadt, in Cafés oder im Sommer ins Schwimmbad. Meistens haben wir uns dann eben diese Filme angesehen. Bis zu elf Stunden lang saßen wir zusammen auf dem Sofa und haben uns ein Video nach dem anderen angesehen. Immer das ganze Fest, vom Anfang bis zum Ende. Es gab keinen Zusammenschnitt der besten Szenen.

Am Anfang war ich immer dabei, wenn wir über dieses und jenes Kleid diskutiert haben oder uns über die Brüste der alten Frauen lustig gemacht haben, die bei den traditionellen Tänzen hoch und runter wippten. Vor allen Dingen ging es uns natürlich um das Hochzeitspaar. Passt es überhaupt zusammen? Finden wir das Kleid der Braut schön? Die Frisur und das Make-up? Hat sie Glück gehabt, so einen Mann zu erwischen? Oder finden wir den Bräutigam eklig?

Wir waren erst zwölf oder dreizehn Jahre alt, und keines von uns Mädchen kam ernsthaft darauf, das arrangierte System der Verheiratungen in Frage zu stellen. Irgendwann langweilte es mich aber schrecklich, immer nur mit meinen Cousinen zusammen zu sein.

Ich fühlte mich unter ihnen zunehmend wie eine Fremde. Ich starrte zwar weiterhin auf den Fernsehbildschirm, aber meine Gedanken waren woanders. Manchmal habe ich mir ausgemalt, dass ich diese Familie hier nur besuche. Dass ich ein Gast bin, der für eine gewisse Zeit bei ihnen wohnt. Der über ihre Gewohnheiten staunt, bis er wieder zurück nach Hause gehen kann. Manchmal kam ich mir vor wie eine Schauspielerin in einem Theaterstück. Ich spielte eine Rolle, wenn ich mit meinem Vater, meiner Mutter und meinen Geschwistern und meiner alten Oma auf dem Boden saß – so wie es bei uns üblich ist – und Hähnchen, Salat und Reis aß. Auch wenn ich die Fenster putzte, die Schuhe polierte, den Boden wischte, im Garten Fladenbrot buk oder wenn ich wieder einmal mit meinem Vater und einem jesidischen Mann, der zu uns kam, um bei meinem Vater um meine Hand anzuhalten, Pfefferminztee trinken musste. Nur indem ich die Realität verdrängte, konnte ich die gierigen Blicke des Mannes aushalten.

Aus dem Augenwinkel sehe ich, wie mich auch hier auf dem Fest die Männer mustern. Ich drehe mich nicht nach ihnen um. Aber ich weiß, später wird der eine oder andere nach meinem Vater fragen. Und ich weiß, dass mein Vater dann über mich verhandeln wird, nur um meinen Marktwert zu testen. Denn versprochen bin ich ja schon längst.

Hassan heißt der, den ich heiraten soll. Er ist mein Cousin. Heute sitzt er mir bei Tisch gegenüber. Keine Minute wird er mich aus den Augen lassen, ständig wird er mich beobachten, so wie er es immer macht. Ich will Hassan nicht heiraten. Aber für meine Eltern ist dies eine beschlossene Sache. Es ist schon neun Jahre her, seit sie die Hochzeit zwischen mir und ihm ausgehandelt haben. Ich war gerade dreizehn geworden.

Diesen Tag werde ich nie vergessen. Onkel Orhan und meine Tante Nesriye besuchten uns. Wenn Gäste kommen, ist es bei uns Brauch, dass eine Tochter zur Begrüßung in das Zimmer tritt, den Gästen die Hand küsst, um danach Pfefferminztee oder Kaffee zu bringen. Meine Tante habe ich immer gerne gemocht, deshalb freute ich mich, sie begrüßen zu dürfen. Ich weiß noch, wie sie mich an diesem Tag angesehen hat. Sie sah ganz gerührt aus. Ich ahnte nicht, dass sie mich bereits als ihre zukünftige Schwiegertochter anblickte.

Als ich den Tee ins Wohnzimmer brachte und mich

dann neben meine Tante auf die Couch setzen wollte, befahl mir mein Vater: »Ayşe, geh jetzt bitte in dein Zimmer. Deine Familie hat etwas zu bereden, von dem wir dir später erzählen werden.« Also erhob ich mich wieder und ging. Meinem Vater hätte ich niemals widersprochen. Ich weiß noch, wie gespannt ich den ganzen Nachmittag über war. Eine Überraschung! Nur fragen, das wagte ich nicht. Also wartete ich neugierig.

Am Abend, als wir uns alle zusammensetzten, um zu essen, ergriff mein Vater sein Glas und sagte: »Heute ist ein besonderer Tag, vor allem für dich, meine liebe Tochter!« Als er mich so ansah und lächelte, lächelte ich zurück, weil ich mich freute, dass er so glücklich aussah. »Heute feiern wir den Tag deiner Verlobung. Irgendwann, noch nicht gleich, wirst du deinen Cousin Hassan heiraten. Seine Eltern sind einverstanden.« Meine Mundwinkel sanken.

Was genau ihre Worte für mich bedeuteten, das Ausmaß des Unglücks, das dieser Abend über mich brachte, habe ich in dem Moment noch gar nicht erfassen können. Meine Reaktion war instinktiv.

Hassan ist mein Cousin, mit dem ich aufgewachsen bin, der mit mir im Sandkasten spielte, als ich klein war. Und den ich später mit Abscheu beobachtete, als er begann, sich die Haare nach hinten zu gelen, eine Zigarette nach der anderen rauchte und sich mit Freunden am Bahnhof Zoo traf, um dort Büchsenbier zu trinken und Frauen nachzustellen. Diesen Typen konnte ich doch unmöglich heiraten!

Damals sah ich meinen Vater entsetzt an und stammelte: »Aber das will ich doch gar nicht…« Aber meine Eltern schienen meine Worte gar nicht zu hören. Sie lächelten sich zu und stießen mit ihren Gläsern an.

Auch wenn meine Eltern inzwischen seit mehr als fünfundzwanzig Jahren in Deutschland leben – ihre Wurzeln sind immer noch tief im Südosten der Türkei vergraben, und die zaghaften Triebe, die sie in Berlin schlugen, sind genährt von dem traditionsreichen Boden ihrer Heimat. Von uns Kindern dulden sie keinen Widerspruch. Damals genauso wenig wie heute. Und sie könnten es auch nicht verstehen, wenn ich mich ihrem Willen widersetzen würde. Das verbietet schon allein die Pflicht der Kinder, ihren Eltern zu gehorchen. Nur ich werde mich heute Abend gegen ihre Regeln auflehnen. Keine Frau in meiner Familie ist bislang so weit gegangen.

Meine Mutter sagt immer: »Die Liebe kommt irgendwann ganz von alleine.« Sie wird es schon wissen. Mit fünfzehn Jahren wurde sie mit meinem Vater verheiratet, mitbestimmen durfte sie da nicht. Anfangs habe sie ihn nicht geliebt, hat sie mir einmal erzählt, aber mit den Jahren habe sich auch die Liebe eingestellt. Oder weiß meine Mutter vielleicht gar nicht wirklich, was Liebe ist? Vielleicht verwechselt sie ja Alltag und Vertrautheit mit echter, wahrer Liebe, weil sie die nie erlebt hat?

Wie ist das bei Şhirin, meiner Cousine, die heute im Brautkleid steckt? Ist sie verliebt? Die Hochzeit zwischen ihr und Ibo war schon lange geplant. Aber Şhirin ist anders als ich, sie hat sich damit abgefunden, in eine Familie geboren worden zu sein, in der der Wille einer Frau nichts zählt.

Wunderschön sieht sie aus, in dem langen weißen Brautkleid, mit den weißen Blüten in ihrem dunklen vollen Haar, das heute kunstvoll hochgesteckt ist. Şhirin ist zufrieden, man sieht es ihr an. Sie strahlt. Ich glaube aber trotzdem nicht, dass meiner Cousine bewusst ist, was nun auf sie zukommt. Der Umzug, weg von zu Hause. Ein neues Leben im Haus der Familie ihres Mannes. Der Druck, bald Kinder gebären zu müssen. Nicht eins oder zwei, eher fünf oder sechs, und dazu möglichst männliche Nachkommen. »Xodê kurekî bide te!«, wünschen sie der Frau kurz vor der Geburt ihres Kindes. Das heißt: »Gott schenke dir einen Sohn.« Manchmal weinen die Frauen, wenn es eine Tochter geworden ist.

Oft genug habe ich es bei meinen Cousinen erlebt, wie sich deren Leben als Ehefrau verändert hat. Waschen, putzen, bügeln, kochen. Keine Ausbildung, kein eigenes Geld. Und wenn die Ehe scheitert, weil der Mann sich scheiden lässt – niemals würde das eine jesidische Frau wagen –, müssen sie zurück zu den Eltern, auf deren Wohlwollen hoffen. Oder darauf, erneut einen Mann abzubekommen, der wahrscheinlich wesentlich älter, verwitwet ist. Aber zumindest kann er dann für sie sorgen.

Sämtliche Gäste haben sich nun gesetzt. Auf den Tischen stehen riesige Platten mit gebratenen Hühnern, Reis und Salat. Im Hintergrund spielt die Band weiter unsere Heimatlieder: Musik, die stolz klingt, dramatisch, schön und ein wenig traurig zugleich.

Songül und ich sitzen nebeneinander. Mein Vater sitzt zwei Tischlängen entfernt von mir. Er muss nur nach rechts auf die andere Tischseite sehen, um mich genau im Blick zu haben. Meine Mutter, eine kleine, sehr schlanke Frau mit strengem Scheitel und einem Haarknoten, sitzt ihm gegenüber. Auch wenn Frauen in meiner Familie eigentlich dem Mann zu gehorchen haben, ihn bedienen müssen und niemals widersprechen dürfen, ist es dennoch meine Mutter, die bei uns daheim das Sagen hat. Mein Vater macht alles, was sie sagt – immer.

Ich bemerke den Blick meines Bruders Nuri, der zur linken Seite meines Vaters sitzt. Er sieht zu mir herüber, ohne zu lächeln. Sein Blick ist ernst und kontrollierend. Dann wendet er den Blick wieder ab. Ich weiß, dass er mich diesen Abend nicht aus den Augen lassen wird. Mein Bruder kontrolliert mich permanent, auf Schritt und Tritt.

Wie soll es mir später nur gelingen, mich davonzuschleichen? Wenn ich länger als fünf Minuten fort bin, werden sie es bemerken, mich suchen gehen. Ich werde schnell sein müssen.

Ich denke an Leila. Ihr Schicksal will ich nicht teilen.

Leila war fünfzehn, als sie plötzlich verschwand. Sie war die älteste Tochter von Ali, dem besten Freund meines Vaters. Ali ist auch Jeside und kam oft mit seiner Frau und Leila zu uns zu Besuch. Seit vierundzwanzig Jahren arbeiten mein Vater und Ali schon gemeinsam und genauso lange währt ihre Freundschaft. Ali ist ein großer Mann, ein richtiger Schrank, und älter als mein Vater. Immer wenn es klingelte, stritten Beriwan und ich. Keine von uns beiden wollte zur Begrüßung den Tee servieren. Wir hatten Angst vor Ali. Meistens musste schließlich ich gehen, da meine Schwester mir drohte, meinen Eltern Lügen über mich zu erzählen. Sie verstand es schon immer, ihre Macht über mich auszuspielen.

Und wenn ich Ali zur Begrüßung die Hand küsste, so wie es bei uns üblich ist, erschrak ich jedes Mal wieder über seine riesigen Pranken. Meine Mutter begrüßte Ali stets mit einem freundlichen Lächeln und bot den beiden Männern selbst gemachtes Baklava – zuckersüßes kurdisches Blätterteiggebäck – zum Tee an. Aber in ihrer Zurückhaltung bemerkte ich eine stille Abneigung gegen den Mann, der so oft in unserem Wohnzimmer saß und dessen dröhnende Stimme durch das ganze Haus zu hören war. Sie ließ die Männer allein, und auch wir Geschwister vermieden es, den Raum zu betreten.

Aber über den Besuch von Alis Tochter Leila freute ich mich immer sehr. Sie war fünf Jahre älter als ich und mein Vorbild. Ich bewunderte ihre Schönheit und mochte sie wegen ihrer ruhigen Art, in der sie sich mit mir unterhielt. Sie behandelte mich wie eine junge Erwachsene, sie nahm mich ernst.

Doch irgendwann kam Ali nur noch allein zu uns. Es war, als sei Leila ausgelöscht worden. Seit sie weg war, sprach niemand mehr über sie. Ich hatte das nie verstanden.

Aber eines Tages erfuhr ich die Wahrheit.

»Ali war wieder bei Süleyman zu Besuch«, sagte mein Vater eines Abends, als er den Telefonhörer auflegte. Sein Tonfall war nachdrucksvoll, und ich merkte sofort, dass es sich um ein düsteres Geheimnis handelte.

Ich wusste instinktiv, dass seine Worte mit etwas Schrecklichem zusammenhängen mussten. Später, als meine Schwester und ich in unseren Betten lagen, fragte ich sie, ob sie wüsste, was denn mit Alis Sohn Süleyman los sei.

»Das weißt du nicht?«, fragte sie mich. In ihrer Stimme hörte ich eine gewisse Genugtuung und die triumphale Gewissheit, mich verängstigen zu können. Beriwan knipste ihr Nachttischlicht an und drehte sich zu mir um. Mit der Geschichte, die sie mir dann mit bedeutungsvoller Stimme erzählte, setzte sich für mich ein

Puzzlespiel zusammen, dessen Einzelteile ich zuvor zwar schon kannte, dessen Ganzes mir aber immer unbegreiflich gewesen war. Ich kroch zu ihr ins Bett, als sie begann, von Leila zu erzählen.

Leila hatte ein Geheimnis gehabt, das sie wie ihren Augapfel hütete. Es war ein pakistanischer Muslim, den sie nicht lieben durfte. Ihr Bruder hatte Leila entdeckt, als sie Jemal gerade zum Abschied umarmte, ihn küsste und ihren Kopf an seinem Hals vergrub. Der Bruder riss die fünfzehnjährige Leila aus den Armen ihres Geliebten, zerrte sie nach Hause und sperrte sie in eine Kammer, mit der Drohung: »Warte nur, bis deine Eltern nach Hause kommen.« Als der Vater heimkam, verprügelte er Leila, bis sie aus dem Mund blutete und starr vor Angst und Schmerzen am Boden lag. Eine Woche verging, in der Leila sich langsam wieder erholte. Ihren Freund durfte sie nie wieder sehen. Leila aber hielt sich nicht an das Verbot ihrer Eltern. Sie war naiv oder vor Liebe blind, je nachdem, wie man das sehen mag. Eines Abends kam sie zu spät nach Hause. Bereits an der Haustür fing ihr Vater sie ab. Ali war rasend vor Zorn, er schlug wieder auf Leila ein. So lange, bis ihr Gesicht geschwollen, die Augen blutunterlaufen und ihre Nase gebrochen war. Und bis sie zugab, bei Jemal gewesen zu sein.

An diesem Abend sperrte Ali seine Tochter erst in ihr Zimmer ein. Ein paar Stunden später zerrte er sie in sein Auto und fuhr mit ihr in den Wald. Irgendwo dort hielt er an. Im Wagen beschimpfte er sie, brüllte ihr seine Verachtung entgegen, nannte sie Hure und Nutte, bis Leila ihn wimmernd um Verzeihung bat. Plötzlich tauchten in der Dunkelheit die hellen Scheinwerfer zweier Autos auf. Die Wagen hielten, und zwei von Leilas Brüdern, ihre Mutter und ein Onkel stiegen aus – und Jemal, den sie an den Haaren festhielten und auf diese Weise zwangen, mit anzusehen, was mit Leila geschah.

Ali befahl Leila, sich vor ihm auf den Boden zu knien. Er hielt eine Pistole in der Hand und zielte auf den Kopf seiner Tochter. Mit einem einzigen Schuss setzte Ali Leilas Leben ein Ende. Leilas Familie packte Jemal, der vor Angst zitterte und sich nicht wehrte, und schleppte ihn mit zu sich nach Hause. Leila ließen sie zurück.

In der Küche fesselten Ali und seine Söhne Jemal an einen Stuhl. Leilas Mutter stellte Töpfe auf den Herd und füllte sie mit Wasser. Sobald das Wasser kochte, schütteten sie es Jemal über das Gesicht und den Körper. Er sollte fühlen, wie das ist, sich mit Alis Familie anzulegen. Jemal hat es überlebt, aber seitdem ist er furchtbar entstellt.

Die Polizei fand Leilas Leiche – sie lag in einem blauen Plastiksack, vergraben in der Nähe der Stelle, wo Leila getötet worden war. Es dauerte nicht lange, bis es an Alis Tür klingelte und die Beamten ihm einen Durchsuchungsbefehl vor die Nase hielten. Ein Anwohner hatte beobachtet, dass an jenem Abend drei Wagen aus dem Wald fuhren, kurz nachdem er einen Schuss gehört hatte. Der Anwohner hatte die Nummernschilder notiert und sie der Polizei mitgeteilt.

Leilas Familie hatte schon mit dem Besuch der Polizei gerechnet. Jemal vermochten sie zwar zum Schweigen zu bringen; sie hatten ihm gedroht, ihn umzubringen, falls er jemandem erzählen sollte, wer ihn so zugerichtet hatte. Aber sicher konnten sie sich trotzdem nicht fühlen. Die Familie hatte sich deshalb zusammengesetzt und vereinbart, dass sich Alis Sohn Süleyman für seinen Vater stellen sollte, da Ali weiterhin die Familie ernähren musste. Die Polizei führte Süleyman ab, er wurde zu lebenslanger Freiheitsstrafe verurteilt.

Als mir meine Schwester die Wahrheit über Leilas Verschwinden erzählte, war es, als gefriere mir das Blut in den Adern. Ich wusste, dass Mädchen, die sich dem Willen ihrer Eltern entzogen, bestraft wurden. Aber diese Geschichte klang so unwirklich, so fern. Ich konnte mir nicht vorstellen, dass meine Eltern mit so einem Mann wie Ali, einem Mörder, verkehrten. Und ihn als guten Freund der Familie sogar in unser Haus ließen!

Als ich neben meiner Schwester im Bett lag, während sie mir alles erzählte, schüttelte ich unwillkürlich meinen Kopf. Ich konnte und wollte das nicht glauben. Ich stand auf und lief ins Wohnzimmer zu meinen Eltern. »Ist es wahr, dass Ali Leila umgebracht hat?« Mein Vater sah mich bestimmt an. »Ja, weil sie es verdient hat.« Da begann ich zu weinen. Ich war verzweifelt, weil ich die Welt und vor allem meine Eltern nicht mehr verstand. Immer noch hoffte ich, dass meine Eltern lachen und mir sagen würden, dass die Geschichte nur erfunden sei. Ein Märchen, das mich nur ein bisschen erschrecken soll. Aber das taten sie nicht. Stattdessen sagte meine Mutter: »Heul jetzt bloß nicht. Wenn du einmal so etwas machst wie Leila, dann passiert dir genau dasselbe.« Ihre Worte klangen so harsch, dass ich es ihr glaubte.

Als ich von Beriwan erfuhr, was Ali getan hatte, war ich zehn Jahre alt. Seitdem habe ich ähnliche Geschichten immer wieder gehört. Aber Leilas Fall kann ich nicht vergessen. Denn ihr Mörder kam regelmäßig zu uns nach Hause.

Bei dem Gedanken an Leila wird mir kalt vor Angst. Ich umfasse meine weiße Korallenkette und küsse sie blitzschnell, damit es keiner der Hochzeitsgäste sieht. Die Kette bringt mir Glück. Sie hat mich noch nie im Stich gelassen. Ich bete, sie möge es auch heute nicht tun.

Um mich herum haben die anderen Gäste zu essen begonnen. Die Männer und Frauen greifen hungrig mit den Händen in das weiße Fleisch der gebratenen Hühner. Besteck gibt es nicht. Daran nimmt hier niemand Anstoß. Wenn ich bei einer deutschen Hochzeit die Finger benutzen würde...! Das wirkt so barbarisch.

Aber Jesiden sind keine Barbaren. Im Gegenteil. Sie pflegen ihre Traditionen, ihre Tänze und Gesänge, die Frauen fertigen die kunstvollsten Stickereien an und viele der Männer beherrschen das Spiel der Flöte, die Trommel oder – wie mein Vater – das Saiteninstrument Saz. Jesiden sind stolze Menschen, die gerne miteinander feiern, Menschen, denen ihre Ehre alles bedeutet.

Ich esse mit ihnen, weil ich nicht auffallen will. Bis auf die Musik hört man fast nur noch das leise Schmatzen und ein paar vereinzelte Wortfetzen. Der Brautvater hebt das Glas. »Auf die Liebe!«, ruft er. Innerlich lache ich bitter auf bei so viel Verlogenheit. Die Gäste greifen nach den dickwandigen Gläsern, heben sie in die Luft und rufen: »Pirozbe!« – »Hoch das Paar!« Ich habe vergessen, nach meinem Glas zu greifen. Songül stupst mich an. »Ayşe, aufwachen!« Songül ist meine Cousine und gleichzeitig meine älteste und beste Freundin innerhalb der Familie. Ich sehe sie an, nehme mein Glas und proste ihr zu. Sie lächelt. »Schau doch nicht so ernst!«

Wie gerne würde ich ihr alles erzählen. Vielleicht würde sie mich ja verstehen. Die Verlockung ist groß, jemanden in mein Geheimnis einzuweihen, das ich nun schon so lange mit mir herumtrage. Doch Songül ist eine von ihnen. Eine Jesidin. Vermutlich zählt auch bei ihr die Familie mehr als unsere Freundschaft. Wie würde sie reagieren, wenn später, nach meiner Flucht, meine Eltern, ihre eigene Familie, unsere sämtlichen Verwandten Druck auf sie ausüben würden? Songül zwingen würden, mich zu verraten? Ich weiß nicht, ob sie diesem Drängen standhalten könnte. Das Risiko darf ich nicht eingehen. Ich sehe auf die Uhr. Nur noch eine halbe Stunde. Wenn ich es bis dahin nicht schaffe, mich von der Hochzeit davonzuschleichen, verpasse ich den Zug. Aber bislang ist der richtige Zeitpunkt nicht gekommen. Ich will warten, bis sie sich satt zurücklehnen. Dann werde ich gehen und mein Platz wird den ganzen restlichen Abend leer bleiben. Irgendwann wird mich meine Familie suchen. Aber nicht finden. Werden sie dann aufbrechen, sich ins Auto setzen und die Stadt nach mir durchkämmen? Oder werden sie die Hochzeit weiterfeiern, bis sie zu Ende ist, und dann erst die Polizei informieren? Auf meinem Handy werde ich nicht zu erreichen sein. Die Chipkarte liegt zerbrochen im Mülleimer der Damentoilette. Ich habe die Karte erst hier in der Sporthalle entsorgt, weil ich daheim keine Spuren hinterlassen wollte.

Es ist alles vorbereitet. Mein Adressbuch, meine Tagebücher – diese Sachen habe ich schon vor einer Woche in einen Container am anderen Ende der Stadt geworfen. Und im Gebüsch auf dem Weg zu der Bushaltestelle, zu der ich später laufen werde, liegt eine schwarze Sporttasche mit Kleidung, meinem Ausweis und Geld.

In dem grünen Täschchen, das auf meinem Schoß

liegt, steckt der Plan. Ich habe alles darauf aufgeschrieben: die Haltestelle meiner Buslinie, das Gleis, von dem aus mein Zug vom Bahnhof Zoo abfährt, und die Abfahrtszeit. Für alle Fälle. Falls ich den Kopf verliere. Bei dem Zettel befindet sich auch mein Zugticket sowie die Reservierung für die Fahrt von Berlin nach München.

Oliver und ich haben das alles schon vor drei Monaten geplant. Damals ist meine Liebe nach München gezogen, um dort mit einem Grafikdesignstudium zu beginnen. Ich wollte erst noch meine Ausbildung als Krankenschwester beenden und dann nachkommen. Die Prüfungen habe ich nun alle bestanden. Den heutigen Tag habe ich für meine Flucht bestimmt. Heute fahre ich Oliver hinterher.

»Şhirin sieht glücklich aus, oder?«, fragt mich Songül. Ich schrecke hoch und sehe zu dem Brautpaar am Kopf der Tafel. »Möglich«, antworte ich meiner Cousine. »Ich glaube allerdings nicht, dass sie glücklich bleibt.« Songül blickt die Tafel entlang zu Şhirin und ihrem Bräutigam. »Du magst Recht haben«, sagt Songül nachdenklich. »Sie ist verliebt und froh, so einen Mann wie Ibo bekommen zu haben, aber er empfindet nichts für Şhirin. Er wird sie mit Sicherheit betrügen.« Songüls Worte klingen hart. Vor einem Monat hat sie selbst ihre Hochzeit gefeiert. Achmed heißt der Mann, den sie nicht liebt und den sie trotzdem heiraten musste, weil die Eltern es so wollten. Über seine Zukunft ist dabei ebenso bestimmt worden wie über ihre. Beide sind neunzehn und für sie ist es selbstverständlich der erste Mann, aber für ihn ist Songül nicht die einzige Frau. Schon eine Woche nach der Hochzeit war Achmed plötzlich verschwunden. Drei Tage lang wusste niemand, wo er war. Bis Achmed zurückkam und Songül erzählte, dass er eine andere Frau liebt. Eine Deutsche, mit der er schon lange vor der Hochzeit zusammen war. Und dass er seinen Eltern einfach nicht widersprechen konnte, als sie ihm sagten, er müsse Songül heiraten, seine weitläufige Verwandte. Weil Songül schrie und ihn beschimpfte, als sie das hörte, schlug Achmed sie. Seitdem ist Songül still, wenn er in ihrer Nähe ist.

Heute Abend sitzen die beiden getrennt voneinander. Achmed hat sich zu seinen Freunden gesellt. Ich werfe einen Blick zu ihm. Mir war Achmed noch nie sympathisch. Aber wie er jetzt angetrunken mit den anderen Männern lacht und Zoten reißt, kann ich verstehen, weshalb Songül Angst vor ihm hat.

Meine Cousine seufzt. Sie scheint sich mit ihrem Schicksal abfinden zu wollen. Aber einen Teil ihres Stolzes, ihrer Selbstachtung hat sie verloren. Ihre Ehe wird wahrscheinlich eine lebenslange Verletzung sein.

»Und du, freust du dich schon auf deine Hochzeit, Ayşe? Sie soll im Oktober sein, nicht wahr?« Songül sieht mich an. Sie lächelt, aber sie zieht dabei die Mundwinkel nach unten. Ihren Worten verleiht sie mit ihrem Blick eine bittere Bedeutung. Ich muss ihr nicht antworten, sicher ahnt sie, dass ich Hassan nicht liebe.

Wann immer mich Hassan besuchen kam, habe ich Songül zu mir gebeten, damit ich nicht mit ihm allein sein musste. Ich wollte ihn weder küssen noch auf seine Liebesbeteuerungen eine Antwort geben. Hassan liebt mich wirklich. Jedenfalls sagt er das. Aber ich empfinde nichts für ihn. Mehr noch: Er widert mich an. Ich liebe Oliver.

Oliver. Der Gedanke an ihn gibt mir Kraft, macht mir wieder Mut. Ich mag so vieles an ihm, vor allem das Gefühl von Wärme und Liebe, das er mir gibt. Und ich mag es, Oliver zuzusehen, wenn er es nicht merkt. Er legt so viel Sorgfalt in jeden seiner Handgriffe, ganz egal, ob er Kaffee kocht, ein Regal zusammenbaut oder meinen Arm mit Salbe eincremt, wenn er wieder einmal einen meiner Blutergüsse entdeckte, die oft so groß wie ein Ei waren. Die Schläge, die ich daheim bekommen und Oliver so lange verschwiegen habe, sind auch ein Grund, weshalb ich heute Abend weglaufe.

»Ja«, belüge ich Songül nach einer Pause. »Ich freue mich schon. Nur noch zwei Monate.« Songül nickt und streicht mir lächelnd über die Schulter. Berührungen wie diese sind in meiner Familie selten. Songül ist so nett zu mir, vielleicht treten mir deshalb Tränen in die Augen. Ich wende schnell meinen Kopf ab, sie soll nicht sehen, dass ich weine.

Wahrscheinlich würde das aber auch keinen Unterschied machen. Ich habe nicht das Gefühl, dass sie mir glaubt, wenn ich ihr sage, dass ich mich auf die Hochzeit freue.

Ich sehe meinen Cousin Osman an, der auch schon verheiratet und ähnlich wie Songüls Mann unglücklich mit seiner Situation ist. Auch er liebt eine deutsche Frau. Vor seiner Hochzeit ist er fünfmal weggerannt. Fünfmal! Aber sie haben ihn immer wieder gekriegt. Mir darf das nicht passieren.

Osman musste Nuriye heiraten. Jetzt bleibt er öfter einfach über Nacht weg, manchmal sogar für ein paar Tage. Alle wissen das und niemand sagt etwas. Es wird stillschweigend geduldet. Eine verlassene Ehefrau, das bedeutet Schande.

Ich spüre, wie mein Vater mich anschaut. In seinen Augen lese ich Stolz. Stolz darauf, eine so hübsche und sittsame Tochter zu haben. Eine Tochter, die nicht aufbegehrt und die sich vor den Angeboten der Männer kaum retten kann. Meine älteste Schwester Beriwan ist schon sechsundzwanzig Jahre alt. Für eine jesidische Frau ist das fast zu alt zum Heiraten. Mein Vater sorgt sich, weil niemand sie will. Normalerweise bieten Männer vierzigtausend Euro für die Ehe. Für sie hat erst einer etwas geboten – fünfundzwanzigtausend Euro. Für meinen Vater war das damals zu wenig. Jetzt bereut er, nicht auf das Angebot eingegangen zu sein.

Viele Familien beklagen die ruinöse Preistreiberei bei Hochzeiten. Manche Eltern verausgaben sich vollkommen, weil sie sich für ihren Sohn eine Tochter aus einer angesehenen und gut situierten Familie wünschen. Mein Vater wiederum ist besorgt, dass er einen schlechten Ruf bekommt, wenn er Beriwan zu billig hergibt. Mit mir würde er auf jeden Fall viel Geld machen. Hunderttausend Euro. So viel bieten Hassans Eltern. Es soll nicht so klingen, als wäre mein Vater hinter dem Geld her. Aber das Geld zeigt die hohe Wertschätzung. Es ist eine Ehre, so viel für eine Tochter geboten zu bekommen.

Ich schaue noch einmal zu meinem Vater. Er sieht meinen Blick und lächelt unter seinem Schnauzer hervor. Eigentlich ist sein Lächeln kaum zu erkennen. Aber ich weiß, es ist da, ich sehe es an seinen Augen. Mein Vater gehört zu den Menschen, die mehr mit den Augen lächeln als mit dem Mund.

Hassan sieht auch zu mir her. Auf Festen wie diesem kontrolliert er jedes meiner Gespräche, jeden Blick von mir. Er ist so eifersüchtig, dabei schaut er selbst ständig

Frauen hinterher. Seine Blicke stören mich. Wenn er mich ansieht, habe ich das Gefühl, als würde ich ihm jetzt schon gehören. Ich will ihm aber nicht gehören. Ich empfinde nichts für ihn, im Gegenteil, er stößt mich ab. Mit seinem schmalen, länglichen Gesicht und den eng an die Kopfhaut gegelten Haaren sieht er aus wie eine Ratte, die mich ständig beobachtet. Ich sehe ihn offen an, ohne zu lächeln, und sage mir innerlich: Niemals.

Dann sehe ich zu meiner Schwester Beriwan. Sie stopft mit beiden Händen Essen in sich hinein. Kein Wunder, dass sie so dick ist. Sie achtet nicht auf sich. Stopft sie so, weil sie wirklich hungrig ist? Oder ist es Frust, weil sie wieder nicht beachtet wird? Oft war meine Schwester gemein zu mir, weil sie eifersüchtig war, wenn Besuch kam, der sich nur für mich interessierte und nicht für sie. Einmal hat mich mein Vater zur Seite genommen und gesagt: »Ayşe, warum gehst du nicht mit deiner Schwester in die Stadt und kaufst ihr Kleidung?« Wie peinlich, dass mein Vater das zu mir sagen musste, schließlich ist meine Schwester fünf Jahre älter als ich. Ich bin nie mit Beriwan einkaufen gegangen, wir haben uns nicht viel zu sagen.

Mein älterer Bruder Nuri sitzt neben ihr. Ich habe immer Angst, wenn er mich beobachtet. Manchmal berichtet er mir von der Arbeit und seinen Frauengeschichten oder er geht mit mir ins Kino. Aber genauso kann er aus heiterem Himmel unwahrscheinlich brutal sein. Er schlägt dann so heftig zu, dass ich nach seinen Schlägen jedes Mal wochenlang mit blauen Flecken herumlaufe. Von mir erzähle ich daher nie etwas. Ich kann ihm nicht vertrauen.

Selbst heute trage ich eine dicke Schicht Make-up, weil das blutunterlaufene Auge, das er mir vor zwei Wochen verpasst hat, immer noch zu sehen ist. Es geschah, nachdem er mich mit dem Auto von der Arbeit abgeholt hatte. Nuri bot mir an, noch mit ihm ins Kino zu gehen. »Men in Black II« wollte er sich ansehen. Ich war froh über die Abwechslung und freute mich schon auf den Film. Als wir uns an der Kasse anstellten, traf ich Matthias, einen Kollegen vom Krankenhaus. Matthias kam gleich auf mich zu, küsste mich links und rechts auf die Wange. Dann unterhielten wir uns kurz über die Arbeit. Ich ahnte schon, dass dies meinem Bruder nicht gefallen würde. Aber dass er so reagieren würde, hätte ich nicht gedacht: Kaum war Matthias weg, zerrte mich Nuri vor das Kino und stellte mich zur Rede. Was das denn solle? Ob ich denn mit jedem anbändeln müsse? Ich schämte mich, weil die Leute alle hersahen. »Lass mich in Ruhe«, zischte ich ihm zu. Da schlug er mir mit der geballten Faust ins Gesicht. Mein Auge schwoll sofort zu. Nuri stieß mich anschließend ins Auto und fuhr mit mir nach Hause. Wütend, weil er den Film nicht sehen konnte. Ich saß auf dem Beifahrersitz und habe die ganze Fahrt über nichts mehr gesagt. Nur still geweint. Das Gesicht tat mir furchtbar weh.

Ich lasse den Blick weiter durch die Halle wandern. Wie vielen Frauen in diesem Raum geht es wohl wie mir? Es ist nicht so, dass in jeder jesidischen Familie Frauen geschlagen und unterdrückt werden. Mit dem Glauben hat das gar nichts zu tun. Im Gegenteil, das Jesidentum ist eine friedfertige Religion. Von klein auf sind mir Werte wie Ehrlichkeit und Hilfsbereitschaft eingetrichtert worden. Ich kann ja auch nur von meiner eigenen Familie sprechen. Von meinem Vater, der mir nicht in die Augen sehen kann, wenn er mich schlägt. Ich bin seine Lieblingstochter, aber gerade deshalb muss er hart zu mir sein. Davon ist er überzeugt.

Oder meine Mutter. Sie ist sehr streng, und wenn sie wütend ist, dann prügelt sie mit allem, was ihr in die Hände fällt, auf mich ein. Pfannen, Schuhe, Wischmopp, Kerzenständer. Ihr wächst schnell alles über den Kopf. Mit Stress kann sie nicht umgehen. Manchmal versuche ich, sie zu verstehen. Sie ist sehr unglücklich hier in Deutschland. Die Kultur ist und bleibt ihr fremd, die deutsche Sprache hat sie nie gelernt. Daheim sprechen wir deshalb kurdisch. Nur fluchen kann meine Mutter auf Deutsch. Sie kennt die Worte »Scheiße«, »Hure«, »Schlampe« und »Flittchen«. Ich versuche immer, meine beiden jüngeren Geschwister – Aysun, die vierzehn ist, und Ismael, der erst sechs ist – in Schutz zu nehmen. Sie werden die Einzigen aus meiner Familie sein, die ich vermissen werde, wenn ich weg bin.

Das Läuten einer Glocke reißt mich aus meinen Gedanken. »Ah, das Theaterstück beginnt«, sagt Songül. Gegenüber von den Tischen haben die Männer eine kleine Bühne aufgebaut. Jetzt ist sie hell erleuchtet. In der Halle dagegen geht das Licht aus. Die Gäste haben aufgehört zu essen, sie haben sich zu der Bühne hingedreht. Sie warten. Gespannt, obwohl jeder weiß, was jetzt kommt.

Bei jeder Hochzeit führen die Kinder ein Stück auf, das die Eltern mit ihnen eingeübt haben. Einmal habe auch ich bei so einem Schauspiel mitgemacht. Was ich da eigentlich darstellte und was die Aussage des Stücks war, begriff ich erst sehr viel später.

Ohne Ansage beginnt das Stück, es ist immer dasselbe.

Das Bühnenbild ist schlicht. Auf eine Leinwand wird das Foto einer Siedlung projiziert, davor, auf der Bühne, ist eine Hütte zu erkennen, die vorne offen ist. Eine alte Frau – ein kleines Mädchen, dessen Haare weiß gefärbt sind – sitzt auf einem Stuhl. Sie kaut Nüsse und beobachtet die Kinder, die vor ihr auf dem Boden spielen. Auf einmal hört man laute Schreie. Die alte Frau reagiert nicht, sie ist schon taub und sehr gebrechlich. Die Kinder sehen sich erschrocken an. Durch das Fenster der Hütte sieht man das Flackern von Feuer. Die Schreie werden lauter. Jetzt bemerkt auch die Alte das Feuer. Ihr Gesicht verzieht sich ängstlich, mühsam erhebt sie sich aus dem Stuhl und beginnt zu jammern: »O weh, ich bin ganz allein – Sohn und Tochter sind aus, nur die Kinder und ich zurückgeblieben.«

Inzwischen weiß ich, was hier dargestellt wird: Es ist der Konflikt zwischen Kurden und Türken. Die alte Frau und die Kinder leben in irgendeinem kleinen Dorf in der Türkei. Sie sind arm, das erkennt man an der Kleidung und an der schäbigen Hütte. Jetzt sind sie dem Angriff der Türken ausgeliefert – und niemand ist bei ihnen, um zu helfen.

Die Tür an der Seite der Hütte wird aufgerissen, hinein drängen sich drei Angreifer, vermummte Männer, die mit Pistolen und Gewehren bewaffnet sind.

Die Alte beginnt zu flehen: »Verschont uns! Ich bin alt und meine Enkel sind noch kleine Kinder …« Aber die Männer kennen keine Gnade. Einer zielt bereits auf den Kopf eines der Kinder. Doch dann taucht ein junger Mann – es ist mein kleiner Bruder Ismael – auf der Bühne auf. Er steht hinter den drei Türken in der Tür und schreit: »Lasst die Gewehre fallen, das Spiel ist aus!« Der

Sohn der Alten ist rechtzeitig heimgekehrt, er hat die Familie gerettet. Das ist das Ende des ersten Aktes.

In der Turnhalle ist es ganz still. Auf der Bühne erlischt das Licht. Im Halbdunkel sehe ich, dass sich meine Oma eine Träne aus den Augen wischt. Ich weiß genau, wie es weitergeht: Im nächsten Akt wird ein Sprecher auf die Bühne treten, erklären, was hier vorgefallen ist. Es werden noch mehr Überfälle geschehen, es werden Menschen sterben und am Ende werden die jesidischen Kurden als Sieger hervorgehen. Bei allen Feierlichkeiten werden diese Theaterstücke aufgeführt. Als Erinnerung an die Vergangenheit, an die Heimat, an die Unterdrückung.

Diesmal werde ich das Stück nicht bis zum Ende ansehen.

Ich wische mir die Hände an der weißen Stoffserviette ab und flüstere Songül zu: »Bin gleich wieder da.« Im Schutz der Dunkelheit stehe ich auf und gehe langsam zum Ausgang. Wer mich jetzt beobachtet, wird denken, dass ich auf die Toilette gehe. Niemand wird merken, dass ich gerade dabei bin, den wichtigsten Schritt meines Lebens zu machen.

Mein kleiner Bruder Ismael ist mir hinterhergelaufen. »Ayşe!« Ich drehe mich zu ihm um. »Wie fandest du mich?«, fragt er. Ismael trägt immer noch Schminke und Kostüm. Er strahlt mich an. Ich lächle ihm zu: »Du warst großartig«, sage ich. Ismael ist noch ganz aufgeregt von seinem Auftritt. »Wohin gehst du denn? Setzt du dich gleich zu mir?« Erwartungsvoll sieht er zu mir hoch. »Ich gehe nur kurz aufs Klo. Nach dem Stück setze ich mich zu dir, okay?«

Das war gelogen, aber es musste sein. Ich darf jetzt

keine Zeit mehr verlieren. Nur noch zehn Minuten. Dann fährt der letzte Bus. Wenn ich den nicht erwische, verpasse ich meinen Zug.

Ich werde nervös. Trotzdem zwinge ich mich, normal weiterzugehen, nicht zu laufen.

Die schwere Tür der Sporthalle fällt mit einem dumpfen Krachen hinter mir zu. Hier draußen ist die Musik nur noch leise zu hören. Klack, klack, klack. Meine Absätze donnern auf dem Steinboden. Ich versuche, leiser zu laufen. Schließlich ziehe ich einfach die Schuhe aus und beginne zu rennen. Vorbei an den Umkleidekabinen und Duschen, einen langen Gang entlang, dann bin ich beim Ausgang.

Es ist ganz einfach. Noch drei Schritte bis zur ersten Glastür, fünf zur zweiten, schließlich bin ich im Freien. Es ist alles ganz normal. Ich habe mich auf den Weg gemacht, nur dass ich das sonst fast nie allein tue.

Egal, ob ich zur Arbeit gegangen bin oder nur kurz um den Block – immer hat mich mein Bruder oder einer meiner Cousins begleitet. Nicht, weil meine Eltern mir nicht zutrauten, allein die Straße überqueren zu können. Vielmehr befürchteten sie, ich könnte bei einem Alleingang einen Mann kennen lernen oder angesprochen werden. Manchmal habe ich mir gedacht, das wäre für meine Familie schlimmer, als wenn mich ein Auto erfassen würde.

Selbst in der Schule fühlte ich mich beobachtet. Nuri, der zwei Klassen über mir war, überprüfte in den Pausen, mit wem ich zusammenstand. Auf dem Nachhauseweg lief er neben mir her. Nur im Klassenzimmer war das anders. Da gab es keine Geschwister, keine Späher, die mich auf Schritt und Tritt beobachteten. Erst später, mit der

Ausbildung zur Krankenschwester, habe ich ein bisschen mehr Freiheit für mich gewonnen. Dort ist es dann auch passiert. Ich habe Oliver kennen gelernt.

Eigentlich wollte ich bereits auf Songüls Hochzeit fliehen, um zu ihm zu kommen. Doch dann habe ich einen Fehler gemacht. Mein Handy, das ich normalerweise nie vergesse, ließ ich zu Hause liegen. Meinen Eltern wäre es in diesem Fall leicht gefallen, herauszubekommen, wo ich bin. Sie hätten nur die Nummer, die ich zuletzt gewählt hatte, anrufen müssen. Dann wäre Oliver am anderen Ende der Leitung gewesen und meine Eltern hätten nur noch kombinieren müssen. Also musste ich spätabends einfach wieder wie die anderen Hochzeitsgäste nach Hause gehen. Daheim habe ich Oliver angerufen, der mich am nächsten Morgen in München abholen wollte. Er war enttäuscht, weil er dachte, ich würde mich vielleicht doch nicht trauen, meine Familie zu verlassen. Heute aber werde ich es schaffen.

Es ist warm draußen und noch nicht ganz dunkel. Der Beton von der Straße und den Häusern gibt die Wärme des Sommertags wieder, aus dem Gebüsch hört man das abendliche Zirpen der Grillen. Um fünf vor halb zehn fährt mein Zug. Mir bleibt jetzt noch knapp eine halbe Stunde. Und nur fünf Minuten, bis der Bus fährt.

Ich halte kurz inne, um mich zu orientieren. Dann laufe ich weiter, renne, bis ich zu der Stelle komme, an der ich meine Tasche im Gebüsch versteckt habe. Ein Glück, dass sie niemand weggenommen hat! Sonst wäre wieder alles vorbei gewesen. Ich hätte neue Papiere beantragen und noch einmal eisern sparen müssen. Denn das Geld, das ich während meiner Ausbildung verdiente, musste ich immer gleich meinen Eltern geben. Protestiert habe ich nie dagegen, Geld war für mich nicht ausschlaggebend. Wichtig war mir vielmehr die Freiheit, die ich durch die Arbeit gewann.

Mein Herz klopft bis zum Hals, als ich mir im Schutz der Dämmerung mein Kleid über den Kopf streife und Jeans und ein T-Shirt überziehe. Barfuß schlüpfe ich in die Turnschuhe. Wie gerne würde ich das Kleid und die Pumps einfach im Gebüsch liegen lassen, genau wie meine gesamte Vergangenheit. Aber ich muss aufpassen, keine Spuren zu hinterlassen. Also stopfe ich die Sachen in die Tasche, schultere sie und mache mich auf den Weg zur Bushaltestelle. Ich weiß, ich trage nicht nur das Kleid und die Schuhe mit mir, sondern auch die einundzwanzig Jahre, die ich im Kreis meiner Familie verbracht habe. Einundzwanzig Jahre, die nicht immer nur hart, nicht immer nur brutal und erniedrigend waren. Es gab auch schöne, liebevolle Zeiten. Vater, Mutter, meine Geschwister – vielleicht sehe ich sie nun für lange Zeit nicht wieder. Bei dem Gedanken daran, von nun an ganz auf mich gestellt zu sein, fühlt sich alles in mir kalt an.

Dabei sehne ich diese Stunde seit meinem sechsten Lebensjahr herbei. Es war ein Tag im Sommer, und im Grunde war es ein Tag wie so viele andere in meinem Leben als Kind. Trotzdem änderte sich an diesem alles. Wenigstens für mich. Meine Mutter war wieder einmal wütend auf mich. Weshalb, habe ich vergessen. Vielleicht war sie überfordert mit ihren drei Kindern, der winzigen Wohnung und einem Mann, der immer erst am späten Abend heimkam und dann eine warme Mahlzeit wollte. Ich kam gerade vom Spielen auf dem Hof zurück in die Wohnung. Ich störte sie, wohl weil ich zu laut war oder zu frech. Vielleicht habe ich auch etwas Falsches gesagt oder getan. Vielleicht wollte sie aber auch gerade nur ihre Ruhe vor uns Kindern. Ich weiß es nicht. Aber an diesem Tag hat mich meine Mutter besonders heftig geschlagen. Ohrfeigen gab es damals regelmäßig, daran hatten wir uns gewöhnt. Meine Mutter ist keine kräftige Frau, doch wenn sie zuschlägt, dann mit voller Wucht. Ich habe mich trotz ihrer Zerbrechlichkeit immer vor ihr gefürchtet. Sogar noch mehr als vor meinem Bruder. An jenem Tag war das auch so. Sie baute sich vor mir auf und fing an zu schimpfen. Ich verstand gar nicht, was los war, fing an zu weinen und rannte einfach weg. Raus auf die Straße.

Die Frau von dem Kiosk gegenüber winkte mich zu sich und schenkte mir einen Riegel Schokolade. Das hat sie immer gemacht, wenn sie sah, dass ich Tränen in den Augen hatte. Es war unser kleines Ritual. Als Kind war ich richtig dick.

Ich blieb bei der Frau, setzte mich zu ihr in den Kiosk und durfte dabei helfen, Zigaretten und Zeitschriften zu verkaufen. Nach etwa einer Stunde ging ich heim. Der Zorn meiner Mutter war aber immer noch nicht verraucht. Im Gegenteil. Sobald sie mich sah, schleuderte sie mit aller Gewalt einen ihrer spitzen Schuhe nach mir. Er traf mich am Kopf. Plötzlich war da nur noch der süßliche Geschmack des Blutes, das mir über die Augen tropfte, das mir warm über die Backen rann und das auch meine Mutter wieder zur Vernunft brachte. Sie fuhr mit mir ins Krankenhaus und erzählte dort der Ärztin, ich sei von einem Baum gefallen.

Die Platzwunde an meinem Kopf musste genäht werden. Darüber hinaus war aber auch noch mehr passiert.

Ich gab mir ein Versprechen: »Irgendwann hört all das auf. Irgendwann kommt der Tag, an dem du weggehen musst.« Ich war noch ein Kind, aber ich hatte zum ersten Mal in meinem Leben Gedanken, die ich niemandem verriet, die ich aber fünfzehn Jahre später tatsächlich verwirklichen sollte. Seit jenem Tag ist kein weiterer vergangen, an dem ich nicht daran gedacht habe, irgendwann einmal meine Sachen zu packen und zu gehen. Das war kein Wunsch, den ich da in mir trug, sondern ein Ziel, dass ich erreichen wollte, egal zu welchem Preis.

Zweiter Teil

Die Flucht nach München

Noch zwei Minuten. Der Nachtzug steht schon abfahrbereit, als ich auf das vierte Gleis haste. »Zurückbleiben, bitte«, tönt es über die Lautsprecher. Gerade noch rechtzeitig springe ich auf das Trittbrett. Hinter mir schließt sich die Tür.

Den Weg von der Bushaltestelle Bahnhof Zoo bis zum Zug bin ich gerannt und deshalb immer noch außer Atem, während ich durch die Abteile laufe, um meinen Platz zu suchen. Ich habe es in letzter Sekunde geschafft, habe mir dadurch aber erspart, am Bahnsteig zu stehen und dort zu warten. Das hätte meine Nervosität nur noch gesteigert. Schon rollen wir los.

Platz fünfundzwanzig, Abteil sechs. Ich lasse mich auf meinen Sitz fallen. Meine Brust hebt und senkt sich immer noch sehr schnell. Ich weiß nicht, ob ich so kurzatmig bin, weil ich derart rennen musste, um den Zug noch zu erwischen, oder …

Ich erschrecke. Für einen Moment dachte ich, mein Cousin Osman sitze zwei Reihen vor mir und drehe sich zu mir um. Das Gesicht habe ich nur kurz wahrgenommen, alles, was ich jetzt von meinem Platz aus sehen kann, sind die gelockten schwarzen Haare des Mannes und das weiße Hemd über seinen breiten Schultern. Es könnte Osman sein. Ist er mir gefolgt? Dann wäre ich ihm ausgeliefert. Er würde mich zurückbringen. Um jeden Preis. Meine Familie würde mich bespucken, mich verachten und so lange prügeln, bis ich um Vergebung flehe.

Ich verstecke mich hinter der Lehne meines Vordersitzes. Vorsichtig luge ich durch den Spalt zwischen den Sitzen. Der Mann dreht seinen Kopf ins Profil. Ich habe mich getäuscht. Von der Seite hat dieser Mann keine Ähnlichkeit mehr mit Osman. Erleichtert lehne ich mich zurück. Doch die Angst bleibt.

Ich lösche das Spotlicht, das hell auf meinen Kopf scheint. Mein Herzschlag geht immer noch schnell. Ich wische mir die Schweißperlen von der Nase. Mir ist heiß.

Kurz nach sieben Uhr morgens werde ich in München ankommen. Mehr als neun Stunden Fahrt liegen vor mir. Neun Stunden, in denen ich nachdenken kann.

Die Stille im Zug lullt mich ein. Der vergangene Abend kommt mir laut und lärmend vor – das Fest, die Fahrt im Bus, der Tumult am Bahnhof Zoo. Und ich mitten darin. Als nervös auf die Uhr blickende, sich angstvoll umsehende, sprungbereite, rennende Frau.

Die Fahrgäste haben es sich in ihren Sitzen bequem gemacht, die Lehnen zurückgeklappt und wie ich das Spotlicht bereits gelöscht, um zu schlafen. Es ist beinahe friedlich in dem Abteil. Trotzdem kann ich kein Auge schließen. Der Schreck von vorhin, als ich dachte, Osman sei im Zug, sitzt mir noch in den Knochen. Ich schaue noch einmal zu dem Mann, den ich fälschlicherweise für meinen Cousin gehalten habe. Er sitzt entspannt auf seinem Platz, fast liegt er, den Kopf hat er zur Seite gedreht, er atmet tief. Ich glaube, er schläft bereits. Weiter vorne liest eine Mutter ihren beiden Töchtern mit leiser Stimme eine Gute-Nacht-Geschichte vor. Von meinem Platz aus kann ich nur die zwei hellen Lockenköpfe der Kinder erkennen und das Buch mit den bunten Bildern, das die Mutter auf dem Schoß hält.

Alles um mich herum nehme ich so gestochen scharf wahr, dass es fast schmerzt. Ich wünschte, ich könnte der Realität entkommen, für einen Moment die Kontrolle aus der Hand geben, mich fallen lassen. Stattdessen zittern meine Hände und ich höre nicht auf zu schwitzen. Ich bräuchte jetzt etwas, was mich beruhigt. Tief atme ich durch.

Die Hochzeit ist vielleicht noch im vollen Gange. Aber bestimmt haben sie schon entdeckt, dass ich fehle. Inzwischen ist mein Platz neben Songül schon seit fast einer Stunde leer. Vielleicht ist meine Cousine irgendwann aufgestanden, durch die Gänge der Sporthalle gelaufen, in die Umkleidekabinen, den Kraftraum, vielleicht ist sie auch kurz vor die Eingangstür getreten, um nach mir zu suchen – vergeblich. Dann hat sie jemandem Bescheid gesagt. Sicher meinem Vater. Oder vielleicht war es auch Hassan, der mich ausfindig machen wollte.

»Die Fahrkarten, bitte!« Die Stimme des Schaffners stört plötzlich die Ruhe in dem Abteil und unterbricht meine Gedanken. Ich erschrecke. Eilig durchsuche ich meine Reisetasche nach dem Ticket, das immer noch in dem grünen Handtäschchen verwahrt ist. Endlich finde ich es und halte es dem Mann hin. Er greift danach, ohne mich anzusehen. Entwertet es, dann gibt er es mir wortlos zurück. Wenn der Schaffner wüsste, wie viel mir dieses Stück Papier bedeutet! Es ist meine Fahrkarte in die Freiheit. Schließlich werde ich in München ein neues Leben beginnen. Und zwar an der Seite von Oliver.

Die Vergangenheit lasse ich hinter mir – die Schläge meiner Eltern und meines Bruders, die Lügen und Verstellungen, meine Heimlichkeiten, die vielen Gebete, meine Verwünschungen, Flüche und Tränen. Es ist vorbei, meine Hochzeit ist geplatzt – die Braut ist auf dem Weg in die bayerische Hauptstadt. Ich lehne meinen Kopf gegen die Nackenstütze des Sitzes und lächle in mich hinein.

Ich habe ein One-Way-Ticket nach München gekauft, ein One-Way-Ticket in ein neues Leben. Nach Berlin kehre ich nie wieder zurück. Das ist auch nicht mehr möglich. Meine Eltern würden mir doch nie verzeihen. Nichts wäre mehr, wie es war. Wenn die Situation zuvor schon unerträglich war, wäre sie dann noch um ein Vielfaches schlimmer.

Die alte Ayşe ist ausgelöscht, die Lieblingstochter, das Vorzeigekind. Fleißig, schön, gepflegt. Begehrt bei Männern, von ihnen umschwärmt und umworben. Selten habe ich meinen Eltern widersprochen, mich nie aufgelehnt und immer nur geduldet. Aber wenn sie mich angesehen haben, sahen sie nur eine Maske. Die Ayşe, die sie kannten, die gab es in Wirklichkeit nicht. Es hat sie nie gegeben. Meine Eltern lernten ihre eigene Tochter niemals kennen. Die Ayşe, die allein durch die Stadt laufen, mit Freundinnen in Cafés und in Drum'n' Bass-Clubs gehen wollte. Die Ayşe, die tanzen, Spaghettiträger-Tops tragen und einen Freund haben wollte, ohne ihn gleich heiraten zu müssen.

Manche von meinen Träumen habe ich tatsächlich ausgelebt: Vergangenen Monat bin ich nach der Arbeit einmal heimlich schwimmen gegangen, allein; ich habe, wenn schon keine Spaghettiträger, so doch zumindest kurzärmelige T-Shirts getragen und manchmal sogar welche mit einem tiefen Ausschnitt. Und in der Schule hatte ich meine deutsche Freundin Julia, obwohl ich mit Deutschen nichts zu tun haben sollte. Aber all diese Heimlichkeiten konnte ich nicht genießen. Immer hatte ich Angst davor, erwischt zu werden.

Ich weiß noch, wie wenig ich die Ausbildung zur Krankenschwester am Anfang mochte. »Jetzt muss ich nicht nur zu Hause arbeiten, sondern auch noch im Hospital!« So dachte ich zu Beginn. Dann aber merkte ich schnell, dass meine Freiheit anfing, wenn ich aus dem Auto meines Vaters stieg, der mich jeden Tag zum Krankenhaus brachte und am Abend wieder abholte. Es war wie zu meiner Schulzeit, nur dass ich jetzt auch nachmittags unbeobachtet war. Auf meiner Station liefen keine älteren Geschwister herum, die mich im Auge behielten, überhaupt war da niemand, der mich anschrie und schlug.

Die Arbeit war bald mein neues Zuhause und meine Kollegen und Mitschüler meine neue Familie. Im Krankenhaus wurde ich akzeptiert, so wie ich war. Dort wusste niemand etwas von meinen Eltern, von dem Druck, den sie auf mich ausübten, und den Erwartungen, die sie in mich setzten. Ich war einfach Ayşe, ein deutsches Mädchen, das ein bisschen türkisch oder kurdisch aussah. So genau wollte das niemand wissen. Ich konnte mit den anderen Schwesternschülerinnen schwatzen, mit ihnen über Männer reden und über Träume. Und ich lernte dort Oliver kennen.

Das gleichmäßige Brummen des Zuges beruhigt mich

etwas. Ich schließe die Augen. Oliver. Mit ihm begann mein Doppelleben erst richtig. Im Schwarz der Dunkelheit sehe ich ihn genau vor mir. Ich sehe seine warmen braunen Augen, ich sehe, wie er mir zulächelt.

Oliver hat immer gelächelt, wenn wir uns auf den Gängen im Krankenhaus trafen. Er hat mir schon von weitem zugewinkt, zugleich beschleunigte er seinen Schritt. Auch als wir uns noch nicht näher kannten, hatte ich immer das Gefühl, dass er sich besonders freut, wenn er mich sieht. Er gehört zu den wenigen Menschen, die ich kenne, die in zwei Worte so viel Bedeutung und Herzlichkeit legen können, dass einem ganz warm dabei wird. »Hallo, Ayşe.« Seine Stimme ist unerwartet tief und weich. Ich liebe es, ihm zu folgen, wenn er mir etwas erzählt. Aber manchmal höre ich auch gar nicht richtig hin, sondern lausche nur dem Klang seiner Stimme. Oder schaue mir sein Gesicht an. Er hat einen schmalen Mund, und wenn er lächelt, erscheinen Grübchen in den Wangen. Er sieht nicht einmal besonders deutsch aus – allerdings auch nicht wie ein Kurde. Oliver trägt weite Kleidung, und am liebsten hört er Reggae, Bob Marley und so. Er ist ganz anders als die kurdischen Jungs, die ich bis dahin kannte. Die tragen schwarze Lederjacken und fahren in möglichst dicken Autos und mit möglichst lauter Musik durch die Stadt. Und mit Frauen geben sie gerne an. Dagegen habe ich bei Oliver immer das Gefühl, dass er sich wirklich für mich interessiert.

Eigentlich war er mir gar nicht aufgefallen, als ich ihn zum ersten Mal sah. Ich arbeitete schon seit einem Jahr im Krankenhaus, als Oliver seinen Zivildienst bei uns fortsetzte. Wir begegneten uns gleich an seinem ersten Tag, er erkundigte sich bei mir nach dem Weg ins Personalbüro. Später erzählte er mir, dass er sich sofort in mich verliebt hätte. Seitdem frage ich ihn immer wieder danach. »Du hast wie eine Perle ausgesehen«, sagt er dann. Und ich frage ihn: »Wie eine Perle?« Dann erzählt er weiter. »Ja, wie eine Perle, in deinem weißen Kittel. Wie eine kostbare, glänzende Perle.« »Und du wolltest diese Perle haben?« Seine Antwort auf meine Frage kenne ich schon: »Ich wollte sie seit dem Augenblick, in dem ich sie zum ersten Mal sah.« Dann lacht er und ich lache mit, weil ich inzwischen genau weiß, was er nun hinzufügt: »Aber ich wusste ja nicht, dass diese Perle in einer Auster sitzt, die zuschnappt.«

Bei der Erinnerung daran muss ich schmunzeln. Ich bin froh, dass der Sitz neben mir im Zug leer ist. So kann ich ungestört meinen Gedanken nachhängen.

Manchmal besuchte mich Oliver auf meiner Station. Dann fragte er mich nach einem Raum oder holte bei mir Medikamente ab, die er einem Patienten bringen sollte. Auf seine Fragen antwortete ich jedes Mal nur knapp und ich vermied seine Blicke. Mit Männern außerhalb meiner Familie sprach ich nie viel. Nicht, weil ich besonders schüchtern wäre, eigentlich gehe ich gerne auf Menschen zu. Aber den Kontakt zu Männern – vor allem zu Männern, die nicht zu meiner großen Familie gehören – verboten mir meine Eltern seit der Pubertät. Selbst wenn ich nur einen Kollegen grüßte, hieß es bereits: »Ayşe winkt den Männern hinterher.« Wie vor kurzem, als ich vor dem Kino mit Matthias redete. Anschließend gab es Ärger. Schläge. Böse Worte.

Es genügte ja schon, wenn ich mit Freundinnen vergnügt durch die Straßen lief. Mein Bruder machte dann eine Handbewegung, mit der er mir bedeutete, ich solle schleunigst nach Hause gehen. Was ich auch ohne Widerrede tat. Hätte ich ihm nicht gehorcht, wäre meine Mutter nur noch wütender gewesen.

In dem Jahr, in dem ich bereits im Krankenhaus arbeitete, konnte ich viel von meiner anfänglichen Schüchternheit überwinden. Anfangs fühlte ich mich wie eine Raupe in einem Kokon, an die niemand herankam. Doch mühsam begann ich, mich Schicht um Schicht aus dem Kokon zu befreien. Bis ich endlich hinauskriechen konnte – als Schmetterling, der dann allmählich lernte, frei zu fliegen. Natürlich war das nur innerhalb der Krankenhausmauern möglich, aber auch dort musste ich auf der Hut sein. Wenn ich mit Oliver sprach, hatte ich immer ein schlechtes Gewissen. Ständig schien mir meine Mutter auf der Schulter zu sitzen und mir ins Ohr zu zischen: »Schlampe! Schlampe! Schlampe!«

Anfangs haben Oliver und ich uns hin und wieder im Hof des Krankenhauses unterhalten. Es war einfach schön, mit ihm zu reden und herumzualbern. Für mich war Oliver wie ein Freund, auf den ich lange gewartet hatte. Plötzlich jedoch war da mehr zwischen uns als nur Freundschaft.

Wir kannten uns bereits ein halbes Jahr, als ich eines Tages an der Notaufnahme vorbeilief. Ich war auf dem Weg zurück zu meiner Station. Immer wenn ich an diesem Raum vorbeikam, warf ich einen kurzen Blick durch das Sichtfenster. Es passierte oft, dass Patienten dort ganz allein warten mussten, weil alle Schwestern zu tun hatten. Mir tat das Leid. Wann immer es ging, setzte ich mich in solchen Fällen zu ihnen und half dabei, die Wartezeit zu überbrücken.

Dieses Mal fiel mein Blick auf ein Mädchen. Es saß auf dem Wartestuhl und hielt sich weinend den Bauch. Ich glaubte, sie hätte etwas Falsches gegessen. Das Mädchen war höchstens fünf, und es sah so aus, als warte es ohne Begleitung. Deshalb öffnete ich die Tür. Gerade wollte ich etwas zu dem Mädchen sagen, als ich Oliver entdeckte. Auf allen vieren rutschte er durchs Zimmer. »Was machst du denn da?« Ich musste lachen. Oliver schaute mich verdutzt an. »Na, ich bin ein Pferd, das kleine Kinder rettet«, antwortete er und scharrte mit der Faust auf dem Boden. »Siehst du das nicht?« Das Mädchen sah ihn gebannt an und vergaß für einen Moment die Bauchschmerzen. Dann fing es wieder an zu weinen.

»Ich bin mir nicht sicher, ob ein Pferd das allein schaffen kann«, sagte ich und setzte mich rechts neben das Mädchen. Ich flüsterte der Kleinen, die immer noch leise wimmerte, zu: »Komm, leg deinen Kopf in meinen Schoß und streck dich ein bisschen aus. Das tut dem Bauch gut.« Anschließend streichelte ich mit meiner Hand sanft über ihren Bauch. »Wird's schon etwas besser?« Das Mädchen nickte. »Wie heißt du denn?«, fragte ich sie. »Nora. Und du?«

»Das ist Ayşe«, fiel mir Oliver ins Wort. »Sie ist die beste Krankenschwester, die es gibt. Ihre Hände bewirken Wunder, oder?« Diesen Moment werde ich nie vergessen. Mir war plötzlich ganz heiß und mein Herz machte einen Satz.

Schließlich setzte sich Oliver neben mich und wir warteten gemeinsam mit dem Mädchen, bis ein Arzt kam, um Nora zu untersuchen. Von diesem Tag an war alles anders zwischen uns. Abends, wenn mein Vater oder

Nuri mich abholten, saß ich auf dem Beifahrersitz im Auto, schaute aus dem Fenster und dachte an ihn. Daheim ging ich gleich, vorbei an meiner Mutter, meinen Geschwistern und Cousinen, die oft zu Besuch kamen, nach oben in mein Zimmer. Ich war froh, endlich die Tür hinter mir zumachen zu können. Dann legte ich mich aufs Bett und träumte vor mich hin.

Ich wusste einfach, dass ich ihn haben wollte. Ich wusste, dass dies ein großes Risiko für mich bedeutete, aber ich wollte es eingehen. Woher dieses starke Gefühl kam und worauf es sich stützte, konnte ich nicht sagen. Mit Sicherheit war ich nicht nur in das Äußere von Oliver verliebt, sonst hätte es auch jeder andere gut aussehende Mann sein können. Ich empfand in seiner Nähe eine Tiefe und eine Innigkeit, die ich bisher noch nicht kennen gelernt hatte. Das hier war von Dauer, das spürte ich.

Seit ich denken kann, habe ich mir jemanden gewünscht, dem ich vertrauen kann, der mich mag, so wie ich bin, egal, was ich sage und was ich tue. Bei Oliver war das von Anfang an so. Wenn ich bei meinen Arbeitskollegen das Gefühl hatte, endlich aufleben zu können, fühlte ich mich bei Oliver fast vollkommen frei. Bei ihm konnte ich endlich die wirkliche Ayşe sein, die ich immer sein wollte.

Während der Arbeit habe ich immer nur an ihn gedacht. Was daheim passierte, war mir gleichgültig: die strengen Blicke meiner Mutter, wenn ich abends nach dem Essen gleich wieder in mein Zimmer wollte, und ihre bösen Worte, wenn sie mir vorwarf, dass ich zu Hause zu wenig helfe. Wie sollte ich auch, schließlich war ich von morgens bis abends im Krankenhaus und kaum mehr mit meiner Familie zusammen. Das hatte ja auch einen Grund. Wenn ich früher nicht bei meinen Eltern sein wollte, weil ich dem Alltag einer jungen jesidischen Frau – das heißt kochen, putzen und Männern vorgestellt werden – entkommen wollte, ging ich nun arbeiten, weil ich Oliver sehen wollte.

Beim Blick aus dem Zugfenster sehe ich mein eigenes Spiegelbild. Ich schaue mir in die Augen, betrachte meine Lippen. Es kommt mir wie eine Ewigkeit vor, seit ich Oliver das letzte Mal geküsst habe. Seit ich ihn das letzte Mal riechen konnte, in seinen Armen liegen durfte. Er war der erste Mann, den ich aus Liebe geküsst habe. Mit Hassan war das nicht zu vergleichen.

Hassan wollte ich nie küssen. Das fand ich eklig, weil er immer versuchte, mir seine Zunge in den Mund zu schieben. Ich fand, dass sich das vor der Ehe nicht gehört. Damals habe ich oft meinen Kopf einfach zur Seite gedreht.

Ich war trotzdem mit Hassan zusammen, weil ich lange dachte, dass ich sowieso keine andere Wahl hätte. Bis ich Oliver kennen lernte. Von da an war Hassan nur noch ein Alibi, um meine Hochzeit so weit wie möglich hinauszuschieben. Denn hielt ich an meinem Cousin fest, schickte mein Vater die anderen Männer wieder nach Hause. Solange ich ihn davon überzeugen konnte, eines Tages Hassan heiraten zu wollen, hatte die Vermählung noch keine Eile. Dies gelang mir im Nachhinein betrachtet ungewöhnlich gut. Sogar Hassan konnte ich glaubhaft versichern, dass ich nur ihn wollte. Ich nutzte einfach seine Verliebtheit aus.

Wie froh bin ich, jetzt im Zug zu sitzen! Hassan zu heiraten, das wäre für mich mit Selbstmord vergleichbar gewesen. Dann hätte ich alles verleugnen müssen, was mir wichtig ist. Und vor allem hätte ich Oliver aufgeben müssen. Ich schließe wieder meine Augen und lasse den Tag, an dem Oliver und ich uns das erste Mal geküsst haben, an mir vorüberziehen. Es war ein warmer Tag Ende Oktober. Wir saßen auf der Bank im Hinterhof des Krankenhauses. Ich war nervös, weil ich wusste, dass nur zu bald etwas zwischen Oliver und mir passieren würde. Vom Hospital aus konnte uns niemand sehen. Die Bank war umgeben von Bäumen und Büschen, so dass wir im Schutz des bunten Laubs zusammensaßen. Es war wunderschön und sehr romantisch.

Ich erinnere mich noch genau an die warme Luft auf meiner Haut, an den Duft seines Aftershaves, an das Rauschen der Baumkronen. Und an seine schöne Stimme. »Weißt du, wie froh ich bin, dich getroffen zu haben«, sagte er zu mir. Ich spürte, dass ich rot wurde. »Ich bin es auch.« Fast ein bisschen zu schnell erwiderte ich das, weil ich so aufgeregt war. Oliver hatte keine Ahnung davon, was mir drohte, wenn meine Eltern von ihm erfahren würden. Dass sie mich nicht nur verprügeln, sondern bestimmt auch zwingen würden, meine Ausbildung abzubrechen. Meine Mutter hält es sowieso für unnötig, dass eine Frau einen Beruf erlernt. Aber das war nicht allein der Grund für mein Herzklopfen. Und es war auch nicht der Reiz des Verbotenen, der mich zu Oliver hinzog. Dieses Gefühl, das mich immer überkam, wenn ich Oliver sah oder auch nur an ihn dachte, war mir bislang völlig unbekannt. Nach einer Weile sah Oliver auf die Uhr. »Die Mittagspause ist um. Ein Patient wartet auf mich.« Ich nickte, aber ich war enttäuscht. Es kam mir vor, als hätte ich etwas falsch gemacht. Wir standen einfach wieder auf und gingen zurück zu unseren Stationen. Nebeneinanderher, ohne uns zu berühren. Damals war ich darüber irritiert, aber heute erkenne ich in diesem Verhalten den Oliver wieder, den ich so liebe. Niemals lässt er jemanden warten oder im Stich. Auf ihn ist immer Verlass.

Wir verabschiedeten uns ziemlich genau in der Mitte des Hofes. Ich ging in die eine Richtung, er in die andere. Aber auf halbem Weg drehte ich mich noch einmal um, lief zu ihm zurück. Er sah sich erstaunt um. Dann küsste ich ihn. So schnell, dass der Kuss danebenging, mehr die Wange erwischte als den Mund. Mir war das derart peinlich, dass ich mich ganz schnell wieder umdrehte und eilig ins Krankenhaus lief.

Oliver holte mich ein. Er zog mich an sich. Sanft spürte ich seine Lippen auf meinen. Er öffnete seinen Mund ein wenig, dann spürte ich, wie seine Zunge zärtlich meine Lippen berührte und sich in meinen Mund schob. Es war ganz anders als bei Hassan. Diesen Kuss konnte ich genießen, mehr noch, ich wünschte, er würde niemals enden. Sein Kuss war so innig, dass ich alles um mich herum vergaß.

Die Gedanken an Oliver beruhigen mich. Inzwischen bin ich schon über eine Stunde mit dem Zug unterwegs. Noch sieben Stunden, dann kann ich ihn endlich wiedersehen, ihn umarmen und spüren. Ich habe ihn schrecklich vermisst in den drei Monaten, seit er in München lebt. In der gemeinsamen Zeit im Krankenhaus gewöhnte ich mich so schnell an Oliver, dass ich mir ein Leben ohne ihn gar nicht mehr vorstellen konnte. Wir versuchten, uns in jeder freien Minute zu sehen. Wenn ich Frühschicht hatte, verließ ich morgens um Viertel nach fünf das Haus, fuhr mit meinem Vater eine halbe Stunde zum Krankenhaus und begann mit der Arbeit um sechs. Zwei Stunden später fing Oliver mit seinem Dienst an. Ich fragte dann immer nach einer Zigarettenpause, obwohl ich gar nicht rauche. Anschließend ging ich in den Hof hinunter. Dort stand Oliver und wartete auf mich. Das war unser tägliches erstes Treffen.

Die Mittagspausen verbrachten wir miteinander. Wir hatten unseren geheimen Platz, die Bank im Hinterhof. Im Krankenhaus wollte ich mich nicht mit ihm treffen. Es hätte mich ja jemand erwischen können. Frau Bulut beispielsweise, die über mehrere Monate als Patientin in unserem Krankenhaus lag. Sie wohnt bei uns in der Gegend und gehört auch zu meiner Verwandtschaft. Auf keinen Fall durfte sie erfahren, dass ich mit einem Mann, noch dazu mit einem deutschen, zusammen war.

Zwei Monate lang hatte ich akribisch darauf geachtet, mich nicht mit Oliver zu zeigen. Oliver wusste nicht, weshalb ich – trotz Regen und Kälte – immer zu der Bank im Hinterhof wollte. Wahrscheinlich hielt er mich damals für ziemlich seltsam. Auf seine Fragen, ob er denn nicht einmal zu mir dürfe oder ob ich nicht Lust hätte zu sehen, wie er wohnt, reagierte ich immer ausweichend. Das wäre einfach viel zu gefährlich gewesen. Auch in der Stadt, in den Cafés konnten wir uns nicht treffen. Den wahren Grund hierfür hatte ich ihm anfangs nicht erzählt. Es war mir peinlich, ihm zu sagen, dass bei mir daheim ganz andere Sitten und Gewohnheiten existieren, andere als in Deutschland. Oliver hat mich als moderne

Frau kennen gelernt. Er wusste nicht, welch archaischen Regeln ich mich fügen musste.

Schließlich verlor Oliver die Geduld. Es war im vergangenen Winter, Mitte Dezember. Draußen war es schon dunkel, als ich Oliver noch kurz nach der Arbeit traf, bevor mein Vater mich am Parkplatz des Krankenhauses erwartete. Diesmal hatten wir uns nicht bei unserer Bank verabredet, sondern am Fahrradstand. Er saß auf einer der eiskalten Fahrradstangen und ich auf seinem Schoß. Aus seiner Sicht war das verrückt. Wir hätten uns ja genauso gut im warmen Besuchercafé treffen können oder ich hätte ihn endlich zu mir nach Hause einladen können. Er ahnte nicht, dass ich das liebend gerne getan hätte, dass es für mich aber unmöglich war, es zu tun. In den Augen meiner Eltern wäre ich dann ein Flittchen gewesen, das sich mit einem Jungen einlässt, bevor es verheiratet ist. Eine größere Dreistigkeit konnten sie sich kaum vorstellen. Ich wäre lebensmüde gewesen, hätte ich das gewagt. Sie hätten mich angeschrien, geschlagen, wahrscheinlich bis zur Bewusstlosigkeit. Von da an hätten sie mich Tag und Nacht kontrolliert. Den Freiraum, den ich durch die Ausbildung gewonnen hatte, wollte ich aber keinesfalls leichtsinnig verspielen.

Deshalb hatten wir unsere Verstecke, auf der Bank, unten im Keller, im Raucherzimmer, wenn dort sonst niemand war, oder im Fahrradhof, wo wir an jenem Tag mitten im Winter auf der klirrend kalten Fahrradstange saßen. Nur dass Oliver eben nicht wusste, weshalb ich mich mit ihm nicht zeigen durfte.

»Das geht doch so nicht weiter«, sagte er da zu mir. »Wieso kann ich denn nicht mal mit zu dir kommen oder du zu mir?« In dem Moment habe ich Angst bekommen, Angst, ihn zu verlieren. Mir war nicht klar, wie er reagieren würde, wenn ich ihm die Wahrheit über meine Familie erzählen würde. Damals hatte ich die Sorge, ihm wäre die Situation vielleicht zu schwierig, zu befremdlich. Wir waren ja noch nicht einmal seit zwei Monaten ein Paar.

In seiner Stimme hörte ich, wie verletzt er war: »Du schämst dich mit mir.« Seine Worte taten höllisch weh. Es war doch alles so viel komplizierter. Ich umarmte ihn und flüsterte: »Das stimmt doch nicht, das stimmt doch nicht.« Und dass ich ihn besuchen würde.

Es war ein Zugeständnis, vor dessen Erfüllung ich mich bereits in dem Moment, als ich es aussprach, fürchtete. Wie sollte ich das nur anstellen? Mein Vater brachte mich zur Arbeit und er holte mich auch wieder ab. Und wenn er keine Zeit hatte, kam mein Bruder Nuri, manchmal sogar meine Schwester Beriwan. Ich musste einen Plan fassen, der es mir ermöglichte, zwei oder drei Stunden fortzubleiben, ohne dass es meine Eltern merken würden.

Jemand hat begonnen zu schnarchen. Ich drehe mich um. Es ist der Mann hinter mir. Sein Kopf ist auf die Brust gesackt. Er trägt ein blauschwarz geringeltes T-Shirt, das um den Bauch herum spannt. Bei seinem Anblick muss ich grinsen. Bis ich sehe, dass die Frau neben ihm wach ist. Sie hat bemerkt, dass ich mich umgeschaut habe. Jetzt lächelt sie mir zu und flüstert: »Solange er nur schnarcht, geht es ja. Aber manchmal schmatzt er auch im Schlaf.« Ich runzle die Stirn, lächle aber, drehe mich wieder um. Ich denke wieder an den

Tag zurück, an dem ich Oliver zum ersten Mal besuchte.

Es war Freitagnachmittag, drei Tage nachdem ich Oliver mein Versprechen gegeben hatte. Meinen Eltern erzählte ich, ich müsste länger arbeiten. Das war eine riskante Lüge, aber ich sah damals keine andere Möglichkeit, Oliver zu treffen. Um zwei Uhr mittags holte mich Oliver an der Bushaltestelle vor der Krankenhausanlage ab.

Um zu dem Haus seiner Eltern zu kommen, musste man erst eine knappe halbe Stunde mit der S-Bahn bis Dahlem fahren, schließlich fünf Minuten laufen. Unterwegs waren wir beide ganz still. Wir haben uns nur angesehen, aber nichts gesagt. Ich war aufgeregt, und ich glaube, er auch. Allerdings waren wir das beide sicher aus unterschiedlichen Gründen. Er, weil er nicht wusste, was gleich in seinem Zimmer passieren könnte, und ich, weil ich wusste, dass meine Eltern mir das, was ich gerade im Begriff war zu tun, nicht verzeihen würden. Denn daheim bei einem Jungen – abgesehen von meinen Cousins – war ich bis dahin noch nie gewesen.

Dabei habe ich mich als Kind mit Jungen immer besser verstanden als mit Mädchen. Bis zu meinem zwölften Geburtstag war das für meine Eltern auch in Ordnung gewesen. Meine Mutter sagte immer: »Auf Mädchen muss man nicht aufpassen, wenn sie klein sind. Erst wenn sie erwachsen sind, dann muss man sie kontrollieren.« So ist meine Mutter. Und mein Vater stimmte ihr zu, so wie er allem, was sie tat und sagte, zustimmte.

Bei dem Gedanken an meine Eltern beginnt mein Herz schneller zu klopfen. Ich rutsche unruhig auf meinem

Platz hin und her. Wie gerne würde ich mir jetzt ein bisschen die Beine vertreten. Aber schon bei dem Gedanken daran, allein durch die Gänge zu laufen, überkommt mich die Angst. So wie ich auch Angst empfand, als ich mit Oliver vor dem Hauseingang stand.

Oliver klingelte. Zu mir sagte er: »Meine Eltern sind sicherlich schon zu Hause. Mein Vater ist Lehrer und meine Mutter ist Physiotherapeutin. Sie arbeitet hauptsächlich bei uns zu Hause in ihrer Praxis.« Ich nickte abwesend.

Ich wusste, wenn ich jetzt mit ihm dort hineingehe, seine Eltern begrüße und mich danach mit ihm auf sein Zimmer begebe, ist nichts mehr so, wie es einmal war. Das klingt vielleicht übertrieben, aber für mich war dieser Besuch ein großes Wagnis. Ein Schritt aus einem Leben in ein anderes. Und ein Schritt aus der Sicherheit im Haus meiner Eltern hinaus in die Schutzlosigkeit. Denn mit diesem Schritt würde ich ihr Vertrauen verlieren, wenn sie überhaupt eines zu mir besaßen.

Aber umdrehen und abhauen, das war jetzt nicht mehr möglich. Ich war ja immerhin eine halbe Stunde lang mit Oliver in der Bahn gefahren, um nun genau hier zu stehen, hier vor dem Haus seiner Eltern. Und Oliver? Er hätte mich bestimmt nicht verstanden, sondern im Gegenteil für komplett übergeschnappt erklärt. Kein Wunder, er wusste ja noch nichts über mich und vor allem nichts über meine jesidische Familie.

Olivers Vater öffnete uns die Tür. Ein großer Mann, sehr schlank und mit kurzem, braunem Haar, das schon ziemlich licht war. Auf der Nase trug er eine kleine Brille mit kreisrunden Gläsern. Er lachte mich freundlich an, als er mich sah. »Na, endlich bekommen wir dich auch mal zu Gesicht, Ayşe«, sagte er. »Ich dachte schon, du wärst ein Phantom, das sich mein Sohn ausgedacht hat.«

Ich stand noch im Eingang und erwiderte seinen Händedruck, als ich den Hund bemerkte. Einen großen schwarzen Labrador, der bei meinem Anblick laut zu bellen anfing. »Da geh ich nicht rein«, sagte ich und vergaß dabei meine eigentliche Angst. Olivers Vater sperrte den Hund schließlich in sein Arbeitszimmer ein und ich konnte eintreten. In das Haus und gleichzeitig in ein neues Leben, das damit für mich begann.

Ich war zuvor noch nie in einer Wohnung von Deutschen gewesen. Einundzwanzig Jahre lang in Deutschland und noch nie zu Gast in einer deutschen Familie! Ich weiß, wie grotesk das klingt. Selbst Julia, meine beste Freundin während der Schulzeit, durfte ich nie besuchen. Es war der Wunsch meiner Eltern. Sie wollten mich vor der Kultur, die für sie so fremd war, schützen.

Meine Eltern haben ihre türkische Heimat nahezu in Miniaturausgabe nach Deutschland geholt. Ich wusste, welche Aufgaben die Frau in unserer Familie hat, wie man Henna auf die Stirn malt oder wie man gefüllte Auberginen oder Köfte – Fleischbällchen aus Hack und Bulgur – zubereitet. Aber von der Kultur des Landes, in dem ich seit meiner Geburt lebe, wusste ich kaum etwas.

Ich fühlte mich unsicher und fremd, als ich da so am Eingang stand. Oliver bemerkte das. Er nahm mich an die Hand. »Komm, ich zeig dir erst einmal das Haus.« Er führte mich ins Wohnzimmer. Überall waren Bücher, eine ganze Schrankwand voll. Seine Mutter saß in einem Sessel und las in einer Zeitung. Die Ähnlichkeit mit Oliver war nicht zu übersehen. Er hatte die gleichen feinen Gesichtszüge, die hohe Stirn und die gerade, schmale Nase wie seine Mutter. Und Oliver hatte ihre Augen geerbt. Vielleicht war sie mir deshalb sofort sympathisch.

»Hallo, Mama!«, rief Oliver seiner Mutter schon von der Tür aus zu. Die Mutter legte die Zeitung zur Seite und lächelte. »Hallo, mein Schatz!«

An der Art, wie sie sich begrüßten, konnte ich erkennen, wie herzlich ihre Beziehung war. Oliver ging auf seine Mutter zu und küsste sie auf die Wange. Eine solche Nähe gab es zwischen meiner Mutter und mir nicht. Oliver stellte mich vor. »Das ist meine Freundin Ayşe.«

Ich spürte, dass ich rot wurde. »Meine Freundin« hatte er gesagt! In dem Moment merkte ich, wie sehr ich es mir wünschte, ganz offiziell seine Freundin zu sein. Seine Mutter gab mir die Hand. »Wir haben ja schon eine Menge von dir gehört, Ayşe«, sagte sie freundlich. Oliver unterbrach sie: »Mama ...«

Jetzt lachte seine Mutter: »Ja, schon gut. Ich freue mich jedenfalls, dich kennen zu lernen, Ayşe.« Ich merkte, dass ich erneut errötete. »Danke«, murmelte ich. »Ich freue mich auch.«

»Ich zeige Ayşe jetzt den Rest des Hauses«, sagte Oliver in mein betretenes Schweigen hinein und zog mich sanft mit sich fort.

Auch die Arbeitsräume der Eltern, rechts und links vom Flur, waren vollgestopft mit Büchern. Ein eigenes Büro! Für eine Frau! So etwas hatte ich bislang noch nicht gesehen. Auf dem Boden lagen türkisfarbene Gummibälle und Matten. In der Mitte des Raumes stand eine Liege. »Da behandelt meine Mutter ihre Patienten«, erklärte mir Oliver.

Ich machte keinen Hehl aus meiner Verwunderung.

»Bei uns daheim wäre das unvorstellbar!« Oliver sah mich fragend an. »Wie meinst du das?«

»Na ja, eine Praxis, mit der eine Frau ihr eigenes Geld verdient. In meiner Familie arbeiten außer mir nur zwei Frauen. Sie tun das, weil die Familie das Geld braucht. Tante Sevgi, die Frau meines Onkel Cemal, arbeitet ab und zu als Putzhilfe. Und meine Cousine Baran ist Köchin in der Kantine einer Versicherung.«

Oliver setzte sich auf einen Gummiball. Er sah mich erstaunt an. »Findest du es wirklich so ungewöhnlich, wenn eine Frau Geld verdient?«

Ich überlegte. Natürlich wusste ich, dass Frauen in Deutschland Geld verdienen konnten. Aber in meiner Familie waren das eher Jobs wie Putzen oder auf Kinder aufpassen. Und selbst wenn die Frau Geld verdiente, musste sie es zu Hause ihrem Mann geben.

Ich wollte mir keine Blöße geben: »Nein, das ist natürlich nicht ungewöhnlich. Ich habe nur über die schöne Praxis deiner Mutter gestaunt.«

Die Bilder in meinem Kopf werden dichter. Ich sehe mich im Abteil um. Es ist jetzt völlig ruhig. Alle Reisenden scheinen zu schlafen. Auch die beiden Mädchen weiter vorne, denen die Mutter zuvor eine Gute-Nacht-Geschichte vorgelesen hatte, haben sich auf dem Sitz ausgestreckt und die Köpfe auf den Schoß ihrer Mutter gelegt. Von meinem Platz aus kann ich nur ihre Füßchen sehen, die in den Gang ragen.

Ich ziehe die Beine an den Oberkörper, umklammere sie mit den Händen und stütze das Kinn auf mein rechtes Knie.

Olivers Zimmer ist ganz oben im Haus, unter dem Dach. Die Decke ist mit hellem Holz verkleidet und an einer Seite ist eine Schräge. Sein Bett steht unter dem Fenster, durch das man den Himmel sehen kann. An den Wänden stehen Regale mit Videos und Büchern. Überall lagen Zeichnungen und Bilder herum, die er gesprayt hatte. Dazwischen entdeckte ich in seinem kleinen Chaos überall Kleidungsstücke – auf dem Boden waren Socken verstreut, ein Sweatshirt baumelte über der Stuhllehne, eine Hose lag vor dem Schrank. Auf dem Schreibtisch stapelten sich Papiere, Hefte und Ordner. Vor seiner Stereoanlage befanden sich aufgeklappte CD-Hüllen und auf dem Fensterbrett lag ein zerknitterter Tabaksbeutel.

Ich fühlte mich gleich wohl bei ihm. Olivers Zimmer war viel gemütlicher als meins, in dem nie etwas herumlag.

»Setz dich doch«, forderte er mich auf. Ich schaute mich um. Die Couch wurde von weiteren Kleidungsstücken und Büchern besetzt. Ich musste lachen. »Wohin denn?« Oliver ließ sich auf sein Bett fallen. »Na, hierher!«

Vorsichtig setzte ich mich auf den Rand seines Bettes. Oliver zog mich zu sich. »Keine Angst, ich beiße nicht«, sagte er und biss mich aber doch – ganz sanft in mein Ohr.

Ich legte mich zaghaft nach hinten zurück. Oliver drehte sich zu mir und begann mich zärtlich zu küssen. Ich war völlig verkrampft, wusste nicht, wie ich mich verhalten sollte. »Magst du MTV schauen?«, fragte mich Oliver nun. Er bemerkte natürlich meine Anspannung. Dabei wollte ich doch alles richtig machen. Oliver sollte auf keinen Fall merken, dass ich überhaupt keine Erfahrungen mit Männern hatte – schon gar nicht auf ihren Betten. Ich wollte bei ihm sein, aber ich hatte gleichzeitig Angst vor dem, was passieren könnte. Es hatte schon so viel Mut gekostet, hierher zu kommen. Die ganze Zeit dachte ich an den Augenblick, in dem ich meinen Eltern gegenüberstehen würde, später, wenn ich wieder bei ihnen am Abendbrottisch sitzen würde. Ich betete zu Gott, sie möchten nichts bemerken!

Irgendwann stellte Oliver den Ton des Fernsehers ab und fragte, ob ich nicht eine CD hören möchte. Ich wusste gar nicht, was ich ihm antworten sollte. Die Musik, die ich kannte, kommt aus der Türkei. Die Sänger kennt hier kaum einer.

»Was hast du denn so für Musik?«, fragte ich ihn langsam, um meine Unwissenheit zu überspielen. »Wie ist es denn zum Beispiel mit Bob Marley?«, gab er zurück. Danach stellte ich ihm eine Frage, über die ich mich heute nur noch selber wundern kann: »Was macht der denn für Musik?« Olivers Gesicht vergesse ich nie. Dass jemand Bob Marley nicht kannte, das war für ihn unvorstellbar. Ich glaube, er war ganz schön baff. Aber er lachte mich nicht aus, er lachte niemals, wenn ich etwas nicht wusste. Noch heute nicht. Er weiß inzwischen, dass ich noch viel dazulernen muss.

»Reggae«, antwortete er und legte die CD ein.

Reggae, die Musik, die ich da hörte, wurde für mich später zum Ausdruck für Freiheit, für Unabhängigkeit. In den Augenblicken, als wir auf seinem Bett lagen, diese Rhythmen hörten und uns küssten, fühlte ich mich geborgen. Ich verliebte mich immer mehr in Oliver, mein Herz pochte und ich wollte ihn am liebsten gar nicht mehr loslassen. Noch nie zuvor hatte ich mich jemandem so nah gefühlt. Ich spürte, dass er derjenige ist, mit dem ich zusammen sein möchte. Aber gleichzeitig wusste ich, dass unsere Beziehung ein einziges Versteckspiel sein würde. Und ich wusste auch, dass ich jetzt mit ihm darüber reden musste.

Ich richtete mich auf. Oliver setzte sich mit erwartungsvoller Miene neben mich. Irgendwie schien er zu ahnen, dass ich ihm etwas sehr Wichtiges zu sagen hatte. Ich schloss die Augen und flüsterte ihm ins Ohr: »Ich erzähle dir jetzt eine Geschichte, wenn du willst. Und ich würde gerne wissen, was du von ihr hältst.« Er nickte und ich begann: »Ich kenne eine junge Frau, die ihren Freund liebt, aber nicht mit ihm zusammen sein darf. Denn sie ist Kurdin, und ihre Eltern halten sich an Traditionen, denen sie sich beugen muss. Sie soll ihren Cousin heiraten, auch wenn sie den nicht liebt. Für ihre Liebe würde sie allerdings alles tun, auch ihre Eltern belügen. Aber das bedeutet: Wenn sie mit ihrem Freund zusammen sein will, müssen sich die beiden immer verstecken. Verstehst du das? Sie dürfen nicht zusammen gesehen werden, von niemandem. Und jetzt meine Frage: Meinst du, er würde zu ihr halten?«

Ich hatte die Augen noch immer geschlossen und mein Gesicht an Olivers Hals vergraben. Ich war so ängstlich, so besorgt, weil ich nicht wusste, wie er mir antworten würde und ob er mich überhaupt verstanden hatte.

Oliver nahm mein Kinn in seine Hände, drehte mein Gesicht langsam zu seinem und begann, die Tränen, die mir über die Wangen liefen, wegzuküssen. »Er würde immer zu ihr halten«, sagte er.

Da begann ich noch mehr zu weinen, die Tränen flossen immer weiter über meine Wangen, ohne dass ich sie zurückhalten konnte. Ich glaube, das waren all die Tränen, die ich immer unterdrückt hatte, weil ich doch stark sein wollte.

Dabei habe ich oft geheult, als ich noch klein war. Weil mir meine Eltern ungerecht vorkamen, weil die Schläge und die bösen Worte so wehtaten. Vielleicht weinte ich jetzt aber aus Erleichterung, weil der ganze Druck plötzlich von mir abfiel, den ich immer spürte, wenn ich Oliver etwas vorspielen musste.

Ich weiß nicht, wie lange wir so auf seinem Bett saßen, ich in seinen Armen, meinen Kopf an seinem Hals vergraben, schluchzend und sein T-Shirt nass heulend. Oliver hat fast nichts gesagt, nur meinen Kopf gestreichelt und mich dabei immer wieder geküsst. Irgendwann waren die Tränen fort.

Vielleicht hatte Oliver schon so etwas geahnt, als ich ihn immer wieder abgewiesen, ihn nicht zu mir eingeladen hatte, mich nicht mit ihm zeigen wollte. Denn an diesem Nachmittag sagte er zu mir: »Ich halte zu dir. Das habe ich von Anfang an getan und ich werde es bis zum Ende tun.«

Nachdenklich sehe ich aus dem Fenster. Der Zug rauscht an einem unbelebten Bahnhof vorbei. Oliver konnte damals noch nicht wissen, worauf er sich einließ. Oder wusste er es doch? Vielleicht war ich diejenige gewesen, die zu wenig Weitsicht hatte, um zu sehen, was noch alles auf uns zukommen würde, nämlich die Konsequenzen unserer Liebe. Wenn ich jetzt an das halbe Jahr denke, das wir in Berlin zusammen verbrachten, weiß ich gar nicht, wie ich das ausgehalten habe.

Immer musste ich auf der Hut sein, immer hatte ich Furcht. Das zwischen Oliver und mir, das war kein Abenteuer. Es war nervenaufreibend kompliziert und im Grunde haben wir beide darunter gelitten. Aber unsere Treffen waren genauso vertrackt wie auch wunderschön. Unsere Liebe war mir jedes Risiko wert, denn niemals zuvor hatte ich mich so glücklich und so geliebt gefühlt. Damit ich Oliver weiter sehen konnte, baute ich ein ganzes Lügengerüst auf. Denn was sollte ich meinen Eltern sagen? Vater, Mutter, ich besuche heute Abend meinen Freund?

Im Erfinden von Ausreden war ich äußerst geschickt. Für meine Ausbildung als Krankenschwester musste ich mich auch in Mathematik prüfen lassen. Ich bat meinen Vater, mir Geld für Nachhilfe zu geben, anschließend suchte ich mir eine Lehrerin als Alibi, zu der ich jedoch nur sehr selten ging. Im Nachhinein kommt es mir wie ein Wunder vor, dass mein Vater nicht dahinter gekommen ist. Er hätte nur einmal einen Kontrollanruf machen müssen, schon hätte er erkannt, dass meine Nachhilfestunden vorgetäuscht waren. Manchmal erzählte ich meinen Eltern auch, dass ich als ambulante Pflegerin unterwegs sei und mit dem Bus nach Hause kommen würde. Wenn also meine Eltern dachten, ich sei abends noch für die Arbeit unterwegs, war ich in Wirklichkeit bei Oliver. Irgendwann nahm ich sogar einen Job als Bedienung im Krankenhaus-Café an. Mein Vater war damit erst gar nicht einverstanden. Nur weil ich ihm jeden Monat noch einmal zweihundert Euro extra übergeben konnte, erlaubte er mir, dort auszuhelfen. Es war, als erkaufte ich mir mehr und mehr ein Stückchen Unabhängigkeit.

Wenn ich jetzt daran denke, weiß ich gar nicht, wie ich

das damals geschafft habe. Jeden Termin, jede Lüge musste ich im Kopf behalten. Nichts durfte ich vergessen, sonst wäre alles aufgeflogen. Dabei bin ich nicht der Typ, der belügt und betrügt. Ich schäme mich inzwischen sogar für das Lügengebäude, das ich aufgestellt hatte. Aber es war die einzige Möglichkeit, Oliver zu sehen.

Wenn ich nach der Arbeit mit zu Oliver nach Hause fuhr, sind wir auf den Fußwegen nie nebeneinander gelaufen. Er ging immer voraus, ich blieb hinter ihm zurück. Wenn er sich auf dem Bahnsteig auf eine Bank setzte, wartete ich einige Meter von ihm entfernt. Nur manchmal habe ich mich einfach neben ihn gesetzt. Aber entspannt war das nie. Oliver hat mich dann ermahnt: »Was, wenn jetzt ein Cousin von dir vorbeikommt?« Auch wenn er meine Verwandten damals noch gar nicht kannte, war er viel vorsichtiger als ich.

Erst allmählich erhielt Oliver einen Einblick in mein Leben. Ich bemühte mich, unsere heimischen Sitten möglichst nicht zum Thema zu machen. Auch dass ich geschlagen wurde, versuchte ich zu vertuschen. Ich erinnere mich noch daran, wie er zum ersten Mal die Früchte des Zorns meiner Familie entdeckte. Ich war, wie so oft, nach Dienstschluss im Krankenhaus mit zu Oliver gegangen. Es war sehr warm in seinem Zimmer, aber meinen Pullover wollte ich trotzdem nicht ausziehen. Oliver kitzelte mich, ließ all seine Verführungskünste spielen, bis er mir endlich meinen Pulli über den Kopf ziehen konnte. Dabei entdeckte er den Bluterguss, der am Morgen nur schwach zu sehen war, der aber im Laufe des Tages dunkler geworden war.

Oliver erschrak. »Wogegen bist du denn da gelaufen?«, fragte er.

Ich bin mit Sicherheit ganz rot geworden. Geantwortet habe ich ihm aber nicht. Mir fiel es nicht leicht zu schweigen, aber ich wagte zu diesem Zeitpunkt noch nicht, ihm die Wahrheit zu erzählen. Ich genierte mich so für meine Familie. Dafür, zu ihr zu gehören und ihre blinde Wut erdulden zu müssen.

Oliver ging daraufhin ins Bad, holte eine Tube mit Heilsalbe, setzte sich neben mich auf sein Bett und rieb den Bluterguss auf meinem Oberarm sanft mit der Salbe ein. Mit einer Mullbinde umwickelte er schließlich die Stelle. Der Verband war aber ganz falsch angelegt und ging gleich wieder auf. Ich habe ihm gezeigt, wie man so etwas richtig macht, schließlich bin ich ja Krankenschwester. Von da an übte er regelmäßig an mir. Erst behandelte er weiter meinen Oberarm, so lange, bis der Fleck verschwunden war. Dann entdeckte er bald den nächsten blauen Fleck an meinem Oberschenkel, später einen weiteren an meinen Schultern. Er staunte darüber, aber ich log ihn an, dass ich eben schnell blaue Flecken bekäme.

Die Erinnerungen machen mich nachdenklich. Im Prinzip spielte ich nicht nur meinen Eltern etwas vor, sondern anfangs auch Oliver. Ich lehne meinen Kopf zurück. Wenn ich an das Doppelleben denke, das ich damals führte, spüre ich noch jetzt die Erschöpfung.

Verließ ich Oliver, ging ich meistens nicht direkt nach Hause, sondern fuhr erst noch ins Krankenhaus, um im Café Kuchen für meine Eltern zu holen. Die Tortenstücke und das Gebäck nahm ich ihnen nicht mit, weil ich ihnen unbedingt eine Freude machen wollte. Ich habe das gemacht, um mein Alibi zu decken. Weil ich ihnen erzählt hatte, ich würde nach dem Dienst im Krankenhaus noch im Café jobben. Käsekuchen mit Kirschfüllung. Den hat meine Mutter besonders gemocht. Aber auch Nusskuchen, Schwarzwälder Torte oder Rhabarberschnitten – wenn ich ein, zwei Stücke mitbrachte, nickte sie mir zu. »Mein fleißiges Mädchen«, hat sie dann gesagt. Das war alles. Und wenn ich mit leeren Händen nach Hause kam, wollte sie nur, dass ich mir diese wasche und mich dann zu ihnen setze, um zu Abend zu essen. Ist schon komisch: Ich glaube, ihr ist nie wirklich aufgefallen, wie viele Stunden am Tag ich tatsächlich arbeitete.

Meistens war ich von morgens früh bis abends um acht, halb neun außer Haus. In diesem halben Jahr, in dem ich Oliver vor meinen Eltern geheim halten musste, habe ich ungemein viel abgenommen. Das ständige Hin und Her war anstrengend. Dazu kam die Angst, entdeckt zu werden. Mein Vater nahm mich einmal zur Seite. Er sagte mir, ich solle wieder ordentlich essen. Wie sähe das denn aus! »Ganz eingefallene Wangen hast du, so will dich doch keiner.« Mein Vater hat mehr daran gedacht, dass ich meinem zukünftigen Ehemann gefallen musste, anstatt sich Sorgen zu machen, was mit mir los sein könnte.

Früher, bevor ich Oliver traf, fand ich mich richtig dick. Auch wenn man mir das heute nicht mehr ansieht: Ich war fünfzehn Kilogramm schwerer. Siebzig Kilo hatte ich gewogen, bei einer Größe von 1,65 Meter. Meine Familie fand mich schön, so wie ich war. Frauen sollen bei uns nicht so dünn sein. Meine Mutter sagte immer: »Jede schöne Frau hat einen kleinen Bauch.«

Ich aß aber nicht, weil es mir so gut schmeckte. Ich aß, wenn ich traurig war oder auch aus Langeweile. Am liebsten Schokolade, die hat mich am besten getröstet, wenn meine Mutter mich wieder geschlagen, wenn sie mich ausgesperrt, mich vor Gästen beleidigt und gedemütigt hatte. Oliver findet mich schön, ganz gleich, ob ich dicker oder dünner bin. Das sagt er mir jedenfalls.

Auch wenn die Zeit anstrengend war und ich abmagerte, taten mir der tägliche Rhythmus und die schwere Arbeit im Krankenhaus gleichzeitig gut. Ich kam dadurch auf andere Gedanken. Außerdem machte mir die Pflege der Patienten Spaß. Bei ihnen vergaß ich meine eigenen Probleme. Ich war für sie die kleine Babette. So haben sie mich immer genannt: kleine Babette. Ich weiß gar nicht, warum. Eine alte Frau fing damit an. Irgendwann haben mich alle so genannt.

Ich war ihre Babette und konnte mir auch mehr erlauben als die anderen Lernschwestern. Die meisten Patienten habe ich einfach geduzt. Vielleicht war ich bei den Patienten so beliebt, weil ich immer Zeit für sie hatte. Mich – so oft es ging – zu ihnen in ihr Krankenzimmer setzte und mit ihnen redete, anstatt meine Pausen mit den anderen Schwestern zu verbringen. Die Patienten schätzten meine Aufmerksamkeit, wenn es um Kleinigkeiten ging, wie Kissen aufzuschütteln, das Fenster zu öffnen oder den Blumen frisches Wasser zu geben. Die Stationsleiterin schätzte meinen Fleiß. Daheim schätzten mich meine Eltern nur, wenn ich Geld mit nach Hause brachte und mich ihrem Willen nicht widersetzte.

Draußen rauschen die Straßenlichter einer Kleinstadt an mir vorbei. Mit jeder Minute entferne ich mich mehr von meinen Eltern. Bei dem Gedanken daran, fast sechshundert Kilometer von ihnen weg zu sein, fühle ich mich erleichtert. Nie wieder werde ich Angst davor haben müssen, mich zu verspäten.

Jedes Mal, wenn ich von Oliver zum Krankenhaus zurückfuhr, betete ich zu Gott, die Bahn möge nicht irgendwo auf der Strecke liegen bleiben oder mir vor der Nase davonfahren. Einmal, nur ein einziges Mal hat dieses Gebet nichts genützt. An diesem Abend konnte mich niemand von der Arbeit abholen, da wir Besuch bekamen. Ich sollte ausnahmsweise den Bus nehmen.

Vielleicht hatte ich im Hinterkopf, freier als sonst zu sein, vielleicht war das Verlangen, nur dieses eine Mal länger bei Oliver zu bleiben, zu groß. Jedenfalls verpasste ich die S-Bahn, die von Dahlem zum Krankenhaus fuhr. Natürlich war dann auch mein Anschlussbus über alle Berge. Der nächste wäre erst in einer halben Stunde gefahren. Den Weg von der Bushaltestelle bis zu unserem Haus rannte ich, als ginge es um mein Leben. Es war schon finster, und von unserer Einfahrt aus sah ich im Licht des Wohnzimmers meinen Vater, der am Fenster stand und auf die Straße schaute. Ich war eine halbe Stunde zu spät. Mir war regelrecht übel vor Angst. Trotzdem quälte ich mich die wenigen Stufen bis zur Haustür hoch. Es hätte mir auch nichts gebracht, mein Eintreffen noch länger hinauszuzögern.

Als ich die Eingangstür aufschloss, fing mich mein Bruder ab. Er stand in der dunklen Diele, als er mir mit der flachen Hand gegen den Kopf schlug, so dass ich gegen die Wand geschleudert wurde. Mein Vater kam aus dem Wohnzimmer und schaltete das Licht ein. Der

Besuch folgte ihm. Es war Ali, der beste Freund meines Vaters.

Sie standen einfach da und sahen zu. Beobachteten wortlos, wie mein Bruder auf mich eindrosch, wie er mich »Hure« nannte und »Flittchen«. Er ohrfeigte mich und schlug immer wieder gegen meinen Kopf, bis ich merkte, dass warmes Blut über meine Wange floss. Erst da griff mein Vater ein. »Das ist genug, Nuri. Sie hat es begriffen.«

In seinen Augen sah ich, wie weh es ihm tat, mich, seine Lieblingstochter, so zugerichtet zu sehen. Ich glaube, es war die Anwesenheit Alis, die ihn davon abhielt, schon viel eher einzuschreiten. Ich glaube, er wollte beweisen, dass in seinem Haus Ordnung herrscht.

Es war so demütigend. Ich lag am Boden, gekrümmt vor Schmerzen, und wimmerte. Ali hörte ich sagen: »Das war gut, man darf nichts durchgehen lassen, sonst nehmen sich die Mädchen alles heraus.«

Ich rappelte mich auf und lief wortlos an meinem Vater vorbei. Aber ich sah ihm dabei fest in die Augen. Er wich meinem Blick aus. Im Bad wusch ich mir das Blut aus dem Gesicht und tupfte die Wunde mit einem Wattebausch ab. Dann ging ich ins Bett, einfach so, als sei nichts geschehen.

Unwillkürlich habe ich bei dieser Erinnerung die Faust geballt. Immer schluckte ich alles, nie habe ich mich gegen meine Familie gewehrt. Sicher hätten sie mir niemals zugetraut, dass ich in der Lage wäre, einfach abzuhauen. Aber jetzt sitze ich im Zug, bin auf dem Weg zu Oliver. Ich habe es wirklich geschafft! Ein warmer Schauer durchfährt mich. Ich blicke mich um. Fast alle Passagiere schlafen. Ich sitze ganz still auf meinem Platz. Niemand hier kann mir ansehen, welchen Hass ich gegenüber meiner Familie hege. Bei blauen Flecken ist das anders.

Als Oliver mich am nächsten Tag mit geschwollener Backe und blutunterlaufenem Auge sah, schlug er mit der geballten Faust gegen die Wand. »So wie du aussiehst, kannst du nicht einfach gegen etwas gelaufen sein. Jemand hat dich verprügelt. Wenn ich dich noch einmal so zugerichtet sehe, rufe ich die Polizei! Dann erstatte ich Anzeige wegen Körperverletzung.« Ich erschrak. Das durfte er auf keinen Fall tun. Dann würde ich erst richtig Probleme bekommen. »Du darfst keine Anzeige erstatten!«, rief ich. »Wenn du das machst, werden sie mich noch viel mehr schlagen.« Nun war es raus. Oliver wollte jetzt Genaueres wissen, aber ich verstummte, kein weiteres Wort zu diesem Thema kam über meine Lippen.

Von da an log ich Oliver meistens wieder an. Immer, wenn ich einen neuen blauen Fleck hatte, sagte ich, dass ich mich beim Herausheben von Patienten aus dem Bett gestoßen hätte. Manchmal hat er mir geglaubt, manchmal musste ich ihm schwören, die Wahrheit zu sagen.

Auch auf meiner Station blieben die vielen blauen Flecken an meinem Körper nicht unbemerkt. Einmal nahm mich meine Krankenpflegelehrerin zur Seite. »Ayşe, was ist denn nur los?«, fragte sie mich. Ich antwortete nicht.

Dann fragte sie: »Schlagen dich deine Eltern?« Ich schüttelte nur den Kopf. »Es ist nichts«, winkte ich ab.

Aber wie gerne hätte ich all die Ungerechtigkeiten, die

ich daheim erdulden musste, laut herausgeschrien. Die Schläge, die Verbote, die ständigen Kontrollen. Und vor allem meine Zwangsverheiratung. Ich wollte kein Mitleid, aber ich wollte all die anderen, denen es so gut ging und die das gar nicht zu schätzen wussten, darauf aufmerksam machen, dass die Dinge bei mir anders waren.

Aber ich sagte davon nichts, erzählte der Lehrerin nur von meiner Beziehung zu Oliver. Ich sagte ihr, dass meine Eltern mir fast alle Freiheiten verboten hätten, auch einen Freund, daher dürften sie nichts von ihm wissen. Ansonsten hatte ich bislang nur ein paar Schwesternschülerinnen erzählt, dass ich einen Freund hätte, den ich vor meinen Eltern verheimlichen müsste. Weiter konnte ich mich aber nicht offenbaren. Nur Melanie, meiner Kollegin im Café, hatte ich anvertraut, dass dieser Freund im Krankenhaus arbeitete und ich mich in den Pausen mit ihm traf.

Am liebsten hätte ich Oliver ganz verschwiegen. Aber nur wenn ich anderen etwas über meine Situation erzählte, konnte ich mit deren Hilfe rechnen. Und ich brauchte Menschen, die mir ein Alibi geben würden. Auf meine Krankenpflegelehrerin konnte ich mich verlassen, weil sie mich mochte und ich ihr Leid tat. Und bei den anderen Schwesternschülerinnen stieß meine Geschichte auf Empörung. Sie alle standen hinter mir und hätten zur Not für mich gelogen.

Der Zug rattert unaufhörlich die Gleise entlang. In wenigen Stunden sehe ich Oliver wieder. Ob er mich noch schön findet? Wir haben uns immerhin seit drei Monaten nicht mehr gesehen. Eine lange Zeit, wenn man bedenkt, dass wir uns erst ein knappes Jahr kennen und immer nur höchstens ein, zwei Stunden am Tag miteinander verbracht haben. Zeit zum Reden war eigentlich immer nur am Telefon.

Wenn ich abends nach der Schicht im Krankenhaus oder von meinem Job im Besuchercafé nach Hause kam, ging ich zuerst in mein Zimmer hinauf und rief Oliver auf dem Handy an. Es verging kein Tag, an dem wir uns abends nicht noch wenigstens fünf Minuten am Telefon gesprochen hätten. Meiner Mutter sagte ich, dass ich mich erst noch eine halbe Stunde ausruhen müsse. Dann würde ich mich zu ihnen zum Essen setzen.

Aus Angst, entdeckt zu werden, telefonierte ich stets hinter verschlossener Tür. Auch flüsterte ich, damit mich niemand hören konnte. Es waren gefährliche Minuten am Handy, aber um nichts in der Welt hätte ich darauf verzichtet.

Erst waren es nur Träumereien, die Oliver und ich austauschten. Er sprach davon, mit mir einfach irgendwohin abzuhauen. Ich erzählte ihm, dass ich später gerne in einem großen Bauernhaus mit vielen Kindern wohnen würde. Je mehr sich jedoch sein Zivildienst dem Ende näherte, desto konkreter wurden unsere Gespräche.

Eines Abends rief er mich an, kurz nachdem ich unseren Flur betreten hatte. Ich spürte den Vibrationsalarm meines Handys und beeilte mich, in mein Zimmer zu kommen.

»Ich habe den Platz an der Akademie in München erhalten«, rief er aufgeregt durch das Telefon. Mein Herz sank. Oliver hatte sich an mehreren Schulen für Grafikdesign beworben. In Berlin, in Stuttgart, in Leipzig und in München.

»Oh. Herzlichen Glückwunsch.« Ich bemühte mich, fröhlich zu klingen, aber es gelang mir nicht.

Oliver war am anderen Ende der Leitung ganz still geworden. Schließlich sagte er: »Ich gehe nur, wenn du mit mir kommst.«

Schon so viele Jahre hatte ich mit dem Gedanken gespielt, einfach zu gehen, alles hinter mir zu lassen. Die Ehe mit Hassan, die so unvermeidlich schien. Die Schläge und die Kontrolle meiner Eltern. Und nun war Oliver da und ich konnte mir ein Leben ohne ihn nicht mehr vorstellen. Aber oft zweifelte ich, dachte, dass er mit Sicherheit bald unserer eingeengten Beziehung entkommen wolle. Ich fürchtete, das Ende seines Zivildienstes im Krankenhaus könnte für ihn ein geeigneter Anlass sein, sich von mir zu trennen. Und nun sollte alles anders sein. Oliver wollte weiter bei mir bleiben.

Ich überlegte keine Sekunde. »Ja. Ich gehe mit dir.« Nun lachten wir beide. Wir lachten laut durch das Telefon hindurch. Lachten aus Erleichterung.

Seit diesem Abend planten wir meine Flucht. Immer wenn wir miteinander telefonierten und ich auf meinem Bett lag, schloss ich die Augen und stellte mir das Leben an Olivers Seite vor, während ich seiner Stimme lauschte, bis meine Mutter mich rief. Ich brachte dann vor Aufregung kaum einen Bissen hinunter.

Wieder betrachte ich mein Spiegelbild im Fensterglas, das mit der Morgendämmerung allmählich unschärfer wird. Viel hat sich nicht geändert. Ich bin noch immer die Ayşe, die Oliver in Berlin zurückgelassen hat. Nur müssten sich mehr Spuren in meinem Gesicht eingegraben haben, da die Zeit ohne meinen Freund sehr anstrengend für mich war. Jeder Tag, an dem ich das Gefühl hatte, von meiner Traurigkeit erdrückt zu werden, hat mit Sicherheit Kummerfalten hinterlassen.

In der Zeit ohne Oliver habe ich an nichts anderes denken können als daran, ihm endlich nach München zu folgen. Ich versuchte, mich in meine Arbeit als Schwesternschülerin zu stürzen, und lernte für die Abschlussprüfungen. Zugleich rückte die Hochzeit mit Hassan immer näher.

Obwohl ich mich seit einem halben Jahr spürbar von ihm distanziert hatte, rief mich Hassan weiterhin regelmäßig an – ich war ja offiziell seine Verlobte. Meistens bat ich meine Schwester, die immer die Erste am Telefon war, mich zu verleugnen. »Bitte sag, dass ich nicht da bin.« Meine Schwester reagierte manchmal hinterhältig und erzählte Hassan: »Ich soll dir ausrichten, dass sie nicht da ist.« Dann musste ich natürlich mit ihm sprechen und ihm erklären, wie ich das nun wieder gemeint hatte.

Diese Telefonate langweilten mich tödlich. Stets fragte mich Hassan, wann ich denn wieder Zeit für ihn hätte. »Hassan, du weißt doch, dass ich viel arbeiten muss«, antwortete ich ihm wiederholt. Daraufhin knurrte er stets etwas in den Hörer, kurz darauf legten wir auf. Ich achtete aber sehr darauf, Hassan niemals völlig zu verärgern, es war wie ein Spiel mit Zuckerbrot und Peitsche. Hatte sich sein Unmut merkbar gesteigert, flötete ich Nettigkeiten in den Hörer, vertröstete ihn auf später, schwärmte von unserer Hochzeit, bei der ich mir hundertprozentig sicher war, dass sie niemals zustande kommen würde. Hassan war so verliebt in mich, dass er vieles hinnahm, worüber meine Eltern hingegen wütend wurden. »Es gehört sich nicht, dass du dir keine Zeit für deinen zukünftigen Ehemann nimmst!«, fauchte mich meine Mutter oft an.

Wenn ich jetzt an Hassan denke, überkommt mich Abscheu. Vor einiger Zeit – kurz nach Olivers Umzug nach München – fand ich heraus, dass er zu Prostituierten geht. Als er dann einmal bei uns war, konnte ich meinen Hass und meine Wut nicht mehr länger unterdrücken.

Hassan hatte seine eigenen Zukunftsvorstellungen bezüglich unserer Ehe. Er arbeitete in einer Backstube, einer von vielen, die seinem Vater gehören. Als Hassan nun bei uns im Wohnzimmer saß, redete er wieder einmal davon, dass er seine eigene Backfiliale aufmachen wolle. Er sagte, ich solle dann auf unsere Kinder aufpassen und hin und wieder im Laden stehen, Brötchen verkaufen. Vier Kinder wünschte er sich von mir, am liebsten nur Jungen. Und leben würden wir natürlich im Haus seiner Eltern. Dort gebe es ausreichend Platz.

Als er an jenem Nachmittag wieder damit anfing, ließ ich endlich meinen Ärger heraus. »Denkst du, du kannst das alles alleine entscheiden? Vielleicht will ich ja gar nicht in der Bäckerei stehen? Vielleicht will ich ja weiter als Krankenschwester arbeiten! Hast du dir darüber überhaupt schon einmal Gedanken gemacht?«

Hassan sah mich erschrocken an. Es ist bei uns nicht üblich, dass eine Frau derartige Gedanken hat. Selbstverständlich gehorchte sie dem Mann, und selbstverständlich arbeitet sie nur, wenn es der Mann erlaubt. Ansonsten sorgt sie für die Kinder.

Ich weiß nicht mehr, was er mir antwortete. Ich weiß nur, dass er meinem Vater erzählte, was ich zu ihm gesagt hatte. Am Abend rief der mich zu sich ins Wohnzimmer. Kaum stand ich vor ihm, schlug er mir mit all seinem Zorn ins Gesicht. Die Ohrfeige riss mich zu Boden. Ich hatte das Gefühl, als hätte mir jemand die Wange verbrannt. Vor Schreck war ich wie gelähmt. Mein Vater befahl mir aufzustehen. Ich starrte ihn ungläubig an. Er wich meinem Blick aus. »Steh auf!«, sagte er noch einmal. Ich stand auf. Er packte mich an den Schultern und rüttelte mich: »Stimmt es, was Hassan mir da erzählt hat? Du hast ihm widersprochen? Bist du von allen guten Geistern verlassen?«

Ich begann zu weinen. »Heul nicht!«, sagte mein Vater harsch. »Ist es wahr, was Hassan gesagt hat? Und wenn ja, wieso sprichst du so mit ihm?«

Ich konnte meinem Vater nichts entgegnen. Was hätte ich auch sagen können? Und was für einen Unterschied hätte es gemacht, wenn ich meinem Vater erklärt hätte, dass auch Frauen einen eigenen Willen haben können. Dass wir in Deutschland leben und die Sitten hier nun einmal anders sind. Er hätte mich nur noch mehr geschlagen, hätte mit meiner Mutter geredet und ich wäre in noch größere Schwierigkeiten gekommen.

»Ja, ich habe ihm widersprochen«, hätte ich ihm entgegenschleudern sollen, »ich verabscheue Hassan! Er respektiert Frauen nicht und behandelt mich, als hätte er mich schon längst gekauft!«

Aber ich sagte nichts von alledem und schwieg. Schwieg und fraß die Wut einmal mehr in mich hinein. Bis zu meiner Flucht wollte ich keine Probleme mehr bekommen. Und vor allem wollte ich nicht auffallen. Denn solange meine Eltern glaubten, ich würde mich der Hochzeit fügen, erregte ich keinen Verdacht. Es war naiv von mir, Hassans Plänen zu widersprechen. Die geschwollene Wange und der Bluterguss am Auge erinnerten mich noch knapp einen Monat lang an diese Dummheit. Außerdem machte es mir der Vorfall umso schwerer, mich in den folgenden Monaten von Hassan fern zu halten. Dabei war Oliver unwahrscheinlich eifersüchtig. »Du musst mir versprechen, dass du ihn nicht küsst«, bat er mich immer wieder am Telefon. Ich versprach es.

Ich habe begonnen, an meinen Fingernägeln zu reißen, so wie ich es immer tue, wenn ich nervös bin. Sollte mich meine Familie doch noch erwischen, dann hätte ich keine Chance mehr, dann müsste ich Hassan so bald wie möglich heiraten. Um mich abzulenken, greife ich nach einem zurückgelassenen Frauenmagazin in der Tasche meines Vordersitzes und drücke den Lichtschalter über mir wieder an. Eilig blättere ich das Heft durch und finde einen Artikel über Wahrsagerinnen. Es fällt mir schwer, mich auf den Text zu konzentrieren.

Mir fällt dabei meine Tante Hanife ein. Auch sie behauptet, jedem Menschen aus den Handlinien die Zukunft vorhersagen zu können. Als Kind war ich oft bei ihr zu Besuch. Sie hat mich dann auf den Schoß genommen und mir Tee und Kekse angeboten. Ihre Stimme war immer freundlich und ruhig, dennoch fand ich sie etwas unheimlich.

Tante Hanife hat hellbraune Augen und lange Fingernägel, die sie akribisch pflegt. Lange Fingernägel gelten in meiner Familie als verrucht. Wir alle tragen unsere Nägel kurz.

In meinen Augen ist meine Tante wunderschön. Als Einzige in meiner Familie hat sie glatte Haare, die ihr bis zu den Hüften reichen und seidig schimmern. Unter Menschen lächelt Hanife immer, aber sie sagt kaum etwas. Fast wirkt sie schüchtern. Meine Mutter sagt, dass sie sich nur deshalb mit der Hexerei beschäftigt, weil sie keine Kinder bekommen kann. Wenn mein Vater über Hanife sprach, nannte er sie oft nur »die Verrückte«. Sogar wenn sein Bruder Adil dabei war – der Mann meiner Tante –, tat er das. Kam ich von meinen Besuchen bei ihr zurück, fragte er mich stets: »Und? Was hat dir denn unsere Verrückte heute alles über deine Zukunft verraten?«

Einmal fragte mich Hanife, ob ich wissen wolle, wie mein vorheriges Leben war. Ich nickte eifrig. Nun musste ich mich vor sie setzen, beide Füße – wegen des Energieflusses – auf den Boden stellen und ihr meine Hände entgegenstrecken. Sie nahm erst meine rechte Hand, dann die linke und fuhr mit ihren langen Fingernägeln die Linien entlang. »Das ist ja interessant, wirklich interessant…«, murmelte sie. Ich platzte beinahe vor Neugierde. »Was siehst du denn, Tante?«, fragte ich ungeduldig.

»Meine Kleine, in deinem vorherigen Leben warst du kein Mensch! Du warst ein kleiner Affe, der von Baum zu Baum gehüpft ist.« Ich malte mir das aus und staunte. Mir gefiel die Vorstellung.

Als mein Vater erfuhr, was Hanife mir erzählt hatte, wurde er richtig wütend: »So ein Unsinn! Nach dem Tod kommst du vor das Jüngste Gericht, und da wird entschieden, was mit dir passiert. Etwas anderes gibt es nicht. Was deine Tante sagt, ist ja lächerlich!« Ich dagegen fand es faszinierend.

Die meisten von Hanifes Weissagungen habe ich vergessen. Nur an eine kann ich mich noch erinnern, weil sie sich kurze Zeit später tatsächlich erfüllt hat.

»Du wirst bald einen Menschen verlieren, der dir sehr nahe steht«, sagte sie mit fester Stimme zu mir. Einen Monat später starb meine Lieblingstante Nesriye, die Mutter von Hassan. Niemand außer Hanife hatte mit ihrem Tod gerechnet.

Vor einem Monat bin ich noch einmal zu meiner Tante gegangen und habe sie nach meiner Zukunft befragt. Wie früher musste ich mich vor sie setzen und ihr meine Hände reichen. Aus irgendeinem Grund war ich aufgeregt, dabei glaubte ich eigentlich gar nicht mehr an ihre hellseherischen Kräfte. Aber Hanife verstand es, Spannung aufzubauen und geheimnisvoll zu tun. Sie fuhr wie all die Jahre zuvor mit ihren Fingernägeln die Linien meiner Hände entlang. Erst nahm sie die rechte und betrachtete sie lange. »Hm«, machte sie und griff nach meiner Linken. »Du wirst es nicht gerne hören«, begann sie und machte eine dramatische Pause. »Aber du wirst es schwer haben in der nächsten Zeit. Du wirst einen Verlust hinnehmen müssen und du wirst sehr verletzt werden, von Menschen, die dir nahe stehen.«

Ich versuche, mich wieder auf den Artikel im Magazin zu konzentrieren. Es gelingt mir nicht. Ich denke an Hanifes Prophezeiung. Ob sie Recht behalten wird? Meine Augenlider werden schwer. Ich schalte das Licht aus und lehne mich zurück. Dann falle ich in einen unruhigen Schlaf.

»Kaffee, Tee, Wasser.« Ich wache auf. Im ersten Moment weiß ich nicht, wo ich mich befinde. Der Getränkewagen rollt an mir vorbei. Der Zug hat Fürth erreicht. Mir bleiben noch etwa zwei Stunden, dann bin ich in München. Bei Oliver.

An Schlaf ist jetzt nicht mehr zu denken. Die Reisenden packen ihre Taschen, reden, trinken müde ihren Kaffee. Ich hätte gerne einen Tee, aber der kostet 2,60 Euro. Das ist mir zu teuer. Viel Geld habe ich nicht dabei, und wer weiß, wie schnell ich in München einen Job finde. Ich möchte Oliver auf keinen Fall lange auf der Tasche liegen. Auch will ich versuchen, schnell Anschluss zu finden. Denn außer Oliver kenne ich in dieser Stadt niemanden. Abhängigkeit tötet jede Liebe. Die Vorstellung, immer nur in unserer Wohnung zu sitzen und zu warten, bis Oliver heimkommt, ist erschreckend.

Ich greife nach meiner Reisetasche auf der Gepäckablage und ziehe meine Wertsachen und den Waschbeutel heraus. Ich will mich noch schön machen, bevor ich ankomme. Die Fahrt hat mich erschöpft. Sicher sieht man mir das an.

Auf dem Weg durch den Gang schaut mir ein Mann nach. Ich mag das nicht. Aber er sieht nett aus. Jung und schüchtern. Trotzdem würde ich unter keinen Umständen zurückblicken und ihm zulächeln, wie es viele deutsche Frauen machen. Aber sein Blick lässt mich etwas selbstbewusster zurück.

Beim Blick in den Spiegel erschrecke ich. Das grelle Neonlicht der Toilette zeigt jeden Pickel und sämtliche Linien auf meiner Stirn. Normalerweise kann man die erst beim zweiten Blick erkennen. In ein paar Jahren werden sie sich bestimmt tief eingegraben haben.

Ich sehe müde aus. Meine Augen sind ein bisschen geschwollen und meine Locken haben an Kraft verloren.

Mit dem dünnen Strahl, der aus dem Wasserhahn rinnt, benetze ich mir das Gesicht und den Hals. Danach kämme ich meine Haare, bis sie wieder seidig glänzen. Ich streife die drei goldenen Ringe und die vielen Armreifen ab, die ich um mein linkes Handgelenk trage. Oliver mag kein Gold an mir. Er sagt, das lässt mich so erwachsen wirken.

Der einzige Schmuck, den ich immer trage, ist meine Halskette aus weißen Korallen. Sie war das erste Geschenk, das mir Oliver machte. Als meine Mutter mich damit sah, fragte sie: »Von wem hast du das hässliche Stück?« Ich gab ihr keine Antwort. Seitdem war ihr die Kette ein Dorn im Auge.

Früher legte ich die Kette zum Duschen oder zum Schlafen ab. Aber eines Morgens war meine Kette verschwunden. Am Abend zuvor hatte ich sie zu den Goldohrringen, den goldenen Ketten, Armreifen und Ringen in mein Schmuckkästchen im Bad gelegt. Ich ahnte sofort, wer die Kette weggenommen haben musste, und lief in die Küche, wo meine Mutter gerade den Kaffee vorbereitete.

»Mama, hast du meine Kette gesehen?«, fragte ich sie misstrauisch. »Welche Kette?« Sie lächelte mich böse an, aber ich durchschaute sie. »Ach komm, das weißt du ganz genau. Meine weiße Korallenkette.«

»Werd nicht frech.« Meine Mutter hob drohend die Hand. Sie deutete eine Ohrfeige an. »Ich habe deine Kette nicht. Und jetzt mach dich fertig für das Krankenhaus.« Mit den Jahren habe ich gelernt, wann ich nicht widersprechen darf. Ich kniff die Lippen zusammen und unterdrückte Tränen der Wut.

»Du weißt doch ganz genau, wie viel mir diese Kette bedeutet!«, presste ich hervor.

Meine Mutter reagierte gereizt. »Hör auf, deiner Mutter etwas zu unterstellen.« Ärgerlich pfefferte sie die Dose mit dem Kaffeepulver auf den Küchentisch.

»Ich unterstelle dir nichts.« Ich bemühte mich, ruhig zu bleiben. »Aber ohne diese Kette gehe ich nicht los. Gib sie mir wieder!« Ich blieb beharrlich. Dass ich einen Schritt zu weit gegangen war, erkannte ich an ihrem Mund, der sich zu einem kleinen Schlitz verengt hatte. Meine Mutter näherte sich mir. »Wenn du dich jetzt nicht sofort fertig machst, kannst du was erleben!« Sie baute sich vor mir auf. Ihre Augen funkelten böse.

Wenn ich jetzt aufgab, würde die Kette für immer verloren sein. Meine Wut machte mich mutig: »Ich will doch nur Gerechtigkeit!«

Da holte meine Mutter mit aller Kraft aus. Der Schlag traf mein linkes Ohr. Für einen Moment hörte ich dort nur einen schrillen Ton. Meine Mutter packte mich an den Schultern, drehte mich herum und gab mir einen Tritt, so dass ich gegen die Tür flog. »Wird's jetzt bald? Mach dich endlich fertig. Warum bereitest du mir immer nur Kummer?«

Sie drehte den Kopf zur Seite, weil sie nicht mit ansehen wollte, wie ich mich vom Boden aufrappelte. Ich weinte nicht, weil der Kopf und die Schultern höllisch schmerzten. Ich weinte, weil mich meine Mutter so ungerecht behandelte. Sie hatte mich geschlagen, obwohl sie die Kette versteckt hatte, aber das konnte sie jetzt nicht mehr zugeben.

Bevor ich zur Arbeit aufbrach, durchwühlte ich alles – Schränke, Schubladen, Taschen, ich sah sogar im Mülleimer der Küche nach. Und dort entdeckte ich die Kette tatsächlich, sie lag unter dem Kaffeesatz. Sie stank und war ganz feucht, als ich sie aus dem Eimer zog. Ich wusch sie mit heißem Wasser, legte sie wieder um den Hals und ging ins Wohnzimmer, wo meine Eltern ihren Kaffee tranken.

Frech sah ich meiner Mutter ins Gesicht. »Entschuldige bitte für vorhin. Die Kette ist wieder aufgetaucht. Wie konnte ich dich nur verdächtigen.« Mein Vater wusste nicht, wovon ich redete, und sah seine Frau erstaunt an. Seit diesem Tag lege ich die Kette nicht mehr ab. Ich trage sie Tag und Nacht.

Ich ziehe mein schwarzes T-Shirt glatt, so dass die Kette besser zur Geltung kommt. Anschließend hole ich eine Tönungscreme aus meiner Schminktasche, tusche die Wimpern, lege hellbraunen Lidschatten auf und rosa Lipgloss. Kleine Schätze, die mir immer verboten waren. Im Krankenhaus hatte ich sie in meinem Fach aufbewahrt. Bevor ich mit der Arbeit begann, machte ich mich immer auf der Damentoilette zurecht. Und ein paar Minuten bevor ich von der Arbeit abgeholt wurde, wischte ich mir das Make-up wieder ab. In der Schule ertappte mich mein Bruder einmal dabei, wie ich Lippenstift auflegte. »Was willst du mit diesem Zeug?«, fuhr er mich an. »Du bist doch kein leichtes Mädchen, das Männern gefallen muss.«

Nur Hochzeiten bilden bei uns Ausnahmen. Da umrandet meine Mutter meine Augen mit dunklem Kajal, tuscht meine Wimpern, pudert meine Wangen und malt meine Lippen rot an. Auf jesidischen Feiern darf ich schön sein. Ich soll sogar auffallen, den jesidischen Männern gefallen. Deutsche Männer dürfen mich so aber nicht sehen.

Von der gestrigen Hochzeit sind meine Augen immer noch dunkel ummalt. Das Kajal ist nur etwas verwischt. Ich reiße ein Stück Toilettenpapier ab, befeuchte es mit Wasser und reibe die schwarze Schminke ab.

Auf dem Weg zurück zu meinem Platz stolpere ich beinahe über die Gepäckstücke eines Paares. Ihre Taschen stehen mitten im Gang. »Mensch, kannst du nicht aufpassen? Da ist Glas drin!«, faucht mich die Frau an. Der Mann legt beruhigend die Hand auf ihre Schulter. »Ist doch nicht so schlimm. Sie hat die Tasche ja nicht gesehen.« Mich beachtet er gar nicht weiter. Ich fühle mich elend und schrecklich allein. Aber gleich habe ich Oliver wieder. Dann wird alles gut.

Wird wirklich alles gut? Je näher ich dem Ziel komme, desto skeptischer werde ich. In Gedanken mache ich mir selber Angst: Ist es naiv zu glauben, dass meine Eltern mich in München nicht finden werden? Sie werden mich überall in Deutschland suchen. Sie werden alles daransetzen, mich zu finden. Vielleicht wenden sie sich sogar an die PKK, die kurdische Arbeiterpartei. Die ist in Deutschland zwar verboten, aber sie agiert im Geheimen. Oder meine Eltern schicken einen Steckbrief an alle Verwandten. Und die geben ihn an ihre Bekannten und Freunde weiter. Dann bin ich bald überall bekannt. Und wenn ich nur einem von ihnen über den Weg laufe, wird er nicht lange zögern, mich zurück zu meinen Eltern zu schleppen.

Ich wäre gerne mutiger. Aber die Zweifel nagen an meinem Selbstvertrauen. Was, wenn es nicht gut geht zwischen Oliver und mir? In München werden wir in einer Einzimmerwohnung leben und in einem Bett schlafen. Ich habe Angst davor. Bisher war ich zu mehr als

Kuscheln nicht bereit. Was wird zwischen mir und Oliver passieren, wenn wir jetzt zusammen leben werden? Aber immerhin bin ich meiner Familie entkommen und damit auch ihren veralteten Moralvorstellungen.

In meine Gedanken versunken, schrecke ich auf, als eine Stimme zu mir sagt: »Entschuldige! Kannst du mir einen Gefallen tun?« Neben mir im Gang steht die Mutter, die ich letzte Nacht beim Vorlesen beobachtet habe. Aus der Nähe betrachtet ist die Frau jünger, als ich dachte, vielleicht Mitte zwanzig. Sie ist sehr hübsch, finde ich. Sie hat lange honigblonde Haare und blaue Augen, die ungemein leuchten.

Sie lächelt mich freundlich an: »Kannst du kurz auf meine beiden Mädchen aufpassen? Ich will mich nur mal schnell frisch machen.« Ich nicke. Daraufhin dreht sie sich um und winkt ihre Kinder heran, die von ihrem Platz aus neugierig zu mir herübersehen. »Das hier ist Carlotta, meine Große. Sie ist schon sechs.« Ich weiß kaum, wie mir geschieht, denn schon lehnt sich das Mädchen an mein Knie und begrüßt mich: »Hallo, wie heißt du denn?« »Ayşe«, antworte ich verdutzt.

»Ich bin übrigens Anke«, stellt sich die Mutter vor. »Und das ist meine kleine Lena. Sie ist vier Jahre alt.« Sie nimmt das andere Mädchen auf ihren Arm, anschließend wiederholt sie ihre Bitte: »Darf ich sie dir für zehn Minuten anvertrauen?«

»Natürlich, gar kein Problem«, antworte ich.

Die Mädchen erleichtern mir das Warten, sie lenken mich von den quälenden Zweifeln und Ängsten ab. Lena sitzt inzwischen schon auf meinem Schoß, Carlotta hat sich auf den Platz neben mir gesetzt. Ihre blonden Locken sind von der Fahrt ganz platt gedrückt, aber das

Mädchen ist putzmunter. »Erzählst du uns eine Geschichte, bis Mama kommt?«, fragt sie. Ich überlege kurz, dann beginne ich ihnen eine Geschichte zu erzählen, an die ich in den vergangenen Monaten oft denken musste. Es ist das Märchen von Tausendundeiner Nacht.

»Es war einmal ein König, der heiratete jeden Tag eine neue Frau. Er lebte im Orient, deshalb ging das. Aber er musste viel Gold und Schmuck an die Eltern der jungen Frauen zahlen.«

Carlotta unterbricht mich: »Wieso musste der denn für seine Frauen zahlen? Haben die ihn denn nicht gerne geheiratet?«

Mir wird ein bisschen schwer ums Herz. »Nein, das haben sie tatsächlich nicht. Die Eltern der Frauen waren arm, deshalb mussten sie ihre Töchter verkaufen.«

»Das ist aber nicht nett!«, meldet sich Lena zu Wort. Ich streiche ihr über den Kopf, dann fahre ich fort: »Eines Tages wandte sich der König an die Eltern des schönsten Mädchens im ganzen Land. Die junge Frau hieß Scheherazade, sie hatte lange dunkle Locken und grüne Augen.«

Carlotta hat den Kopf an ihr Sitzpolster gelehnt und flüstert: »Fast so wie du…« Ich lächele und fahre fort: »Ihre Eltern waren so arm, dass sie dem Angebot des Königs nicht widerstehen konnten und ihre Tochter mit dem König davonziehen ließen. Scheherazade aber wollte nicht. Sie war in einen Mann verliebt, der auch sie über alles liebte und alles für sie tun wollte, um sie glücklich zu machen.«

»War das der Prinz?«, fragt Lena auf meinem Schoß. »Nein«, antworte ich ihr, »er war kein Prinz. Im Gegenteil, er war bettelarm, genau wie Scheherazade. Aber im Gegensatz zu dem König liebte er Scheherazade. Und das zählt mehr als alles Geld der Welt.«

»Musste sie den König wirklich heiraten?«, will nun Carlotta wissen. Gebannt schaut sie mich an. »Immer mit der Ruhe«, antworte ich. »Scheherazade war nicht nur wunderschön, sie war auch klug. Rate mal, was sie tat, Carlotta.« Das Mädchen sieht mich grübelnd an. Schließlich antwortet sie mir: »Sie rannte davon!«

»Nein, sie war viel schlauer«, erwidere ich. »Am Abend vor ihrer Vermählung erzählte sie dem König eine spannende Geschichte. Die ganze Nacht lang. Aber sie verriet das Ende nicht. Der König bat sie, ihm doch schnell noch den Ausgang der Geschichte zu berichten, bevor die Hochzeitszeremonie beginnen würde. Aber Scheherazade war, wie gesagt, ganz gewitzt. Sie machte dem König ein Angebot.«

»Ha, ich weiß«, ruft Carlotta dazwischen. Ich sehe sie erstaunt an. »Ja?«

Carlotta nickt: »Der König muss ihr für das Ende der Geschichte Geld zahlen. Das Mädchen heiratet dann den Armen, der sie liebt.«

»Nicht schlecht ausgedacht«, antworte ich. »Aber Scheherazade tat etwas anderes. Sie versprach dem König, ihm die Geschichte in der nächsten Nacht weiterzuerzählen. Dafür müsse der König aber die Hochzeit um einen Tag verschieben.«

»Das hat ihr doch sicher auch nichts genutzt!«, wirft Carlotta ein.

»Doch. Denn die Geschichte war auch in der nächsten Nacht noch nicht beendet und auch in der übernächsten nicht. Eintausendundeine Nacht lang hielt Scheherazade den König in Atem. So lange, bis er ihr die Freiheit schenkte.«

Die zehn Minuten sind in Windeseile vergangen. Anke ist wieder zurück. »Das war nett, vielen Dank«, sagt sie und streicht Carlotta übers Haar. Das Mädchen dreht sich aufgeregt zu ihrer Mutter: »Mama, wir haben eine Geschichte gehört, über eine Frau, die an einen König verkauft werden sollte!« Anke sieht mich fragend an. »Das Märchen von Tausendundeiner Nacht«, erkläre ich. »Aber nur die Kinderversion.« Denn was ich Carlotta und Lena nicht erzählt habe ist, dass Scheherazade nach der Hochzeitsnacht, die einer Vergewaltigung gleichkam, die Hinrichtung gedroht hätte. Der König aus der Erzählung von Tausendundeiner Nacht brachte seine Frauen nach der Hochzeit um.

»Die Kinderversion? Dann ist es ja gut«, sagt Anke. »Wo steigst du aus?«

»Ich fahre bis zur Endstation, München Ostbahnhof. Und du?«

»Hauptbahnhof. Bist du Münchnerin?«

»Nein«, antworte ich ihr. »Ich komme aus Berlin. In München besuche ich nur meine Oma.« Schon wieder lüge ich. Dabei dachte ich doch, in München sei das nicht mehr nötig.

»Familienfest?«

Ich nicke, auch wenn es nicht stimmt.

Anke wirft einen Blick auf die Uhr. »Oh, nur noch fünf Minuten. Wir müssen noch packen.« Sie nimmt ihre Kinder an die Hand. »Sagt Ayşe auf Wiedersehen!«, fordert sie ihre Töchter auf. Carlotta und Lena drücken mich. »Tschüs, Ayşe«, sagt Lena. Und Carlotta gibt mir sogar noch einen feuchten Kuss auf die Wange.

Wehmütig sehe ich den dreien lange nach, als sie den Zug am Hauptbahnhof verlassen. Anke ist eine gute Mutter. Eine Mutter, wie ich sie mir selber immer gewünscht hatte.

Fast alle Reisenden sind mit ihnen ausgestiegen. Mein Abteil ist jetzt nahezu leer. Ich greife nach meiner Reisetasche, die ich oben auf der Ablage verstaut habe. Schwer ist sie nicht. Ich habe ja kaum etwas dabei. Ich will hier gemeinsam mit Oliver etwas Neues aufbauen. Nichts soll mich deshalb an mein Zuhause erinnern. Nur ein paar Fotos habe ich mitgenommen, die ich Oliver zeigen möchte. Damit er einen Eindruck von meiner Familie bekommen kann.

Ich drücke mich in den Sitz, die Tasche halte ich auf meinem Schoß fest. Durch den Lautsprecher höre ich: »Dieser Zug erreicht in Kürze München Ostbahnhof.«

München. Ich wäre Oliver auch in jede andere Stadt gefolgt. Trotzdem bin ich froh, dass die Wahl auf München gefallen ist. Es ist eine Stadt, weit weg von meinen Eltern und groß genug, um mich zu verstecken. Hier wohnt niemand aus meiner Verwandtschaft. Es wird mir hier gefallen, da bin ich mir sicher. Auch wenn ich auf der kurzen Fahrt zwischen dem Haupt- und dem Ostbahnhof noch nicht viel von der Stadt erkennen kann.

Der Bahnhof taucht auf. Mein Herz beginnt vor Aufregung schneller zu schlagen. Jetzt werde auch ich diesen Zug verlassen, der später vielleicht wieder zurück nach Berlin fahren wird. In die Stadt meiner Eltern, meiner Familie, meiner Liebe und meiner Qualen. Ich will nie wieder dorthin zurückkehren müssen. Aber wie wird Oliver mich empfangen? Ob er sich freut, mich zu sehen?

Ich stehe auf, nehme meine Tasche und laufe zur Tür, um von dort aus auf den Bahnsteig zu blicken. Ich sehe orangefarben gekleidete Männer, die die grauen Steinplatten kehren. Ansonsten haben sich nur ein paar Menschen eingefunden, um auf die Ankommenden zu warten. Oliver muss irgendwo unter ihnen sein. Nervös presse ich mein Gesicht an die Fensterscheibe. Ich kann Oliver aber nicht entdecken!

Mit einem schrillen Geräusch hält der Zug. Immer noch habe ich Oliver nicht gesehen. Die Tür geht auf, ich springe auf den Bahnsteig, blicke mich hektisch um. Da ist Oliver. Er steht einfach da, lacht, läuft auf mich zu und breitet die Arme aus. Ich stürze ihm entgegen. Die Tasche lasse ich auf dem Weg einfach los, sie bleibt auf dem Bahnsteig liegen. Ich falle Oliver in die Arme.

»Ich bin so froh, dass du da bist, Ayşe!« Oliver hebt mich hoch und drückt mich an sich, so fest, dass er mir für einen Moment die Luft nimmt. Jetzt erst wird mir bewusst, dass ich es geschafft habe. Ich bin wirklich in München, bei Oliver.

»Ich habe dich so vermisst«, flüstere ich ihm ins Ohr, während er mich immer noch an sich presst. Oliver stellt mich nun behutsam auf die Beine. Er sagt: »Ich dich auch. Wie verrückt.«

Dritter Teil

Die Zeit mit Oliver

»Lass uns schnell von hier weggehen«, bitte ich Oliver. Sämtliche Menschen haben das Gleis verlassen, jetzt stehen nur noch wir beide auf dem Bahnsteig. Schnell habe ich mich aus Olivers Umarmung gelöst. Hier in der Öffentlichkeit kann ich ihn nicht an mich ziehen und ihn küssen. Ich bin wie versteinert. Es ist die Angst, erkannt zu werden, die mich lähmt.

Am Ostbahnhof ist viel zu viel Trubel, hier sind viel zu viele Menschen, die kommen und gehen. Das verunsichert mich. Ich habe das Gefühl, überall könnte jemand stehen, der mir gefolgt ist und mich jetzt auf frischer Tat ertappt.

»Okay«, antwortet mir Oliver auf meine Bitte. »Es sind nur ein paar Minuten mit dem Auto bis zur Wohnung.« Er schultert meine Reisetasche und umfasst meine Hand. Wir gehen nebeneinander zum Parkplatz, schweigend, weil keiner weiß, was es in diesem Moment zu sagen gäbe.

In meinem Kopf wirbeln die Gedanken durcheinander. Es ist schön, Hand in Hand mit Oliver zu laufen. Ihn endlich wieder zu spüren, zu riechen und seine Stimme zu hören. Aber gleichzeitig ist mir das alles so fremd. München. Das Leben, das mich hier erwartet, ohne Familie, ohne meine Freunde. Selbst Oliver ist mir fremd, so kommt es mir wenigstens vor.

Erst als Oliver die Beifahrertür für mich aufschließt, findet er wieder Worte. Er legt seine Hände auf meine Schultern und dreht mich zu sich. »Ich bin so unendlich froh, dass du hier bist.« Dann sieht er mir fest in die Augen und sagt: »Mach dir keine Sorgen, es wird schon alles gut gehen.« Ein bisschen habe ich das Gefühl, dass er sich mit seinen Worten auch selbst beruhigt. Ich nicke, steige ein.

Die Aignerstraße, in der wir wohnen, ist eine ruhige Straße, sie geht von einer viel befahrenen Hauptstraße ab. Nur wenige Autos durchfahren sie tagsüber. Als wir vor dem Wohnhaus stehen, kommt es mir vertraut vor. Oliver hat mir schon so viel über Obergiesing erzählt, dem Viertel, in dem ich nun mit ihm wohnen werde. Dass dort alles ganz klein und verwinkelt ist. Und dass dort viele ältere Leute wohnen, die mit ihren winzigen Hunden spazieren gehen. Jetzt sehe ich tatsächlich eine Frau mit einem Yorkshireterrier die Straße überqueren. Ich muss darüber schmunzeln und vergesse für einen Moment meine Aufregung.

Auch das Haus ist genauso, wie es mir Oliver bei unseren Telefonaten immer beschrieben hatte: vier Stockwerke hoch, die Fassade ist weiß verputzt, aber von den Abgasen der Autos schon ganz grau. Die Wohnungen haben kleine Balkons, die meisten von ihnen sind allerdings kahl und unbepflanzt. Nur auf einem winken leuchtend gelbe Sonnenblumen. Das sieht nach Oliver aus, denke ich bei mir.

Im Flur sind seitlich die Briefkästen angebracht. Unseren habe ich sofort entdeckt. Er hängt ganz links in der zweiten Reihe. Mit Klebeband hat Oliver ein rotes Papier daran befestigt, darauf steht »O und A«. Mehr nicht.

»O und A?«, frage ich ihn. »Keine ganzen Namen?« Oliver nickt ernst und sagt: »Für alle Fälle.«

Gegenüber den Briefkästen sind Graffiti an die gelb getünchten Wände gesprüht. Auf jeder Etage befinden sich mehrere Wohnungseingänge und an kaum einer Tür steht der Name. Auch an unserem Eingang verrät nichts, wer hinter der braunen Holztür wohnt.

Oliver schließt auf und überlässt mir den Vortritt in unser neues Reich. »Das ist ja wunderschön!«, begeistere ich mich, als mein Blick in die Wohnung fällt. Nichts hier drinnen erinnert an die Anonymität und die Verwahrlosung des Treppenhauses. In der kleinen Diele hat Oliver überall Flyer und Poster aufgehängt, die Wände hat er orange gestrichen. An der Garderobe hängt nur seine rot-grün-gelbe Mütze und auf dem hellen Parkettboden liegt ein knallroter Teppich. Vom Eingang aus sieht man sofort in die Küche. Der Boden ist schwarzweiß gefliest. Die Wohnung ist klein, aber mir fällt auf, wie lichtdurchflutet sie ist. Ich laufe drei Schritte durch den Flur, dann stehe ich in der Küche. Von hier führt eine Tür auf den Balkon, von dem mir Oliver am Handy immer vorgeschwärmt hatte. »Komm mal mit«, sagt er und zieht mich an der Hand nach draußen. Sonnenblumen. Oliver hat den ganzen Balkon damit bepflanzt und in die rechte Ecke einen gelben Sonnenschirm gestellt. Außerdem ist Platz für einen kleinen runden Tisch, an der Wand lehnen zwei Klappstühle.

Oliver sieht mich stolz an. »Gefällt es dir?« Ich falle ihm um den Hals. Ich kann gar nichts sagen, so glücklich bin ich. Stattdessen füllen sich meine Augen mit Tränen.

»Aber was ist denn los?« Oliver sieht mich bestürzt

an. Ich lache schluchzend auf. »Es ist gar nichts. Ich freue mich nur, hier zu sein.« In Wirklichkeit fühle ich mich so erschöpft, so überwältigt von den neuen Eindrücken, von den Erwartungen, die nun auf mich zukommen. Auf uns.

»Setz dich erst einmal hin, ich mache uns einen Kaffee«, sagt Oliver.

Er geht zurück in die Küche. Durch die Fensterscheibe sehe ich, dass er Wasser aufsetzt, den kleinen silbernen Kaffeekocher aus dem Schrank holt und nach einer bunten Dose über dem Herd greift. In meinem Inneren bete ich, dass das Zusammenleben zwischen Oliver und mir funktionieren möge. Aber was braucht man schon für ein gemeinsames Leben? Wenn man sich nur genug liebt, nicht viel: Eine kleine Wohnung haben wir, etwas Geld würde ich auch verdienen, sobald ich eine Stelle in einem Krankenhaus oder irgendwo anders gefunden hatte. Auch wenn ich all meine Freunde und meine Arbeitskollegen ohne ein Wort des Abschieds hinter mir lassen musste, habe ich etwas gewonnen, das alle Verluste aufwiegt: Oliver. Denn die Hauptsache ist doch, dass ich aus meinem Gefängnis ausgebrochen bin. Dass das Versteckspiel endlich vorbei ist.

Oliver lächelt mir durch die Glasscheibe des Küchenfensters zu. Er hat bemerkt, dass ich ihn beobachte. Ich lächle zurück. Die Sonne scheint warm auf mein Gesicht, ich schließe die Augen, versuche, mich zu entspannen. Ich höre nun brasilianische Musik, Oliver hat wohl eine CD eingelegt.

»Das ist eine Band aus Bahia«, ruft er mir zu. »Irgendwann einmal werden wir dorthin fliegen. Dann liegen wir am Strand und trinken Kokosnussmilch.«

Oliver redet gerne über ferne Länder. Ihn interessieren fremde Kulturen. Nur über meine, über die weiß er kaum etwas.

Mit zwei großen Tassen Kaffee kommt er aus der Küche und stellt sie auf den Tisch. »Möchtest du auch etwas essen?«, fragt er besorgt. Ich schüttle den Kopf. Oliver steht etwas unbeholfen vor mir. Er sieht mich an, und ich bemerke, dass er krampfhaft nach Worten sucht. Ich klopfe mit der rechten Hand auf den zweiten Klappstuhl neben mir. Er weiß genauso wenig wie ich, wie er sich verhalten soll. Ich bin seit nicht einmal einer Stunde in München, aber wir wissen beide, dass ich kein Besuch bin, dass ich bleiben werde. Dass wir von jetzt an zusammenleben, dass wir durch all das, was noch auf mich zukommen wird, gemeinsam gehen werden. Ich ahne, dass mein Kampf noch lange nicht vorbei sein wird. Vielleicht errät Oliver meine Gedanken, vielleicht hat er selber Angst vor der Zukunft. Und wahrscheinlich ist genau diese unausgesprochene Angst der Grund für unser Schweigen.

Vorsichtig nehme ich einen Schluck von dem dampfenden Kaffee. Oliver hat ihn mit heißer Milch gemacht und ganz viel Zucker dazugetan, weil er weiß, dass ich den Kaffee so am liebsten trinke. Ich spüre, wie die Lebensenergie langsam zurückkommt. Ich habe es bis hierher nach München geschafft, der Rest wird uns auch gelingen.

Mein erster Tag in München vergeht so schnell, mir bleibt kaum Zeit zum Nachdenken. Das Auspacken dauert nicht lange, schließlich habe ich kaum etwas mitgenommen. Oliver steht im Türrahmen, als ich gerade das Fotoalbum zu meiner Kleidung in den Schrank legen will. Ich zucke bei seinem Räuspern zusammen.

»Ich wollte dich nicht erschrecken«, sagt er entschuldigend.

»Das hast du gar nicht.«

Olivers Blick fällt auf das Album. »Was hast du denn da?«

Eigentlich wollte ich ihm die Bilder erst zeigen, wenn ich mich auch emotional noch mehr von meinen Eltern entfernt hätte. Aber vielleicht ist das gar nicht nötig. Momentan empfinde ich nichts als Erleichterung, mich endlich von ihnen gelöst zu haben.

»Ich habe Fotos mitgenommen«, sage ich und hebe das Album hoch. »Willst du sie sehen?«

Oliver setzt sich auf das Bett. »Natürlich. Sind es Bilder von deiner Familie?«

Ich lasse mich zu ihm auf die Decke fallen. »Ja. Es sind nicht so viele, aber der engste Familienkreis ist darauf abgebildet.«

Oliver schmiegt sich an mich und sieht mir über die Schulter, als ich das kleine Album mit den Klarsichthüllen aufklappe. Das erste Foto zeigt Ismael. Meinem Herzen versetzt es einen Stich. »Das ist bestimmt dein jüngster Bruder«, sagt Oliver und zieht das Album näher zu sich. Ich nicke stumm. »Der sieht aus wie ein richtiger Lümmel.« Oliver liebt Kinder. Er selbst hat keine Geschwister, aber in seiner Nachbarschaft in Berlin wohnte ein kleiner Junge, auf den er früher öfter aufgepasst hatte. Mehrmals, wenn ich bei Oliver zu Besuch war, klingelte Jakob und fragte nach ihm. Oliver vertröstete Jakob dann auf später. Und auch als Melanie, meine Kollegin im Besuchercafé des Krankenhauses, einmal ihr

Kind – ein vierjähriges Mädchen – mit zur Arbeit brachte, war er von der Kleinen völlig begeistert.

Jetzt schaut Oliver mich an, schließlich blickt er wieder auf das Foto von Ismael.

»Ihr seht euch ähnlich«, sagt er.

Seine Worte machen mich traurig. Der Gedanke, Ismael lange, vielleicht nie wiederzusehen, quält mich. Oliver betrachtet immer noch das Foto, da tropft eine Träne auf die Schutzfolie. Er sieht mich an. »Ayşe, du weinst ja!« Ich schüttle den Kopf, bemühe mich um ein Lächeln. »Nein, das ist schon gut«, sage ich. Oliver streichelt mir mit seiner Hand über die Wange. »Sag mir, was du denkst, Ayşe.«

Ich zögere. Es fällt mir nicht leicht, über Gefühle zu sprechen. Dann sage ich: »Ich wünschte, ich könnte weiter für Ismael da sein, ihn vor den Schlägen meiner Eltern in Schutz nehmen.«

»Aber er ist ein Junge, Ayşe«, versucht Oliver mich zu trösten. »Er wird es nie so schwer haben wie du.«

Ich blättere auf die nächste Seite des Albums und sage: »Aber meine Schwester Aysun schon.«

Auf dem Bild sieht man Aysun, wie sie in unserem selbst gebauten Baumhaus sitzt. Sie winkt in die Kamera. Das Foto ist zwei Jahre alt. Damals war Aysun zwölf. Inzwischen darf sie sich nicht mehr mit den Jungen verabreden, mit denen sie damals gespielt hat. Auch Aysun ist bereits versprochen. Oliver erzähle ich: »Meine Eltern wollen sie mit einem Cousin verheiraten, der zehn Jahre älter ist. Und sonderlich attraktiv ist er auch nicht.«

Oliver schüttelt den Kopf und lacht bitter auf. »Das ist doch wohl nicht dein Ernst!«

»Doch.«

Ich denke an Aysun, die trotz ihrer vierzehn Jahre

noch ein richtiges Kind ist. Bald hat sie Geburtstag. Und in einem Jahr wollen meine Eltern sie verheiraten. Der Bräutigam drängt schon.

Wieder muss ich weinen. »Oliver, ich fühle mich, als hätte ich die beiden im Stich gelassen...«, schluchze ich.

Oliver nimmt mich in den Arm. »Aber das hast du nicht. Vielleicht zeigt deine Flucht Aysun ja, dass auch sie sich wehren kann.«

Der Gedanke tröstet mich. Vielleicht hat Oliver Recht. Schnell blättere ich die Hülle mit dem Foto von Aysun um. Auf dem nächsten Bild sieht man meine Mutter, die im Gemüsebeet unseres Gartens kniet. Im Hintergrund ist unser Haus zu erkennen. Ich habe mich wieder etwas beruhigt und erkläre Oliver: »Die Frau ist meine Mutter. Sie liebt es, im Garten zu arbeiten.«

Oliver nickt. »Das sieht man.« Er deutet auf die Zucchini und die roten Tomaten. »Ich kenne keinen Garten, in dem das Gemüse derartig riesig wird.«

Ich denke zurück an meine Mutter, die so viel Zeit wie nur möglich in den Beeten verbrachte. »Als Kind war meine Mutter praktisch den ganzen Tag im Freien«, erzähle ich Oliver, »deshalb zieht es sie auch heute noch nach draußen.«

Oliver sieht mich fragend an: »Das musst du mir näher erklären.«

»Von dem türkischen Dorf, aus dem meine Eltern stammen, habe ich dir ja schon erzählt«, erinnere ich Oliver. »Dort hat man die Kinder mit einem Eimer Wasser übergossen, um sie zu waschen. Und die Frauen haben an offenen Feuerstellen gekocht.« Oliver nickt. »Ja, stimmt, das weiß ich. Es ist nur schwer vorstellbar, dass gerade diese Frau einmal so gelebt hat.« Er deutet wieder auf meine Mutter, die selbst in ihren Gartenklamotten elegant aussieht. »Was macht sie denn noch draußen im Garten?« Mir fällt ein, wie oft ich mich mit meiner Cousine Songül über meine Mutter heimlich lustig gemacht habe. Zu Oliver sage ich laut: »Meine Mutter hat sich dort eine Feuerstelle eingerichtet, so wie in ihrer Heimat, wo sie Brot backt und unser Essen kocht. Im Sommer wie im Winter. Und die Teller und Tassen spritzt sie mit dem Gartenschlauch ab. Obwohl wir eine Geschirrspülmaschine haben.« Oliver hat die Stirn in Falten gelegt und lächelt. Ich fahre fort: »Als wir klein waren, hat sie auch uns mit dem Schlauch abgespritzt.«

Jetzt lacht Oliver laut auf. Damals fand ich das überhaupt nicht lustig, aber jetzt muss auch ich lachen.

Oliver wird wieder ernst. »Wie konntet ihr euch denn ein Haus mit Garten leisten?«, fragt er.

Ich blättere wieder im Album. Auf der nächsten Seite ist ein Bild von dem Plattenbau zu sehen, in dem meine Eltern bis zu meinem zwölften Geburtstag gewohnt hatten. »Schau her, so haben meine Eltern zuvor gelebt. Mein Vater hatte ja kaum Geld, als er in Berlin ankam.«

»Das sieht stark nach Wedding aus«, murmelt Oliver.

»Stimmt«, antworte ich. »Wir haben da im fünften Stock gewohnt, sechs Personen eingepfercht auf fünfzig Quadratmetern. Wir Mädchen haben uns ein Zimmer geteilt, Nuri hatte ein eigenes. Und meine Eltern haben im Wohnzimmer geschlafen.«

»Da gab es sicherlich viel Streit«, überlegt Oliver.

»Das kannst du laut sagen.« Bei dem Gedanken an die Zeit im fünften Stock kommen in mir dunkle Erinnerungen hoch.

»Ich bin oft verprügelt worden in der Zeit. Meine Mutter war überfordert und mein Vater immer erst spät am Abend daheim«, sage ich. »Erst wenn ich vom Bett aus den Schlüssel im Türschloss und dann die Stimme meines Vaters hörte, konnte ich beruhigt einschlafen.«

»Aber dein Vater hat dich doch auch geschlagen? Ich weiß noch, als du einmal zu spät nach Hause gekommen bist…«

»Das stimmt schon…« Ich unterbreche ihn, weil ich nicht mehr an jenen Abend erinnert werden möchte. »Aber im Gegensatz zu meiner Mutter ist er harmlos.«

Ich überblättere ein paar Bilder, bis ich ein Foto meines Vaters finde. Ich selbst habe es einmal auf einer Hochzeit aufgenommen. »Das ist dein Vater?«, fragt Oliver überrascht. »Den hatte ich mir immer ganz anders vorgestellt – viel kräftiger.« Er hat mir das Album aus der Hand genommen und sieht sich das Foto näher an. »Dein Vater sieht eigentlich ganz nett aus…«

»Er ist auch nett. Solange man sich an unsere familiären Regeln hält.« Mir fällt ein, dass mein Vater uns manchmal Bonbons schenkte, die er in seinem Jackett aufbewahrte. Aber das kam selten vor, da wir ihn kaum zu Gesicht bekamen. Morgens verließ er das Haus, noch bevor wir Kinder für die Schule aufstehen mussten. Und abends lagen wir meistens schon im Bett, wenn er heimkam.

Ich komme zurück auf Olivers Frage nach dem Haus. »Mein Vater ist ein ungemein ehrgeiziger Mann. Er ist als einfacher Steinsetzer nach Deutschland gekommen, hat aber bald in Berlin sein eigenes Unternehmen gegründet.«

»Und das hat ihm genug Geld für das Haus eingebracht?«

»Nein. Aber in meiner Familie hilft jeder jedem. Da legen die Männer ihr Geld zusammen und alle packen beim Hausbau mit an. Ein Onkel ist Maurer, der andere Dachdecker, und der nächste hat gelernt, wie man Dielen verlegt. Es muss sich niemand verschulden.«

»Bei uns ist das anders. Meine Eltern haben Schulden«, sagt Oliver leise. »Sie streiten sich regelmäßig über Geld.«

Ich sehe ihn an. Bislang dachte ich, seine Familie wäre absolut frei von Sorgen. Oliver schaut zurück. »Lass uns das nie machen, ja?«

Ich streiche ihm über sein Haar, drücke ihm einen Kuss auf den Mund. Er wirkt tatsächlich besorgt. Mich beunruhigen andere Dinge. Dass meine Eltern mich finden, mich zurückschleppen könnten, beispielsweise. Oder dass sie Oliver etwas antun könnten.

»Hast du noch ein Bild von Beriwan und Nuri?«, fragt Oliver schließlich.

Ich blättere weiter. »Hier«, sage ich.

Auf meinem Schoß aufgeschlagen liegt ein Bild von Nuri. Ein junger Mann, etwa so alt wie mein Bruder, hat seinen Arm um Nuri gelegt. »O Gott«, sagt Oliver. »Von denen sieht ja einer schmieriger aus als der andere.« Ich dachte mir, dass er so reagieren würde. »Das hier ist Nuri«, sage ich und deute auf meinen Bruder. »Jetzt rate mal, wer das daneben ist.« Oliver weiß sofort, wen ich meine. »Nein! Das ist doch nicht dein Ernst! Hassan?« Ich nicke.

Oliver nimmt das Album und klappt es zu. »Den will ich gar nicht sehen«, sagt er aufgebracht. »Wenn ich mir vorstelle, dass du den geküsst hast …«

» … dann willst du mich lieber nicht mehr küssen,

oder was?«, frage ich herausfordernd. Oliver lacht: »Na, so schlimm ist es auch nicht.« Er zieht mich zu sich und berührt zärtlich meine Lippen.

Bislang habe ich Oliver kaum etwas über Hassan erzählt. Ich ahne, dass er spätestens jetzt nachfragen wird. Tatsächlich greift Oliver noch einmal nach dem Album und schlägt die Folie mit Hassans Foto auf. »Wie konntest du nur mit dem zusammenkommen?«, fragt er und rümpft angewidert die Nase. Anschließend sieht er mich durchdringend an: »Was war eigentlich zwischen euch?«

Ich seufze. Dass Hassan und ich bis vor kurzem ein Paar waren, kann ich selber nicht mehr nachvollziehen. Trotzdem versuche ich, es Oliver zu erklären.

»Wir wurden an dem Tag ein Paar, als seine Mutter – meine Tante Nesriye – starb«, beginne ich. »Das war im Sommer vor zwei Jahren.«

Oliver lehnt sich gegen die Wand. Er sieht mich aufmerksam an. Ich lege meinen Kopf auf seinen Schoß.

»Vor ihrem Tod rief mich meine Tante noch einmal an ihr Bett. Ich war die letzte Person, mit der sie sprach.«

Die Erinnerung an meine Tante schmerzt mich. Nesriye war für mich wie die Mutter, die ich nie hatte. Als ich noch ein Kind war, erzählte sie mir die abenteuerlichsten Geschichten. Später erkundigte sie sich bei mir nach der Schule und nach meinen Freundinnen. Sie war in vielerlei Hinsicht mein Vorbild: Von niemandem ließ sie sich etwas sagen, kam man ihr dumm, reagierte sie frech wie ein vorwitziges Kind. Sie rauchte wie ein Schlot, saß breitbeinig am Tisch und fluchte wie ein Mann.

»Warum hatte Nesriye dich zu sich gerufen?«, weckt mich Oliver aus meinen Gedanken.

Im Geiste sehe ich Hassans Mutter vor mir, wie sie mühsam ein Wort nach dem anderen herausbringt. »Sie wollte mir ein Versprechen abnehmen«, antworte ich Oliver. »Das Versprechen, ihren Sohn zu heiraten.«

Oliver schweigt für einen Moment. Dann fragt er: »Hast du es ihr gegeben?«

Ich schließe die Augen. »Nein«, sage ich leise. Immer noch überkommt mich tiefe Scham, wenn ich daran denke, dass ich mich ihrem letzten Wunsch widersetzt habe.

»Und trotzdem bist du mit Hassan zusammengekommen ...« Oliver drängt mich sanft, mit meiner Erzählung fortzufahren.

»Am Abend ihres Todes kam die ganze Familie zusammen. Wir saßen alle um ein Feuer im Garten, grillten Fleisch und rösteten Fladenbrot über der Glut. Hassan saß neben mir. Erst nahm er meine Hand, schließlich streichelte er mir über die Wange.«

Oliver räuspert sich. Ich gehe nicht darauf ein. »Wir redeten über den Tod und darüber, wie sehr wir Nesriye vermissen würden. Noch nie zuvor hatte ich einen Mann weinen sehen. Aber Hassan lief eine Träne über die Wange. Ich küsste sie ihm weg. Von da an waren wir ein Paar. Unabhängig davon, dass unsere Eltern schon vor langer Zeit eine Heirat zwischen uns beschlossen hatten.«

»Aber du warst doch gar nicht in ihn verliebt!«, wirft Oliver ein.

Ich öffne die Augen. Wir sehen uns an. Wie soll ich es Oliver erklären? Ich versuche zu beschreiben, was damals in mir vorging: »Einerseits war es Mitleid«, beginne ich, »Hassan hatte ja gerade seine Mutter verloren. Andererseits spürte ich auch den Druck, mit dem meine

Eltern unsere Hochzeit anstrebten. Ich dachte lange, ich hätte sowieso keine andere Wahl.«

Oliver beugt seinen Oberkörper zu mir herab, gibt mir einen Kuss auf die Nase. Dann fragt er: »Wie lange wart ihr zusammen?«

»Das weißt du doch«, sage ich ein bisschen ungeduldig. »Als ich dich kennen lernte, war Schluss.«

»Aber ihr wolltet doch heiraten!« Aus Olivers Stimme höre ich Eifersucht heraus.

»Bis zu meiner Flucht dachten ja auch alle, dass Hassan und ich noch ein Paar wären«, erkläre ich ruhig. »Es gelang mir, alle in diesem Glauben zu lassen, selbst Hassan wurde nie richtig misstrauisch.«

»Was für ein Idiot!«, ereifert sich Oliver. »Wie konnte er überhaupt nur denken, dass du ihn heiraten würdest?«

»Weil meine Eltern mich auch gegen meinen Willen mit ihm verheiratet hätten«, entgegne ich.

Gegen Mittag suchen Oliver und ich eine Drogerie auf. Ich brauche noch Dinge wie eine Zahnbürste, Duschgel, Shampoo – all das, was ich nicht aus unserem Bad holen konnte, ohne dass es meiner Mutter aufgefallen wäre. Es scheint mir so unwirklich, hier zu sein, neben Oliver, seine Hand in der meinen. Um uns herum strahlt alles, so kommt es mir jedenfalls vor. Die Verkäuferin hinter der Kasse, die uns freundlich einen guten Tag wünscht, die Passanten, die mit ihren Einkaufstüten die Straße entlangschlendern und sich aufs Wochenende freuen. In München ist alles so sauber und gepflegt. Die Stadt hat überall Kästen aufgestellt und wunderschöne bunte Blumen darin gepflanzt.

In mir ist gar nichts schön und bunt. Da blüht nichts. Ich bin so müde, so erschöpft. Wie soll ich das alles schaffen? Wie lange wird es dauern, bis meine Eltern herausfinden, wo ich bin? Ist nicht sowieso alles aussichtslos?

Die gut gelaunten Gesichter um mich herum, der blaue Himmel, die Sonne und die warme Luft – das alles erscheint mir wie blanker Hohn. Es könnte alles so wunderbar sein: Oliver und ich in einer neuen Stadt, in der es keine Probleme gibt und wir einen neuen Anfang wagen können. Eigentlich müsste ich doch froh sein, hier bei Oliver zu sein. Stattdessen fange ich schon wieder an zu weinen. Ich drehe meinen Kopf zur Seite. Oliver soll die Tränen auf keinen Fall bemerken. Ich versuche, sie unauffällig wegzuwischen. Aber ich kann sie nicht aufhalten, sie rinnen unaufhörlich über meine Wangen.

»Ayşe!« Oliver bleibt stehen. Er sagt nichts weiter, nimmt mich nur in den Arm, drückt mich fest an sich. Mitten auf dem Gehsteig stehen wir, eng umschlungen. Ich vergesse die Fußgänger, die einen Bogen um uns herum machen müssen. Sogar meine Sorgen vergesse ich für einen Moment. Ich spüre Olivers Atem an meinem Hals, seinen Herzschlag und seinen warmen Körper, der mich festhält und beschützt.

»Komm, lass uns heimgehen«, sagt er schließlich leise in mein Ohr. »Du bist müde. Daheim schläfst du erst einmal.«

Jetzt erst nehme ich meine bleierne Müdigkeit wirklich wahr. Wie gerne wäre ich stark, fröhlich und unkompliziert. Oliver hat sich solche Mühe gegeben, mir einen schönen Start in München zu bereiten, und was mache ich? Ich heule die ganze Zeit.

»Es tut mir Leid…«, beginne ich, aber Oliver unterbricht mich: »Schscht…! Schon in Ordnung.«

Als ich mich auf dem großen Bett ausstrecke, fühle ich mich etwas besser. Im Halbdunkel des Raumes entspanne ich mich. Von hier aus kann ich hören, dass Oliver in der Küche die Kaffeetassen von heute Vormittag abwäscht. Dann schlafe ich ein.

Irgendwo scheppert es. Ich wache auf. Es ist noch hell draußen, das Licht tanzt durch die Jalousie und malt kleine helle Flecken an die Wand. Mein Blick fällt auf den Radiowecker neben mir. Es ist fast sieben Uhr abends.

Ich höre, dass Oliver in der Küche leise mit Geschirr hantiert. Das Scheppern klang so, als sei ihm gerade ein Deckel auf den gefliesten Boden gefallen.

Mein Schlaf war unruhig. Ich habe von meiner Zugfahrt geträumt, davon, dass ich immer auf der Hut war, aufpassen musste, nicht entdeckt zu werden. Die Panik, die mich im Traum immer wieder aufschreckte, steckt mir noch in den Knochen.

Einen Moment lang will ich noch liegen bleiben, mich ausruhen, die Lichtflecken bei ihrem Reigen beobachten und Olivers Schritten im Nebenzimmer lauschen. Ich strecke mich. Versuche, die Erinnerung an den Traum abzuschütteln. Hier bei Oliver bin ich doch erst einmal sicher, sage ich wiederholt zu mir. Hier kann ich mich geborgen fühlen. Das hier ist jetzt erst einmal mein Zuhause. Mein Blick wandert durch das Zimmer.

Unterhalb des Fensters steht ein Schreibtisch, auf den Oliver seinen Computer und seine Bücher gestellt hat. Der Tisch muss neu sein, bei Oliver daheim in Berlin habe ich ihn noch nie gesehen. Auch den Schrank, in dem ich bereits meine Kleidung verstaut habe, kenne ich noch nicht. Er ist groß und aus hellem Holz, mit einem Spiegel an der linken Schranktür. Vom Bett aus kann ich mich darin sehen.

Wie ein Fremdkörper fühle ich mich, wie ich so in dem großen Bett, die weiße Decke um mich geschlungen, dasitze. Gehöre ich tatsächlich hierher? Begehe ich nicht doch Verrat an meinen Eltern?

»Nein!«, durchfährt es mich. Sie sind es doch, die mich dazu getrieben haben. Ich will einfach nur mein Leben selbst bestimmen dürfen. Und genau das haben sie mit aller Kraft zu verhindern versucht.

Das Bett, auf dem ich liege, hat Oliver aus Berlin mitgenommen. Wie oft haben wir darauf nebeneinander gelegen und durch das Dachfenster die Wolken am Himmel beobachtet. Wir haben wilde Tiere – Drachen, Löwen und Leoparden – in den weißen Formationen erkannt. Am liebsten mochte ich es, mit Oliver zusammen den Regen auf das Glas prasseln zu hören. Ich war immer ein bisschen aufgeregt, wenn ich bei ihm war, da ich den Gedanken an meine Eltern im Hinterkopf nie ganz loswerden konnte. Aber das Trommeln der Wassertropfen hat mich meistens beruhigt.

Einmal sind wir eingeschlafen. Nur ganz kurz, aber lange genug, um meine S-Bahn zurück zum Krankenhaus zu verpassen. Ich weiß noch genau, wie sehr ich erschrak, als mein Blick auf die Uhr fiel. Wie ich zitterte und den Angstschweiß spürte, der mir den Rücken hinunterlief. Ich war ja schon einmal zu spät gekommen und dann von meinem Bruder vor den Augen unseres Gastes – Ali – zusammengeschlagen worden. Ich stellte mir vor, was passieren würde, wenn mein Vater, der wie immer unten am Besucherparkplatz auf mich warten würde, ungeduldig nach seiner Tochter Ausschau hielte. Er würde schließlich aussteigen, ins Krankenhaus laufen, mich suchen. Dann würde er nach mir fragen, so lange, bis ihm jemand sagte: »Ayşe? Die ist doch schon längst gegangen?«

Ich konnte mir seinen maßlosen Zorn vorstellen, ich sah ihn vor mir, wie er bebend vor Wut die Hand zur Faust ballte. Vielleicht würde er zu seinem Auto zurückkehren, um dort auf mich zu warten. Oder er würde nach Hause fahren, meiner Mutter Bescheid sagen. Dann würden sie sich gegenseitig aufstacheln. Ihnen etwas vorzulügen – das wäre zwecklos. Sie würden mich sowieso nicht zu Wort kommen lassen, sondern gleich auf mich einschlagen.

Oliver sah die Furcht in meinen Augen, als ich ihn damals nach der Uhrzeit fragte. »Ich bring dich mit meinem Auto zum Krankenhaus. Nur so kannst du es noch rechtzeitig schaffen«, sagte er. Eilig hatte ich meine Sachen zusammengerafft und war mit ihm die Treppen hinuntergerannt, durch das Wohnzimmer bis zur Haustür. Seinen Eltern konnte ich nur schnell »Wiedersehen und vielen Dank!« zurufen, dann waren wir draußen. Oliver fuhr viel zu schnell. Ich saß neben ihm, hielt meine Halskette in den Händen, küsste sie und betete: »Bitte, lieber Gott, nur noch dieses eine Mal! Bitte hilf mir, dass wir noch rechtzeitig ankommen, dass mein Vater nichts bemerkt.«

Ich war damals, als ich neben Oliver im Auto saß, den Tränen nahe. Wenn wir in einen Stau geraten oder der Verkehr umgeleitet worden wäre, wäre alles aus gewesen.

Aber wir erreichten ohne Probleme das Krankenhaus. Oliver hielt ein paar Meter von der Zufahrt entfernt, ich sprang aus dem Auto, rannte zu dem Parkplatz. Als ich in Sichtweite meines Vaters kam, verlangsamte ich meinen Schritt. Ich zwang mich, wieder ruhig zu atmen, aber mein Herz raste weiter. »Hallo, Ayşe«, sagte mein Vater. Er hatte nichts bemerkt.

Bei den Gedanken an meinen Vater empfinde ich jetzt nichts als die Angst, die ich damals verspürte. Ich will das nie wieder durchmachen müssen.

Ich stehe auf, schlüpfe in meine Jeans und öffne leise die Tür zur Küche. Oliver ist dabei, Spaghetti zu kochen, Knoblauch in eine Pfanne mit heißem Öl zu schneiden. Ich lehne meinen Kopf gegen die Tür, um ihn weiter zu betrachten. Da bemerkt er mich.

»Gut geschlafen, meine Süße?«, fragt er.

»Wie ein Stein«, lüge ich. »Ich fühle mich wie neugeboren.« Besser als heute Morgen geht es mir auf jeden Fall.

»Setz dich schon mal auf den Balkon raus, ich mache nur noch schnell die Soße, das dauert fünf Minuten«, fordert mich Oliver auf. Ich tapse barfüßig zu den Sonnenblumen. Der Steinboden unter meinen Sohlen fühlt sich fast noch heiß an von dem sonnigen Tag. Und auch der leichte Wind streichelt warm und zärtlich meine Haut. Ich lege die Füße auf das Balkongitter. Was wohl jetzt bei mir daheim in Berlin los ist?

Unten fährt ein Auto vorbei. Unwillkürlich beuge ich mich vor, um es zu sehen. Es ist ein weißer Golf. Noch nie gesehen. Der Wagen fährt vorbei.

Es ist unsinnig, nach unten zu schauen. Niemand weiß, dass ich hier bin. Ich brauche mich nicht zu sorgen, beruhige ich mich selbst.

Oliver kommt mit der Pasta. Ich spüre zwar das Loch in meinem Bauch, aber bei dem Gedanken, etwas zu essen, wird mir gleichzeitig übel. Ich will Oliver jedoch nicht enttäuschen. »Mmmh…«, mache ich, »das riecht ja lecker!«

Ich beginne langsam zu essen. Bei jeder Gabel krampft sich mein Magen zusammen. Bis mir schlecht wird. Ich stehe auf, renne ins Bad. Dort drehe ich den Wasserhahn weit auf, damit Oliver nicht hört, wie ich mich über dem Klo erbreche.

Aber ich kann ihm nichts vormachen. Als ich die Tür wieder aufmache, steht er vor mir, an die Wand gelehnt.

»Ayşe, du musst dich doch nicht vor mir verkriechen. Ich weiß, wie es dir geht.« Er rutscht an der Mauer entlang zum Boden, setzt sich hin. Ich kauere mich neben ihn, lehne meinen Kopf gegen seine Schulter. Ein paar Minuten lang sagen wir nichts.

»Ich habe solche Angst«, beginne ich. »Was, wenn meine Eltern doch herausfinden, wo ich bin?« Oliver streicht mir über den Arm. »Wie sollen sie das denn? Du hast keine Spuren hinterlassen. Niemand weiß, dass du bei mir bist. Nicht einmal im Krankenhaus ahnt jemand, dass wir befreundet sind.«

Er hat Recht: Melanie ist die Einzige, die weiß, dass der Freund, den ich immer heimlich besuchte, Oliver ist. Der Zivi im Krankenhaus, mit dem ich manchmal im Rauchereck stand. Und auf Melanie ist hundertprozentig Verlass.

Dennoch muss ich an Osman denken, meinen Cousin. Über seine Ehe wurde genauso bestimmt wie über meine. Auch er sollte eine Cousine heiraten, weil die Eltern es so wollten. Und dann ist Osman abgehauen, so wie ich.

»Woran denkst du?«, unterbricht Oliver meine Gedanken. »Ich dachte an Osman«, antworte ich.

»Deinen Cousin?«, fragt Oliver. Ein paar Namen aus meiner Familie kennt er. Über Osmans Schicksal weiß er allerdings nichts.

»Er hat sich in ein deutsches Mädchen verliebt«, beginne ich. »Eines Abends ist er gegangen und einfach nicht wiedergekommen. Erst hat sich mein Onkel Erkan nichts dabei gedacht. Aber am nächsten Morgen haben sie begonnen, nach ihm zu suchen.«

Mir fällt ein, wie aufgeregt mein Onkel zu uns kam. Dass mein Vater mit ihm im Wohnzimmer saß und nach und nach alle anderen Brüder von Osman an unserer Tür klingelten und sich dazusetzten. Die Männer berieten sich.

»Ein paar Tage später hatten sie Osman«, sage ich wieder laut. »Ich weiß bis heute nicht, wie sie ihn gefunden haben.«

»Was ist mit Osman passiert?« Ich spüre Olivers Blick von der Seite. »Musste er seine Cousine trotzdem heiraten?«

Ich nicke. »Zwei Monate später war Osman vermählt. Ich weiß nicht, auf welche Weise sie ihn dazu gezwungen haben.«

Ich spüre genau, was Oliver gerade denkt. Nach ein paar Minuten fragt er mich endlich: »Was würde mit dir passieren, wenn sie dich kriegen würden?«

Natürlich habe ich mir diese Frage selbst auch immer wieder gestellt, aber jedes Mal sofort versucht, sie zu verdrängen.

»Ich weiß nicht«, seufze ich schließlich unsicher. Aber ich denke an Leila. Oliver habe ich ihre Geschichte nie erzählt. Das war sicher auch besser so.

»Sag mir, wovor du solche Angst hast, Ayşe!« Oliver lässt nicht locker.

Ich schweige, suche nach Worten. Wie soll ich es ihm erklären? Oliver sieht, wie ich mit mir ringe, um nicht wieder zu weinen. Wie würde er reagieren, wenn ich ihm Leilas Geschichte erzählte? Ich habe solche Angst davor, ihn zu verlieren. Es war dumm von mir, hierher zu kommen, ohne Oliver zuvor die Wahrheit zu sagen. Die ganze Wahrheit. Die ich selbst immer wieder zu verdrängen versuche. Denn nicht nur ich schwebe in Gefahr. Meine Eltern könnten ihren Zorn auch gegen Oliver richten.

Davor habe ich eigentlich am meisten Furcht – dass meine Eltern ihm etwas antun könnten. Aber noch muss ich ihm das nicht sagen. Denn meine Eltern werden mich nicht finden, solange sie nichts von Oliver wissen. Oder? Ich atme schwer. In Gedanken versuche ich, realistisch zu bleiben. Sie haben doch gar keine Ahnung von meinem Leben! Sie wussten ja noch nicht einmal, dass ich mit meiner Hochzeit nicht einverstanden war.

Oliver drückt mich an sich. »Ach, Ayşe…«

Ich bin froh, dass er nicht auf einer Antwort besteht. Oliver drängt mich nie zu etwas, wenn ich nicht will. In seinen Armen fühle ich mich wohl, so geborgen. Und doch habe ich ein schlechtes Gewissen. Er sollte wissen, worauf er sich einlässt! Aber sogleich schiebe ich den Gedanken auch schon wieder beiseite. »Morgen«, denke ich bei mir. »Morgen kann ich ihm das ja auch noch sagen.«

Oliver dreht mein Gesicht sanft zu sich. Wir sehen uns in die Augen.

»Manchmal habe ich das Gefühl, dass ich dich nicht sehen kann, wenn ich dich anblicke.« Seine Stimme klingt liebevoll, aber ich erschrecke über seine Worte.

»Aber ich will doch, dass du mich kennst, dass du alles über mich weißt«, erwidere ich.

»Aber warum fällt es dir dann so schwer, etwas von dir zu erzählen?« Oliver stellt mir die Frage ohne Vorwurf. Er erwartet keine Antwort, sondern fährt fort: »Ich habe manchmal das Gefühl, nur ein Zehntel von dir zu kennen. Der Rest entzieht sich mir, wie Nebel. Den bekommt man auch nie zu fassen.«

Er hat Recht. Ich spreche nicht gern über mich. So bin ich erzogen worden. Einerseits. Andererseits: Selbst wenn mich meine Eltern nach der Schule oder der Arbeit im Krankenhaus fragten, habe ich ihnen selten etwas erzählt. So konnten sie nichts gegen mich verwenden. Oft genug haben sie das nämlich getan.

»Das liegt daran, dass ich immer Angst hatte, man könnte das Erzählte eines Tages gegen mich benutzen«, erkläre ich. Dabei sehe ich Oliver an. In seinen Augen lese ich so viel Zärtlichkeit, dass ich Mut bekomme fortzufahren. »Einmal habe ich meinen Eltern von Julia erzählt. Das war ein großer Fehler.«

»Wer ist diese Julia? Mir hast du noch nie von ihr erzählt.«

Ein bisschen spüre ich Olivers ungeduldige Neugierde. Ich kann ihn ja verstehen. Was weiß er schon von mir? Vielleicht kennt er tatsächlich nicht einmal ein Zehntel von mir. Vielleicht ist es sogar noch weniger.

»Julia war in der Schule meine beste Freundin. Sie war eine richtige Berliner Göre, mit raspelkurzem, rotem Haar. Wir waren ein ungleiches Paar. Sie war frech und selbstbewusst. Und ich still und schüchtern. Aber trotzdem waren wir beste Freundinnen.«

Ich mache eine Pause. Julia. Ich kann sie noch ganz deutlich vor mir sehen, ihr lautes Lachen hören.

»Meiner Mutter erzählte ich einmal von meiner neuen Freundin. Sie verstellte sich, tat interessiert und fragte immer weiter. Ich hab ihr alles über Julia berichtet. Bis sich der Gesichtsausdruck meiner Mutter änderte und sie plötzlich nicht mehr lächelte, sondern mir den Umgang mit ihr verbot.«

Oliver unterbricht mich. »Warum das denn?«

»Damals habe ich das auch nicht begriffen. Aber heute weiß ich, weshalb meine Mutter so reagierte. Es war, weil ich Julia bewunderte. Ich wollte so sein wie sie. Und genau davor hatten meine Eltern Angst. Julia zog kurzärmelige T-Shirts an, die zudem weit ausgeschnitten waren, und enge Hosen. Mit den Jungs in unserer Klasse redete sie ganz ungezwungen. Sie war es, die mir die Welt erklärte, all das, worüber meine Eltern hartnäckig schwiegen.«

Nochmals hakt Oliver nach: »Was genau war das, was Julia dir gezeigt hat und was deine Eltern dir nicht sagen wollten?«

Bilder tauchen in mir auf. Ich erinnere mich noch an einen Tag, kurz nach meinem dreizehnten Geburtstag. Nach der Schule hatten Julia und ich auf dem Weg zur Bushaltestelle noch bei einer Tankstelle Halt gemacht. Julia kaufte sich eine Cola, ich ging auf die Toilette. Dass ich dort plötzlich Blut in meiner Unterhose fand, traf mich völlig überraschend. Ich dachte, ich sei krank. Aber als ich Julia erzählte, was passiert war, hat sie nur gelacht und mir dann erklärt, was es bedeutet, seine Menstruation zu bekommen. Meiner Mutter sagte ich nichts, daheim sprachen wir über solche Dinge nicht.

Laut antworte ich Oliver: »Sie hat mich damals aufgeklärt. Ich hatte keine Ahnung, weshalb Frauen ihre Tage bekommen und wie Kinder entstehen. Aber darüber hinaus verdanke ich ihr noch weitaus mehr.«

Oliver sieht mich an. »Ja?«

»Meine gesamte Kindheit hindurch fühlte ich mich fremd in Deutschland. Erst durch sie habe ich verstanden, was das Leben hier zu bieten hat. Sie wurde mein Vorbild. Zugleich aber war das Dasein, das sie führte, für mich unerreichbar fern.«

»Was war unerreichbar?«, fragt Oliver.

Ich seufze. »Vieles. Ich hauste wie in einem Gefängnis aus Glas. Ich konnte sehen, wie Julia lebt, aber ich konnte dabei nicht mitmachen. Nach der Schule ging jeder von uns eigene Wege. Sie in die Stadt, einkaufen oder in Cafés, um Freunde zu treffen. Ich nach Hause, putzen und auf meine kleineren Geschwister aufpassen.« Ich unterbreche mich und sehe Oliver an. Ob er nachvollziehen kann, wovon ich spreche? Ich fahre fort: »Als wir in die neunte Klasse kamen, verliebte sich Julia in einen neuen Mitschüler, mit dem sie viele Jahre zusammenblieb. Für mich wäre es damals nie in Frage gekommen, mich mit einem Mitschüler, noch dazu einem deutschen, einzulassen. Aber seit dieser Zeit habe ich mir immer gewünscht, genau solche Gefühle zu empfinden und sie erwidert zu bekommen, wie ich das bei Julia und ihrem Freund Pascal sah.«

»Jetzt ist das so«, sagt Oliver und küsst mich auf die Wange. »Ja«, antworte ich. »Ein bisschen verdanke ich dies Julia. Sie hat mir gezeigt, dass es auch etwas anderes gibt als arrangierte Liebe.«

»Du meinst, du hast durch sie angefangen, Selbstverständlichkeiten in Frage zu stellen?«

»Genau. Ich habe viel nachgedacht.«

»Ayşe, du bist immer noch eine Grüblerin.«

»Ja«, antworte ich, »aber damals begann ich, mich regelrecht in Träumereien zu flüchten. In der Schule sah ich aus dem Fenster und schon versank ich in einer anderen Welt. Nach dem Mittagessen setzte ich mich nicht mehr so wie früher zu meinen Cousinen ins Wohnzimmer, sondern legte mich oben auf mein Bett, um weiter meine Phantasiewelten auszuspinnen.«

»Wovon hast du geträumt?«, fragt Oliver leise.

Wir haben begonnen zu flüstern, ohne dass es dafür einen Grund gibt. Es ist schön, ich fühle mich geborgen, hier auf dem Boden, neben Oliver und in seinem Arm.

»Von romantischen Spaziergängen, von der Liebe, von eigenen Entscheidungen, auch von einer spannenden Arbeit. Ich stellte mir vor, dass ich irgendwann einmal den Mann, den ich wirklich liebe, heiraten und später mit ihm und unseren Kindern in einem Haus leben würde. Ohne Schläge, ohne Unterdrückung. Ein Traum, dessen Erfüllung mir als Tochter meiner Eltern scheinbar verwehrt war.«

Immer noch sitzen wir auf dem Boden vor der Badezimmertür. Draußen ist es bereits finstere Nacht. Ich gähne. »Bist du schon wieder müde?«, fragt Oliver, muss dabei aber selbst ein Gähnen unterdrücken. Ohne auf eine Antwort von mir zu warten, nimmt er mich hoch und trägt mich ins Schlafzimmer.

Ich wache auf. Zum ersten Mal neben Oliver. Als ich die Augen aufschlage, sehe ich, dass Oliver mich betrachtet.

Ich denke an den gestrigen Tag, daran, wie viel ich geweint habe, dass ich mich erbrechen musste. Und daran, wie ich neben Oliver vor der Toilettentür saß und wir uns flüsternd unterhalten haben. Bis wir müde geworden waren und er mich ins Bett trug. Ich schlief sofort ein, so erschöpft war ich.

Ich lege meinen Kopf auf Olivers Brust und lausche seinem ruhigen Herzschlag. »Das ist schön«, sage ich. »Nun sind wir richtig zusammen, nicht nur für ein paar Stunden, so wie früher in Berlin.«

»Mmh«, brummt Oliver und krault meinen Nacken. »Willst du noch weiterschlafen?«

Ich schüttle den Kopf. »Nein, ich bin gar nicht mehr müde.« Oliver streckt sich und sagt dann verschmitzt: »Viel geschlafen habe ich ja nicht … Madame hat sich im Bett ganz schön breit gemacht.«

»Oh, wirklich? Das tut mir Leid.« Ich merke, dass ich rot werde.

Oliver lacht. »Nein, im Ernst. Du hast geschlafen wie ein Engel. Aber genau das war der Grund, weshalb ich so lange wach lag. Du sahst einfach so schön aus.« Jetzt erröte ich sicherlich noch mehr.

Schnell versuche ich, das Thema zu wechseln. »Was machen wir denn heute?«

»Alles mit der Ruhe. Es ist schließlich Sonntag. Jetzt frühstücken wir erst einmal gemütlich. Dann zeige ich dir die Isar.«

Gemeinsam verlassen wir nach dem Duschen das Haus. Beim Bäcker müssen wir uns in eine Schlange einreihen. Wir warten Arm in Arm, ganz eng umschlungen. Auch als wir bedient werden, lässt mich Oliver nicht los. Die Verkäuferin – eine etwas ältere Dame – zwinkert mir zu. Sie sagt: »Was seid ihr für ein schönes Paar!« Oliver drückt meine Hand. Ich freue mich über ihre Worte und lächle stolz. Wir kaufen Croissants und ein großes Baguette, das wir später mit an die Isar nehmen wollen, um ein Picknick zu machen.

Wieder in der Aignerstraße, holt Oliver Marmelade, Butter und Käse aus dem Kühlschrank, während ich den Tisch decke. Es ist so warm, dass wir wieder auf dem Balkon sitzen können. Wir trinken aus denselben Kaffeetassen wie gestern. Es kommt mir vor, als wäre seitdem eine Ewigkeit vergangen. Oliver scheint Ähnliches zu denken.

»Ich habe dich so herbeigesehnt, Ayşe«, sagt er. »Und jetzt habe ich das Gefühl, als wärst du schon immer hier gewesen.«

Ich weiß, wie er das meint. Trotzdem frage ich: »Ist das nun gut oder schlecht?«

»Du bist das Beste, was mir passieren konnte.«

Mich durchfährt ein Schauer. Hoffentlich – denke ich bei mir – ändert er seine Meinung nicht schon bald. Ich weiß nicht, weshalb ich immerzu zweifle. Vielleicht geistert die Prophezeiung meiner Tante Hanife in mir herum. Sie hatte mir ja keine gute Zukunft vorausgesagt. Aber ich lasse mir nichts anmerken.

Oliver hat die Augen geschlossen.

»Ich habe noch niemals so geliebt wie jetzt, Ayşe«, sagt er.

Jetzt schließe auch ich die Augen.

Oliver redet weiter: »Ich könnte mir vorstellen, immer mit dir zusammenzubleiben, mit dir Kinder zu haben.«

Seine Worte bringen mein Herz dazu, schneller zu schlagen. Es tut so gut, ihn das sagen zu hören. Aber ich kann ihm nichts erwidern. Denn ich traue mich nicht, so weit in die Zukunft zu denken. Ich will erst die nächsten Monate überstehen, Monate ohne meine Eltern.

Wir nehmen das Rad, um an die Isar zu fahren. »Ich habe leider nur das eine«, entschuldigt sich Oliver, als er das Schloss aufsperrt. Es ist ein klappriges Herrenrad, ohne Gangschaltung. Oliver hat es billig im Internet ersteigert. Er schwingt sich auf den Sattel. »Setz dich hier drauf«, fordert er mich auf und deutet auf die Fahrradstange. Unsicher setze ich mich. Wenn mich jetzt meine Eltern sehen könnten! Wir schwanken stark, als wir losfahren. Ich mache es Oliver nicht leicht, zumal ich mich krampfhaft am Lenker festhalte. Trotzdem rufe ich: »Das kann ich aber besser als du!«

Oliver hält an. »Na, das will ich aber sehen.«

Wir tauschen nun die Plätze. Meine Füße reichen kaum bis zu den Pedalen, aber es funktioniert tatsächlich. Mit Oliver vorne auf der Stange fahre ich den Berg hinab bis zur Isar. Es ist ein Balanceakt, von dem ich nicht geglaubt hätte, dass er mir gelingt. Als ich absteige, fühle ich mich, als hätte ich eine schwierige Prüfung gemeistert. Dabei war das bestimmt nicht die letzte und mit Sicherheit nicht die schwerste.

Der Platz, den Oliver für unser Picknick ausgesucht hat, liegt in der Nähe eines Kanals, durch den die Isar kraftvoll ins Flussbett strömt. Wenn ich die Augen schließe und dem Rauschen der Isar zuhöre, kommt es mir vor, als wäre ich am Meer. Bis auf das Rauschen ist wenig zu hören, kein Verkehrslärm, keine laute Musik oder streitende Pärchen. Die Sonne scheint mir warm auf den

Kopf. Nur ein paar Spaziergänger sind unterwegs, die meisten schauen freundlich zu uns herüber. Es muss ein schönes Bild sein, wie wir so daliegen, vor uns Brot, Käse und Pfirsiche.

»Ich glaube, jetzt erst hat mein wirkliches Leben begonnen«, sage ich zu Oliver.

»Aber du hast doch vorher auch gelebt und da kann doch nicht alles schlecht gewesen sein?«

»Das war es auch nicht«, gebe ich zurück. »Aber es war auch nicht gut. Nicht mal annähernd.«

Oliver rückt näher zu mir. »Ayşe. Ich finde, es ist Zeit, dass du mir endlich mehr von deiner Familie erzählst.«

»Ich weiß nur nicht, wo ich anfangen soll.«

»Vielleicht bei der Herkunft deiner Eltern. Wenn ich mehr über sie erfahre, dann begreife ich auch dich bestimmt besser.«

»Die Herkunft meiner Eltern? Alles, was ich über ihre Vergangenheit weiß, hat mir meine Großmutter erzählt, als ich noch ein Kind war.«

Ein paar Augenblicke lang schweige ich, um zu überlegen.

»Meine Oma hat oft von den Sonnenuntergängen in ihrer Heimat gesprochen«, beginne ich und schaue dabei dem Spiel der Lichtstrahlen im Wasser zu. »Die Bilder, die ihre Erzählungen in meinem Kopf wachriefen, haben sich mir tief eingeprägt. Rot leuchtende Lehmhäuser. Ziegen, deren Glöckchen man schon von weitem hört. Ausgedehnte Hirsefelder. Frauen, die Fladenbrot backen und ihren Kindern, die von dem heißen Brot naschen, auf die Finger klopfen. Männer, die um das Feuer sitzen und rauchen.«

Oliver starrt nachdenklich in die Luft. Langsam sagt

er: »Das klingt wie aus einer völlig anderen Welt… Kann es sein, dass deine Oma die Vergangenheit im Nachhinein romantisch verklärt hat?«

Als Kind glaubte ich meiner Großmutter, wenn sie sagte, dass sie in einer Zeit gelebt habe, in der die Menschen nicht viel besaßen, aber trotzdem glücklich waren. Sie hatten nicht viel, aber sie hatten sich. Und das bedeutete mehr als alles Gold der Welt. Diese Worte habe ich oft von ihr gehört. Inzwischen hinterfrage ich allerdings ihre Einschätzungen.

»Bestimmt hast du Recht«, antworte ich Oliver. »Es kann dort nicht nur schön gewesen sein. Schließlich war ihr Dorf bitterarm, und meine Großmutter hat vier Kinder verloren, weil es keinen Arzt und keine Medikamente gab.«

»Was ist mit deinem Großvater?«, erkundigt sich Oliver.

»Ich habe meine Oma nie von ihm reden hören. Und auch mein Vater hat ihn nie erwähnt. Er ist früh gestorben, das ist alles, was ich über ihn weiß. Und dass meine Oma ihn geheiratet hat, weil er ihr Cousin war. Sie hat sich der Ehe stillschweigend gefügt, genauso, wie es meine Mutter getan hat.«

In mir kommt eine unbändige Wut auf. »Ich bin die erste Frau in meiner Familie, mit der sie nicht einfach machen können, was sie wollen«, sage ich mit bebender Stimme.

Oliver bemerkt meinen inneren Aufruhr. Er nimmt meine Hände in seine und zieht mich zärtlich zu sich.

»Erzähl mir mehr von deiner Oma!«

Wenn ich an meine Oma denke, erinnere ich mich daran, wie wir alle nach dem Abendessen zusammensaßen – die Reste von Huhn und Reis noch auf unseren Tellern – und sie baten, uns von früher zu berichten. Meine Oma schnalzte daraufhin mit der Zunge, strich sich über den Bauch und lachte voller Freude, so dass man ihre Goldzähne aufblitzen sah. Die Abende, an denen wir so um sie herum saßen und Sonnenblumenkerne kauten, gehörten zu den wenigen Augenblicken, in denen unsere Aufmerksamkeit ganz ihr galt. Sonst versuchten wir immer, sie zu meiden, vor allem draußen auf der Straße. Wir wollten nicht mit ihr gesehen werden.

Zu Oliver sage ich: »Meine Oma ist unwahrscheinlich hässlich, verrunzelt und dick. Außerdem sind die wenigen Zähne, die sie noch hat, ganz gelb. Durch ihre Zahnlücken hindurch tropft manchmal der Speichel, und wenn sie spricht, muss man schon genau hinhören, um ihr Nuscheln zu verstehen.«

Oliver lacht laut auf. »Um Gottes willen, warum geht sie denn nicht zum Zahnarzt?«

»Sie hat Angst«, antworte ich. »Sie vertraut den deutschen Ärzten nicht. Sie hat auch Probleme mit ihrem Unterleib. Ständig fasst sie sich zwischen die Beine. Das ist mir jedes Mal irrsinnig peinlich.«

Mir fällt ein, wie ich mich früher immer davor drückte, ihr die Hand zu küssen. Eigentlich hätte ich das tun müssen, es ist ein Zeichen der Ehrerbietung bei uns.

»Habt ihr nie daran gedacht, sie in ein Altenheim zu geben?«, fragt Oliver.

Ich sehe ihn erstaunt an. Wie kann er so etwas Gedankenloses sagen? Oliver hat meinen bestürzten Gesichtsausdruck bemerkt. Er versucht, seine Frage zu erklären: »Ich meine, es muss ja ständig jemand für deine Großmutter da sein. Meine Oma ist jetzt fünfundachtzig und noch ganz fidel. Aber irgendwann zieht sie in ein Heim.«

Ich antworte knapp: »In meiner Kultur gibt es kein Altenheim. Jede Generation kümmert sich um die nachfolgende und um die vorherige.« Dann füge ich hinzu: »Das gehört zu den wenigen Dingen, die ich an meiner Kultur schätze: den Zusammenhalt in der Familie.«

Trotzdem bin ich froh bei dem Gedanken daran, dass ich der Verpflichtung entkommen bin, mich einmal um meine Eltern kümmern zu müssen. Was sie mir angetan haben, werde ich ihnen niemals vergeben können.

»Im Grunde ist das doch schön.« Oliver unterbricht meine Gedanken jäh. »Früher war das in Deutschland auch so. Aber jetzt arbeiten alle. Als ich klein war, hatten wir ein Kindermädchen, das am Nachmittag auf mich aufgepasst hat, wenn mein Vater in Schulkonferenzen saß und meine Mutter in ihrer Praxis war.«

»Meine Mutter war immer da, wenn ich heimgekommen bin«, entgegne ich ihm. »Aber ich hätte lieber mehr Freiheit und ein bisschen weniger Familie gehabt.«

Wir schweigen. Die Turmuhr der Kirche am anderen Ufer der Isar schlägt sechsmal. Mütter schieben Kinderbuggys an uns vorbei, auf die Bank hinter uns hat sich ein Paar gesetzt. Sie küssen sich. Es ist eine Idylle, die mich beruhigt, die mir erlaubt, meine Sorgen für einen Moment zu vergessen.

Nach einer Weile fragt Oliver weiter: »Woher kommen deine Eltern? Aus welcher Region?«

Ich drehe mich auf den Rücken und schaue in die Wolken, die über mir vorüberziehen.

»Ich kann dir nicht einmal sagen, wie das Dorf heißt, in dem meine Eltern aufgewachsen sind. Ich habe den

Ort vergessen. Irgendwo im Südosten der Türkei muss er liegen.«

»Sie stammen aus dem gleichen Dorf?«

»Natürlich. Sie sind ja auch verwandt miteinander. Der Vater meines Vaters ist der Bruder meiner Oma.«

Oliver überlegt. »Dann sind sie ja Cousin und Cousine!«

Ich nicke. »Ja genau. So wie Hassan und ich.«

Oliver sieht mich nachdenklich an. Schließlich sagt er: »Aber, ähm, ist das nicht schädlich? Ich meine, wegen des Genpools?«

»Du meinst, ob da nicht viele Kinder behindert zur Welt kommen?«

Oliver nickt. Er sieht ganz verlegen aus. Ich glaube, ihm ist es unangenehm, eine solche Frage gestellt zu haben.

»Es wird ja nicht zwischen den Geschwistern geheiratet«, antworte ich. »Und falls du es nicht weißt, auch in Deutschland darf man seinen Cousin heiraten. Verboten ist das nicht. Wenn ich also Hassan...«

Oliver unterbricht mich und verzieht das Gesicht. »Sei still, ich will das gar nicht hören!« Er dreht sich zur Seite, weg von mir. Aber an dem Zucken seiner Schultern kann ich sehen, dass er lacht. Ich beuge mich über ihn, gebe ihm einen Kuss auf den Mund.

Die Sonne hängt schon tief über der Kirche und färbt den Himmel rötlich. Jetzt bin ich diejenige, die das Thema wieder auf die Geschichte meiner Familie lenkt. Es ist das erste Mal, dass ich mit jemandem darüber spreche, und irgendwie erleichtert es mich.

Ich schließe die Augen. Vor mir sehe ich das einzige Foto meiner Mutter, das sie als junge Frau zeigt. Darauf erkennt man, wie sie mit gerafftem Rock bis zu den Knien im Tigris steht und lachend in die Kamera winkt.

»Damals in dem türkischen Dorf soll meine Mutter die Schönste gewesen sein«, erzähle ich Oliver. »Sie wurde von allen nur Fee genannt, weil sie so klein und zart war. Jeder hat sie bewundert. In meinem Vater weckte sie den Beschützerinstinkt, und er warb so lange um ihre Hand, bis sie ihm versprochen war.«

»Bei meinen Eltern war das ganz anders«, unterbricht mich Oliver. »Mein Vater sagt immer, dass ihn meine Mutter regelrecht um den Finger gewickelt haben soll.« Plötzlich steht Oliver auf, greift nach meiner Hand und zieht mich zu sich hoch. »Lass uns heimgehen, Ayşe. Und auf dem Nachhauseweg erzählst du mir, weshalb deine Eltern ihr Dorf verlassen haben, ja?«

Ich nicke, dann packen wir zusammen. Den Picknickkorb befestigt Oliver wieder auf dem Gepäckträger des Fahrrads. Diesmal schiebt er es. Und während wir am Müllerschen Volksbad und am Gasteig vorbei zum Rosenheimer Platz laufen, erzähle ich ihm von der Entscheidung meiner Eltern, ihr Heimatdorf zu verlassen, um in Diyarbakır, der Stadt, die ihnen am ehesten erfolgversprechend erschien, eine bessere Existenz aufzubauen.

Auch davon habe ich nur von meiner Großmutter erfahren. Wie traurig sie war, weil sie auf diese Weise ihren jüngsten Sohn aus den Augen verlor, konnte ich nur am Klang ihrer Stimme erraten, wenn sie davon berichtete. Über ihre Gefühle sprach auch meine Oma nie.

Ich versuche, bei meiner Beschreibung ihre Worte wiederzugeben: »Aber auch in Diyarbakır erwartete meine Eltern nichts weiter als karge Armut, nur dass dazu der

Dreck und die Zerrissenheit einer Großstadt kamen. Fünf Jahre lang lebten sie dort. Viel Geld verdiente mein Vater als Steinsetzer damals nicht. Meine Mutter hauste tagsüber allein in einem dunklen Zimmer, das gerade groß genug für ein Bett war, in dem sie mit meinem Vater und bald auch mit dem Neugeborenen, meiner Schwester Beriwan, schlief. Dazu kam die Angst, dass das Essen nicht reichen könnte, sie betteln gehen müssten, auch die Angst davor, krank zu werden, weil sie sich einen Arzt niemals hätten leisten können.«

»Und deshalb sind deine Eltern irgendwann nach Deutschland ausgewandert?«

Ich nicke. »Ja. Wegen der Armut und weil meine Mutter mit dreiundzwanzig Jahren Beriwan zur Welt brachte. Sie drängte meinen Vater regelrecht, nach Deutschland auszuwandern.«

»Warum ausgerechnet Deutschland?«

»Von diesem Land hatte meine Mutter schon viel gehört. Dass es dort allen gut geht, dass jeder, der kein Geld besitzt, Unterstützung vom Staat bekommt. Und vor allem war es ein Land, das Jesiden sofort Arbeitsmöglichkeiten bot.«

»Ach ja?« Oliver bleibt stehen. »Weißt du, weshalb das so ist?«

»Ende der achtziger Jahre sind vom Bundesverfassungsgericht zwei Urteile gefällt worden, die die Jesiden in der Türkei als Opfer einer Gruppenverfolgung sehen. Sie sind quasi als ein bedrohtes Volk eingestuft worden.«

Oliver fährt sich durch sein Haar. »Mmh. Ein bedrohtes Volk?«

Er weiß tatsächlich noch weniger über meine Kultur, als ich dachte.

»Das Jesidentum gilt als Geheimreligion, weil kaum etwas über unseren Glauben nach außen dringt. Das macht Jesiden für andere verdächtig. Im Grunde sind sie heimatlos. Egal, wo sie leben, sie werden verfolgt und vertrieben.«

Noch immer laufen wir nicht weiter. Für Oliver ist all das, was ich ihm schildere, neu.

»Mussten deine Eltern auch darunter leiden, dass sie Jesiden sind?«, fragt er.

Wieder denke ich an meine Großmutter. Sie umschrieb die Übergriffe auf die kurdischen Familien als Zwischenfälle – vielleicht um den Schatten, der von Zeit zu Zeit doch auf ihr Dorf fiel, nicht allzu groß werden zu lassen. »Es gab immer wieder Überfälle des türkischen Militärs, die die kurdische Dorfgemeinschaft, in der auch meine Familie lebte, verunsichern sollten«, sage ich. »Ein anderes Problem waren die kurdisch-muslimischen Nachbarn. Ihre Männer umkreisten nachts die Häuser, vergewaltigten Frauen und entführten Kinder, die sie verstümmelt wieder zurückbrachten.«

Oliver sieht mich entsetzt an. »Das hat deine Familie erlebt?«

Auf seine Frage hin nicke ich. Langsam gehen wir weiter.

Ich kann Olivers Staunen gut verstehen. Er hat mich ja bislang nur als moderne junge Frau gekannt, nicht als Gastarbeitertochter, deren Eltern einmal bettelarm waren. Selbst mir kommt die Vergangenheit meiner Familie unwirklich vor. Lange konnte auch ich die Ereignisse, die meine Oma erwähnte, gar nicht glauben.

Mir fällt ein, wie ich als Elfjährige mit meinen Eltern von Berlin aus mit dem Flugzeug nach Diyarbakır reiste.

Erst damals bekam ich allmählich eine Ahnung von meiner Herkunft. Meine Mutter führte mich in das Viertel, in dem sie und mein Vater einst gelebt hatten. Dort umfasste sie meine Schultern und deutete auf eine zerlumpte Frau, die mit bloßen Händen im Müll wühlte und nach Essensresten suchte. »Nein«, sagte ich, ungläubig über das, was ich sah. Meine Mutter zog mich noch näher an sich heran. »Doch, genau so. Und siehst du, sie hat einen kleinen Jungen bei sich. Mutter und Sohn müssen im Dreck schlafen, bei den Ratten und Würmern.«

Ich ekelte mich und versteckte mich hinter dem Rücken meiner Mutter, dieser schönen und stolzen Frau, die ich in diesem Moment über alles liebte. Ich erschrak über den unendlich traurigen Blick ihrer Augen und hätte sie so gerne vor den Erinnerungen in Schutz genommen. Aber ich war ja noch ein Kind und konnte nicht ahnen, dass ihre Vergangenheit, selbst wenn ich diese nicht mit ihr geteilt hatte, auch mein eigenes Leben begleiten sollte.

In Obergiesing ist es ganz ruhig auf den Straßen, es sind kaum Fußgänger unterwegs. Hier gibt es nur wenige Cafés und Bars, es ist eine reine Wohngegend. Während wir weiter durch die verwinkelten Straßen schlendern, stellt mir Oliver keine weiteren Fragen.

Erst als wir wieder auf dem Balkon sitzen, erfahre ich, worüber er sich den Kopf zerbrochen hat.

»Ist deine Familie jetzt glücklicher, seit sie in Berlin lebt?«

Unwillkürlich schüttle ich den Kopf. Gleichzeitig bin ich mir aber nicht sicher.

»Meine Oma hat den Umzug von der Türkei nach Deutschland nie ganz verkraftet«, erwidere ich. »Manchmal denkt sie, sie wäre noch in ihrem Dorf. Sie pinkelt dann einfach irgendwo ins Gebüsch, weil sie denkt, dass man das hier auch so macht.«

Oliver grinst und auch ich lache bei dem Gedanken an meine Oma. Eigentlich ist das nicht lustig, sondern sehr traurig. Aber manchmal hilft es, die Dinge mit Humor zu nehmen.

»Und wie ist das mit deinen Eltern?«, fragt Oliver weiter. »Haben sie sich integriert?«

Ich denke an meine Mutter, die äußerlich wie eine deutsche Frau wirkt. Sie trägt moderne Kleidung, am liebsten Kostüme, und ist sehr gepflegt. Aber innerlich ist auch sie nie wirklich in Berlin angekommen.

»Meine Mutter kann sich zum Beispiel nicht auf Deutsch verständigen, wenn du das meinst. Sie hat auch keine deutschen Freunde. Und sie hat mir von klein auf beigebracht, allen Deutschen gegenüber misstrauisch zu sein. Vor allem gegenüber deutschen Männern. Die wollen immer nur das eine.«

»Das ist doch nicht dein Ernst!«, ruft Oliver.

Ich nicke. »Doch!«

»Bist du denn die Einzige in deiner Familie, die sich in Deutschland wohl fühlt?«

Ich überlege. »Mein Vater hat sich auch ganz gut eingelebt. Er spricht ziemlich gut Deutsch und hat auch auf seiner Arbeitsstelle deutsche Freunde. Aber die lädt er nie zu uns nach Hause ein, weil er weiß, dass meine Mutter das nicht mag.«

»Und deine Geschwister?«

»Die beschimpfen mich mit: ›Du Deutsche‹. Das sagt doch schon alles.«

Oliver verzieht das Gesicht. »Aber sie sind ebenfalls

hier in Deutschland aufgewachsen, genau wie du!«, sagt er erstaunt.

Er hat Recht.

»Ich weiß auch nicht, woran das liegt, Oliver. Ich hatte immer andere Freunde als sie, auch andere Interessen.«

»Gibt es denn gar keinen Zusammenhalt unter euch Geschwistern?«

Olivers Frage macht mich traurig. Aber ich reiße mich zusammen und sage: »Ich denke immer wieder, dass ich nicht in diese Familie gehöre. Ich bin die Einzige, die sich nicht mit ihrer Kultur identifizieren kann.«

Obwohl wir lange geschlafen haben, bin ich schon wieder müde. Das Erzählen hat mich erschöpft. Ich gähne.

»Möchtest du noch einen Schluck Wein trinken?«, fragt mich Oliver. »Dann kannst du besser schlafen.«

Eigentlich trinke ich nur ganz selten Alkohol. Jetzt allerdings fühle ich mich danach.

»Gerne«, antworte ich.

Wir trinken ein Glas Barbera, Oliver raucht. Von irgendwoher kommt leise Gitarrenmusik. Ich merke, dass mir der schwere Rotwein langsam die Sinne vernebelt. Oliver nimmt meine Hand, streichelt sie. Dann zieht er mich zu sich auf seinen Schoß. Wie lange habe ich mich danach gesehnt, endlich einmal einen ganzen Tag und eine ganze Nacht bei ihm sein zu können. Von jetzt an können wir jede Minute gemeinsam verbringen, nichts kann uns mehr trennen.

Oliver streicht meine Haare zur Seite, flüstert in mein Ohr: »Lass uns ins Bett gehen.«

Ich nicke schüchtern. Ein bisschen Angst habe ich. Oliver nimmt meine Hand. Wir gehen durch die Küche in unser Zimmer. Dort zieht er mich aus, das T-Shirt, die Jeans, bis ich nur noch meine Unterwäsche trage. Er macht das ganz langsam, als warte er nur darauf, dass ich seine Hand festhalte. Ich bin angespannt, aber ich versuche, seine Zärtlichkeiten zu genießen. Ich will ja bei ihm sein, aber dennoch werde ich das Gefühl nicht los, etwas Verbotenes zu tun. Als Oliver meinen BH öffnen will, lege ich meine Hand auf seine.

»Warte«, sage ich.

Oliver hält inne. »Das geht dir alles zu schnell, oder?«, flüstert er.

Ich seufze. »Ja, irgendwie schon. Dabei habe ich mich so darauf gefreut. Aber ich kann nicht.«

»Du musst auch nicht, Ayşe.«

Ich habe das Gefühl, ihm erklären zu müssen, was in mir vorgeht. Ich ziehe die Decke über meinen Körper. Schließlich sage ich: »Wenn ich keine Jungfrau mehr bin, dann bin ich nichts mehr wert.«

»Ayşe, das erzählen dir nur deine Eltern. Du bist auch danach noch die Gleiche und immer noch genauso wertvoll.«

Ich schäme mich, über dieses Thema zu reden. Wie versteinert schaue ich in die Luft, weil ich Oliver nicht ansehen kann.

»Ich weiß schon«, bringe ich mühsam heraus. »Aber das ist mir eben jahrelang erzählt worden. Ich krieg's nicht aus meinem Kopf.«

Oliver streichelt mir über die Stirn. »Ich dränge dich zu nichts, das weißt du. Du musst es wollen, sonst passiert gar nichts, ja?«

Ich bin erleichtert. Wir liegen eng aneinander gekuschelt unter der Decke. Es ist schön, Olivers Körperwärme zu spüren, seine glatte Haut und seinen Atem. Es dauert nicht lange und ich schlafe in seiner Umarmung ein.

»Just another manic Monday« – der Radiowecker hat sich eingeschaltet. Verschlafen strecke ich mich. Oliver gähnt, dann blinzelt er müde, stellt das Radio leiser und gibt mir einen Kuss. Eine Weile liegen wir einfach nur eng aneinander geschmiegt im Bett, sehen uns an, ohne etwas zu sagen, bis der Moderator im Radio die Uhrzeit verkündet: sieben Uhr.

»Musst du heute zur Akademie gehen?«, frage ich Oliver.

»Eigentlich schon«, antwortet er mir, »aber ich möchte den Tag heute lieber mit dir verbringen. Wir müssen noch so viel besprechen.«

»Das klingt ernst«, sage ich, etwas besorgt. Immer noch habe ich Angst, dass Oliver vielleicht doch alles zu viel werden könnte.

»Nein, nichts Schlimmes«, sagt Oliver lachend, weil er meinen Schreck bemerkt. »Aber wichtig ist es doch.«

»Was meinst du denn?«, frage ich.

»Na ja, wir sollten uns Gedanken darüber machen, wie es weitergeht.«

Denkt Oliver, ich hätte vor, hier mit ihm einfach nur ins Blaue zu leben? Statt weitere Überlegungen anzustellen, sage ich: »Ich werde mich erst einmal arbeitslos melden, um nicht ganz ohne Geld dazustehen. Und anschließend werde ich mich nach einem Job als Krankenschwester umsehen.«

Oliver sieht mich zweifelnd an: »Aber bist du dafür schon bereit? Ich meine, hast du nicht Angst davor, dass dich deine Eltern ausfindig machen könnten?«

Ich bemühe mich um ein selbstsicheres Lächeln. »Natürlich wage ich mich schon wieder an die Öffentlichkeit«, lüge ich. »Was soll denn passieren? Und vielleicht ist es sogar gut, wenn wir das mit dem Arbeitsamt gleich heute erledigen.«

Auf dem Arbeitsamt in der Kapuzinerstraße herrscht reges Treiben. Mindestens zehn Personen warten wie wir auf ein Beratungsgespräch. Insgeheim bin ich froh, dass Oliver mich begleitet. Allein würde ich mich bestimmt noch verlorener fühlen. Die vielen Menschen machen mich nervös, außerdem sind mehrere Kurden unter ihnen. Der Klang ihrer Sprache lässt mich erzittern, weil er mich an daheim erinnert. Jedes Mal, wenn sich die Tür zum Wartezimmer öffnet, drehe ich schnell den Kopf zur Seite, damit man mein Gesicht nicht sieht.

»Was ist denn los?«, fragt Oliver, dem meine Nervosität natürlich nicht entgeht.

»Ich habe Furcht, es könnte jemand sein, der mich erkennt«, flüstere ich.

Oliver nimmt meine Hand, deren Innenfläche ganz feucht ist. »Mach dir keine Sorgen. Es kommt bestimmt niemand.« Er überlegt, sucht nach Argumenten, die mich beruhigen sollen. »Du hast doch keine Verwandten in München«, sagt er schließlich. Seine Worte können mich aber nicht beschwichtigen. Ich starre weiter angestrengt auf die Tür, um rechtzeitig meinen Kopf zur Seite drehen zu können. Die Minuten kommen mir vor wie Stunden. Endlich erscheint meine Nummer in der Anzeige. Oliver und ich stehen auf, gehen über den Gang zum Sprechzimmer.

Erst denke ich, meine Augen spielen mir einen Streich.

Doch als ich ein zweites Mal hinschaue, bin ich mir sicher, dass es Metin ist, ein Freund meines Bruders Nuri. Vor Schreck bleibe ich wie angewurzelt stehen. »Da, Oliver…« Ich bin unfähig, einen ganzen Satz zu formulieren. Aber Oliver reagiert sofort. Er hat bemerkt, dass ich fassungslos den jungen Mann anstarre, der vor uns über den Gang schlendert. Metin hat uns noch nicht gesehen. Sofort zieht mich Oliver mit sich fort. Wir laufen die Treppen hinunter, laufen zum Ausgang des Arbeitsamts. Erst als wir durch die Glastür treten, fasse ich mich wieder. Meine Beine sind noch ganz weich, in meinem Kopf dreht sich alles.

»Ich kann da nicht mehr rein«, sage ich zu Oliver, der mich in den Arm nimmt.

»Das musst du auch nicht«, murmelt er in mein Ohr. »Lass uns heimgehen.«

Während der Fahrt in der U-Bahn verfolgt mich die Angst. Mein Kartenhaus ist zusammengestürzt. Ich hatte mir eingeredet, ich sei in München sicher. Aber spätestens jetzt weiß ich, dass ich es auch hier nicht bin. Überall kann ich auf meine Familie stoßen, zufällig Freunden oder Verwandten über den Weg laufen.

Vor Verzweiflung muss ich weinen. Die anderen Fahrgäste sehen mich mitleidsvoll an. Ich verberge mein Gesicht hinter Olivers Schulter.

»Mach dir keine Sorgen, ich bin ja da«, versucht mich mein Freund zu trösten. Aber der Schock und die Verzweiflung wollen nicht von mir weichen. Erst als die Wohnungstür hinter uns ins Schloss fällt, beruhige ich mich etwas.

Völlig erschöpft falle ich auf das Küchensofa. Oliver setzt sich zu mir.

»Überleg doch mal«, sagt er, »was kann dir schon wirklich Schlimmes zustoßen? Keiner wird dich für deine Flucht umbringen.«

Da fange ich wieder an zu weinen. Oliver hat so gar keine Ahnung, in welcher Gefahr ich schwebe.

»Oliver...«, bringe ich schluchzend hervor. »Du unterschätzt meine Eltern.«

Die Tränen tropfen von meinem Kinn auf das blaue Sofa. Oliver fährt mit seiner Hand über mein Kinn, um es zu trocknen. »Wie meinst du das?«

»Sie sind zu allem fähig, auch zum Fürchterlichsten.«

»Was meinst du damit, Ayşe, sag doch endlich.« Olivers Stimme klingt zum ersten Mal wirklich beklommen.

»Wenn sie mich mit dir erwischen, dann ergeht es vielleicht nicht nur mir schlecht, sondern auch dir.«

Oliver legt die Stirn in Falten. »Was können deine Eltern denn schon ausrichten?«

»Sie schrecken vor nichts zurück, Oliver. Wenn sie herausbekommen, dass du bei mir bist, werden sie sich vermutlich auf grausame Weise an dir rächen!«

»Wie sollten sie das machen?«

Meine Stimme ist leise, als ich sage: »Vielleicht bringen sie dich um!«

Jetzt lese ich auch in Olivers Augen Angst. Aber er versucht, sich nichts anmerken zu lassen. »Das glaube ich kaum«, sagt er. »Außerdem wissen sie nicht, dass du hier bist.«

»Noch nicht, Oliver«, erwidere ich, »aber wie lange wird es gut gehen?«

Oliver antwortet mir nicht. Ich fühle mich elend, alles scheint so ausweglos zu sein. Zugleich bin ich wütend auf mich selbst, weil ich so schwach bin, die Gefahr nicht von Oliver fern halten kann. Es ist ganz still in der Küche. Nur das Ticken der Küchenuhr ist zu hören. Ich weiß nicht, wie lange wir so dasitzen, Arm in Arm auf dem Küchensofa. Stunden müssen es sein. Erst als es dunkel ist, steht Oliver auf und macht das Licht an.

»Ayşe, bitte sei mir nicht böse«, sagt er. »Aber ich muss noch einmal raus.«

»Wohin denn?« Erschrocken sehe ich ihn an.

Oliver geht ins Schlafzimmer, währenddessen sagt er: »Laufen.«

Ich bereue, dass ich gefragt habe. Oliver braucht jetzt eine Auszeit. Während Oliver seine Joggingsachen aus dem Schrank holt, um sich umzuziehen, bleibe ich regungslos auf der Couch sitzen. Mich plagen Selbstzweifel. Habe ich etwas falsch gemacht? Überfordere ich ihn? Ich habe das Gefühl, ich müsste souveräner sein, mutiger. Oliver kommt wieder in die Küche. Jetzt trägt er Laufschuhe, ein graues T-Shirt und eine schwarze Trainingshose.

»Bin gleich wieder da. Hab keine Angst, hier passiert dir nichts«, sagt er.

Dann ist er weg. Das leise Ticken der Küchenuhr dröhnt in meinen Ohren. Ich drehe das Radio an, um es zu übertönen. Anschließend setze ich mich wieder auf das Sofa, ziehe die Beine ganz nah an den Oberkörper und vergrabe mein Gesicht zwischen den Knien. Soll ich zurückkehren? Zurück zu meinen Eltern und Hassan heiraten? In mir verkrampft sich alles. Niemals!

Oder sollte ich in ein anderes Land gehen, nach Italien vielleicht oder nach England? Aber das ist auch kein Ausweg. Außerdem habe ich kein Geld.

Plötzlich höre ich, dass ein Auto vor dem Haus hält.

Eine Tür wird zugeschlagen. Mein Atem stockt. Ich schalte das Licht aus, dann sehe ich vorsichtig aus dem Fenster. Von der Küche aus kann ich nichts erkennen, ich muss die Balkontür öffnen. Auf allen vieren krieche ich hinaus, damit mich von unten niemand sehen kann. Ich spähe durch die Stangen des Balkongitters. Es ist ein rotes Auto, das da vor dem Hauseingang gehalten hat. Eine Frau öffnet gerade die hintere Wagentür, um ihr kleines Kind abzuschnallen. Erleichtert atme ich auf.

Aber der Schreck steckt mir weiterhin in den Knochen. Ich schließe die Balkontür hinter mir und setze mich erneut auf das Sofa. Das Licht lasse ich gelöscht. Im Radio läuft irgendwelche Musik, der ich nicht zuhöre. Als Oliver nach Hause kommt, sitze ich noch immer im Dunkeln.

»Bin wieder da«, ruft er, als er die Tür öffnet. Und dann: »Ist der Strom ausgefallen?«

Er schaltet das Licht an. Die Küchenlampe strahlt so hell, dass sie mich im ersten Augenblick blendet.

»Was ist denn nur los?«, fragt er. Oliver ist völlig nass geschwitzt.

»Hallo«, sage ich endlich. »Es ist nichts, ich wollte es nur dunkel haben.« Ich will nicht zugeben, dass ich mich gefürchtet habe, dass ich es kaum ausgehalten habe, allein zu sein.

»Ayşe, glaub mir, es wird sich schon alles wieder einrenken.«

Ich nicke apathisch, während Oliver schon im Bad verschwunden ist, um zu duschen.

Als er wieder in die Küche kommt, habe ich bereits den Tisch gedeckt. Im Schrank war eine Dose mit Ravioli, die ich jetzt auf dem Herd erwärme. Ich zünde Kerzen an, falte Servietten und stelle den restlichen Wein von gestern und zwei Gläser auf den Tisch. Es ist ein Versuch, die Kontrolle wiederzuerlangen, indem ich wenigstens in meinem Umfeld Normalität herstelle.

»Wow«, macht Oliver, »du kannst anscheinend Gedanken lesen. Ich habe einen irren Hunger.«

Wir reden nicht mehr über vorhin. Es ist, als hätten wir uns stillschweigend darauf geeinigt. Aber in Gedanken sind wir wohl beide noch bei meinen Worten: »Vielleicht bringen sie dich um!«

Oliver täuscht einen gesunden Appetit vor. Aber ich bemerke, dass auch er die Ravioli nicht richtig genießen kann.

»Ich muss morgen in die Grafikschule«, sagt er kauend. »Sonst bekomme ich einen Verweis.«

Ich ahne, dass er in Wirklichkeit wieder nach draußen will, um Abstand zu bekommen. Aber ich lasse es mir nicht anmerken. »Ja, klar, kein Problem«, antworte ich. Aber gleichzeitig merke ich, wie mein Herz zu pochen beginnt. Die Angst, Oliver zu verlieren, wird immer größer.

»So gegen sechs bin ich wieder da.«

»Schön.«

Am nächsten Tag vergehen die Stunden ohne Oliver nur langsam. Ständig fällt mein Blick auf die Uhr, die Zeiger scheinen sich kaum zu bewegen. Es ist ein wunderschöner Sommertag – mit einem strahlend blauen Himmel und einem leichten Wind. Wie schön muss es erst an der Isar sein. Aber ich wage nicht, vor die Haustür zu gehen.

Unruhig laufe ich durch die Wohnung. Es ist erst drei

Uhr nachmittags. Ob ich mich wieder ins Bett legen soll? Ich bin zu unruhig. Viermal bin ich heute schon auf den Balkon gelaufen, habe ängstlich nach unten geschaut, die ankommenden Autos beobachtet. Jetzt höre ich wieder, dass jemand eine Wagentür zuschlägt. Ich zwinge mich, diesmal nicht nachzusehen, sondern auf dem Sofa sitzen zu bleiben. Durch die geöffnete Balkontür höre ich Schritte, Männerstimmen, die sich unterhalten. Sie sprechen deutsch.

Ich schalte den Fernseher ein und starre auf den Bildschirm, ohne mich auf die Sendung zu konzentrieren. Meine Gedanken kreisen um Oliver.

Er verdient eine bessere Frau, durchfährt es mich. Eine viel unkompliziertere, eine Frau, die mit weniger Problemen beladen ist. Was hat er schon an mir? Und was verbindet uns? Er ist so gebildet, er liest und geht ins Theater. Er kann Französisch sprechen und kennt sich mit Computern aus. Und ich? Ich habe nie Bücher gelesen, niemand aus meiner Familie liest. Ich bin auch noch nie im Theater gewesen, geschweige denn in der Oper. Auch wenn mich das alles interessiert – mit wem hätte ich gehen sollen? Olivers Mutter ist eine richtige Dame, die Kultur schätzt und ihrem Sohn viel davon nahe gebracht hat. Meine Mutter dagegen interessiert sich nicht im Geringsten für Kunst.

Mit meinen Gedanken verletze ich mich selbst. Aber da kommen so viele Selbstzweifel hoch, die ich nicht verdrängen kann. Ich schalte den Fernseher wieder ab, begebe mich ins Schlafzimmer. Mein Blick fällt auf Olivers Bücherregal. Salinger, Houellebecq, Hardy, Mulisch – lauter Namen, die mir nichts sagen. Nur Douglas Adams, den kenne ich, weil Oliver mir schon aus »Per Anhalter durch die Galaxis« vorgelesen hat. Es ist Olivers Lieblingsbuch.

Um sechs Uhr höre ich, dass die Tür aufgeschlossen wird. Sofort lege ich das Buch zur Seite und laufe ihm entgegen. Ich versuche, mich so fröhlich wie möglich zu geben.

»Wie war's?«, frage ich und drücke ihm einen Kuss auf den Mund.

Oliver wirkt erleichtert, mich derart gelöst zu erleben.

»Der Tag hat viel zu lange gedauert. Ich habe Sehnsucht nach dir gehabt«, sagt er.

»Ich auch nach dir«, erwidere ich.

Olivers Blick fällt auf das Bett im Schlafzimmer. »Du hast ja gelesen!«

»Ich bin aber noch nicht so weit gekommen.«

Oliver läuft zum Bett, hebt das Buch hoch. »Gefällt es dir denn?«

Ich nicke.

Oliver setzt sich auf das Bett und lässt sich dann auf den Rücken fallen. Er schließt die Augen. In diesem Moment ströme ich fast über vor Liebe. Ich lege mich neben ihn, beginne seinen Hals zu küssen, sein Ohr, sein Gesicht. Oliver hält die Augen geschlossen, aber sein Mund lächelt. Ich liebe diese Grübchen, die sich dann bilden. Ich will Oliver jetzt ganz nahe sein, seine Haut an meiner spüren und fahre mit meinen Händen unter sein T-Shirt, ziehe es ihm über den Kopf. Er lässt mich gewähren, liegt einfach nur da. Ich zögere, dann ziehe ich mir mein Hemd aus. Als Oliver meine nackte Haut an seiner Brust spürt, blinzelt er. Aber er bleibt weiter regungslos liegen. Ich nehme seine Hand, lege sie auf meine Schulter. Ich will, dass er mich streichelt. Seine Berührungen, sein warmer Atem an meiner Haut – das alles ist so fremd und doch vertraut. Oliver öffnet langsam meinen BH. Im ersten Moment zucke ich zusammen, ich habe mich ja noch nie nackt vor einem Mann gezeigt. Aber Oliver zieht meinen Oberkörper zu seinem. Die Wärme seiner Brust an meiner Haut beruhigt mich. Zugleich wächst in mir das Verlangen, ihn zu umarmen, ihn fest an mich zu pressen.

Ich weiß nicht, wie ich mich bewegen, ihn berühren soll. »Lass einfach los«, flüstert mir Oliver ins Ohr und nimmt meine Hand, führt sie tiefer an sich hinab. Ich habe die Wölbung an seiner Hose schon einmal gespürt, aber damals habe ich mich nicht getraut, ihn dort zu berühren. Als ich merke, welche Lust ihm meine Berührungen bereiten, werde ich mutiger.

Seinen Körper zu ertasten ist für mich eine Exkursion, die in mir selbst Begierde hervorruft. »Hast du schon einmal…?«, frage ich Oliver schüchtern. Er nickt.

»Ich weiß nicht, wie es geht…«, flüstere ich.

Ich denke daran, wie Frauen in meiner Familie ihr erstes Mal erleben. Am Hochzeitsabend führt der Bräutigam die Braut ins Schlafzimmer, während die Familie im Wohnzimmer wartet. Nach etwa einer Stunde, manchmal länger, geht der Bräutigam wieder zu den Wartenden. Die Braut bleibt im Bett, ihr ist es oft peinlich, gleich danach zu ihrer Familie zu gehen. Die Frauen laufen dann zu ihr, nehmen das Laken vom Bett und tragen es nach unten. Das Blut darauf muss beweisen, dass sie Jungfrau war. Und wenn es nicht geblutet hat, dann hilft der Mann eben nach. Wie, das will ich mir lieber erst gar nicht vorstellen. Schon gar nicht in diesem Augenblick.

»Du musst überhaupt nichts wissen.« Olivers Flüstern weckt mich aus meinen Gedanken. »Entspann dich.«

Sein Streicheln, seine Küsse und seine liebkosenden Worte wecken in mir das Bedürfnis, ihn festzuhalten und nie wieder loszulassen. Als ich ihn in mir spüre, durchfährt mich ein Schmerz, aber nicht lange, dann empfinde ich unerwartete Lust. Die Gedanken an meine Eltern, die Scham und der Ekel sind wie ausgelöscht. Dass es passiert, ist meine Entscheidung, und es ist wunderschön.

Nachdem ich mich aus seiner Umarmung gelöst habe, laufe ich ins Bad, um im Spiegel nachzuschauen, ob ich jetzt anders aussehe. Ein bisschen enttäuscht kehre ich zu Oliver zurück. In der Zwischenzeit hat er Kerzen angezündet. »Siehst du«, sagt er, »ich habe dir doch gesagt, dass du danach dieselbe bist wie zuvor.«

Ich lege mich wieder zu Oliver unter die Decke, schmiege mich an ihn. »Für dich schon«, antworte ich. »Aber daheim wäre ich jetzt keinen Euro mehr wert.«

»Aber darauf kommt es nicht mehr an. Ich will immer bei dir bleiben.«

Ein warmer Schauer durchfährt mich. Ich bin froh, dass es passiert ist, auch wenn ich jetzt nie wieder nach Hause kann. Und ich bin glücklich, dass es mit Oliver war.

Die Tage vergehen, langsam lebe ich mich ein. Ich fühle mich wohl in München, auch wenn es Tage gibt, an denen ich mich nicht traue, die Wohnung zu verlassen. An diesen Tagen wache ich auf und kann die Furcht den ganzen Tag lang nicht vertreiben. Dann bleibt mir nichts, als darauf zu warten, dass Oliver wiederkommt. Aus Langeweile räume ich auf, putze oder koche für uns beide.

An anderen Tagen aber spaziere ich zur Isar, lege mich ans Flussufer und lese. Oder träume einfach nur vor mich hin. Manchmal vergesse ich meine Angst. Dann bin ich selbstsicher und gehe erhobenen Hauptes durch die Stadt – durch die Kaufingerstraße, über den Viktualienmarkt, quer durch den Englischen Garten.

Oliver ist tagsüber in seiner Schule, die Abende verbringen wir gemeinsam. Manchmal habe ich das Gefühl, er würde gerne ausgehen, Freunde treffen. An diesen Abenden ist Oliver ganz hibbelig und sogar ein bisschen ungeduldig mit mir. Wenn ich ihm sage, dass er ruhig ohne mich gehen soll, schüttelt er nur den Kopf. Abends ist die Angst am schlimmsten. Ich bemühe mich, meine Furcht herunterzuspielen, aber Oliver kann ich nichts vormachen. Deshalb will er mich nicht allein lassen.

Eines Nachmittags klingelt das Telefon. Als ich abhebe, höre ich eine mir unbekannte Männerstimme: »Hallo, hier ist Moritz. Mit wem spreche ich denn da? Ich wollte eigentlich mit Oliver Milak sprechen.«

»Hier spricht…« Ich unterbreche mich, dann sage ich: »Simona. Ich bin die Freundin von Oliver.«

»Ach so? Ah ja, Oliver hat mir schon von dir erzählt.«

An der Stimme von Moritz höre ich, dass das nicht stimmt. Ich bin erleichtert – ich will nicht, dass irgendjemand etwas von mir weiß.

»Soll ich Oliver etwas ausrichten?«, frage ich.

»Hmmh, eigentlich nur, dass ich angerufen habe. Stefan und ich wollen am Wochenende mal nach München kommen, Oliver besuchen.«

Moritz ist für einen Moment still. Dann fragt er: »Wohnt ihr denn zusammen?«

»Ja«, antworte ich knapp, »aber erst seit zwei Wochen.«

»Ach so«, bemerkt Moritz und fügt schnell hinzu: »Na, dann sehen wir uns ja am Wochenende. Keine Angst, wir bleiben nicht über Nacht. Wir steigen in einer Jugendherberge ab.«

»Okay«, murmle ich.

»Ich ruf einfach heute Abend wieder an, Simona.«

Im ersten Augenblick fühle ich mich gar nicht angesprochen. Dann beeile ich mich zu sagen: »Gut. Bis später also.«

Moritz legt auf.

Den ganzen Tag über ist mir flau im Magen. Besuch! Was, wenn ich mich verrate? Wenn sie mich von irgendwoher kennen? Ich überlege, ob ich mich vielleicht am Wochenende verstecken sollte. Aber schließlich reiße ich mich zusammen. Was soll mir schon widerfahren? Außerdem kann ich mich doch nicht mein Leben lang verkriechen.

Als Oliver am Abend nach Hause kommt, erzähle ich ihm gleich von dem Anruf. Im ersten Moment freut er sich. »Das ist ja eine Überraschung!«, begeistert er sich.

Danach jedoch fällt ihm mein ernster Gesichtsausdruck auf. »Was ist denn?«, fragt er.

Ich winde mich ein bisschen. Eigentlich will ich ihm die Vorfreude auf seine Freunde nicht vermiesen. Aber ich kann auch nicht so tun, als wenn mich der Besuch unbesorgt ließe.

»Ich habe Moritz gesagt, dass ich Simona heiße«, beginne ich.

Oliver sieht mich erstaunt an. »Weshalb denn das?«

»Es ist besser, wenn er und Stefan nicht wissen, dass ich Kurdin und von zu Hause abgehauen bin.«

Oliver umfasst meine Hand. »Aber es sind doch meine Freunde…«

»Ja, ich weiß. Aber ich fühle mich wohler so.«

»Willst du denn jetzt jedem erzählen, dass du Simona heißt?« Olivers Stimme klingt skeptisch.

»Ja, das will ich tatsächlich. Alles andere ist mir zu riskant«, sage ich bestimmt.

»Soll ich dich dann jetzt auch Simona nennen, Simona?«

Oliver versucht zu scherzen. Ich kann nicht lachen. Stattdessen sage ich ernst: »Oliver, wenn andere dabei sind, musst du mich so nennen.«

Wir sind mit Moritz und Stefan im Café der Muffathalle verabredet. Es ist Freitagabend, gegen acht Uhr verlassen wir das Haus. Inzwischen ist es schon deutlich kühler geworden. Langsam wird es Herbst. Oliver gibt mir seine Cordjacke. Er hat bemerkt, wie kalt meine Hände sind. »Da, erkälte dich nicht.«

Im Gehen nimmt er meine rechte Hand und reibt sie so lange zwischen seinen Händen, bis sie warm ist. Anschließend wärmt er auf diese Weise die andere. Oliver hat immer warme Hände und Füße, ganz im Gegensatz zu mir.

Ich mag Olivers Fürsorge. Er passt immer auf mich auf. Selbst wenn ich über die Straße laufe, legt er den Arm um mich und zieht mich näher an sich heran. Manchmal stoße ich ihn lachend weg – ich bin schließlich kein kleines Kind mehr. Aber in diesen Momenten fühle ich mich vollkommen beschützt. Dann denke ich, dass niemand auf dieser Welt mir etwas anhaben kann, solange nur Oliver bei mir ist.

Um zur Muffathalle – einem alten Dampfheizkraftwerk, das jetzt ein Kulturzentrum mit Club und Bar ist – zu gelangen, müssen wir die Rosenheimer Straße hinunterlaufen. Ich gehe diese Strecke nicht gerne. Die Straße ist ganz in der Nähe vom Ostbahnhof und sehr befahren. Wir kommen an Sex-Shops, billigen Imbissbuden und Kneipen vorbei.

»Erzähl mir von Moritz und Stefan«, bitte ich Oliver.

»Moritz ist eigentlich mein bester Freund«, sagt Oliver und legt den Arm um meine Schultern, da sich uns eine Gruppe junger Männer nähert. »Wir kennen uns schon seit der fünften Klasse.«

»Was ist er für ein Typ?«, frage ich weiter.

»Du willst dich wohl anderweitig umsehen?« Oliver gibt mir einen Knuff in die Seite.

»Nein, ich liebe nur dich. Und jeden Tag ein Stückchen mehr«, antworte ich ernst.

Oliver sieht mich zärtlich an.

Hand in Hand springen wir die Stufen zur Isar hinunter, gleich danach befinden wir uns vor dem Eingang der Muffathalle. Erst eine Hand voll Leute sitzt an den Tischen. Das rötliche Licht der Bar schmeichelt ihren Gesichtern. Oliver und ich setzen uns an einen Tisch in der hinteren Ecke. Wir bestellen zwei Bier und prosten uns zu. Es ist das erste Mal, dass wir gemeinsam ausgehen.

Ich habe mich extra schön gemacht für diesen Abend. Oliver soll stolz auf mich sein können. Meine Augen habe ich mit schwarzem Kajal umrandet und meine großen Kreolen-Ohrringe angelegt. Zur Jeans trage ich ein tief ausgeschnittenes schwarzes Top – das habe ich bei einem Bummel durch die Kaufingerstraße erstanden.

Oliver sieht mich an, streicht mir durch mein offenes Haar. »Du siehst wunderschön aus.«

Sein Kompliment freut mich. Oliver lobt nicht oft mein Äußeres, aber wenn er es tut, dann weiß ich, dass er es ernst meint.

Mein Blick wandert durch den Raum. Die Gäste hier sind jung, modisch angezogen, aber nicht zu chic. Sie sehen sorglos aus, wie sie sich beim Bier unterhalten und lachen. Ich wünschte, ich wäre wie sie. In diesem Moment spüre ich so stark wie selten zuvor, dass mich Welten von diesen Menschen trennen. Wie Oliver und ich wohl auf andere wirken? Ob man uns ansieht, was wir zusammen durchstehen müssen?

Da bemerke ich zwei Jungen, die ins Café kommen. »Sind das die beiden?«, frage ich Oliver. Er dreht sich um. »Hi!«, ruft er ihnen zu. Die zwei winken und nähern sich unserem Tisch. Mich begrüßen sie mit Küsschen rechts und links, Oliver klopfen sie kameradschaftlich auf die Schulter.

Ich bin von Natur aus schüchtern, wenn ich jemanden neu kennen lerne. Aber heute bin ich ganz besonders still. Die erste Zeit höre ich nur zu, als sich Oliver mit seinen Freunden unterhält. Nach einer Weile wendet sich Stefan an mich: »Bist du denn auch aus Berlin?«

Ich schüttle den Kopf.

»Woher kommst du dann?«

Sicher hält er mich für verstockt, weil ich so schweigsam bin. Ich bemühe mich, locker zu wirken. »Ich bin aus München.« Mehr fällt mir nicht ein.

Während sich Oliver und Moritz nun über Computer unterhalten, bemüht sich Stefan weiter um ein Gespräch mit mir. »Man hört gar keinen Akzent«, sagt er und hebt die Stimme ein wenig zur Frage an.

»Ähm, ich bin auch nur zur Hälfte eine Bayerin«, lüge ich. »Mein Vater ist Italiener.«

»Ah ja«, sagt Stefan, »daher also auch dein Vorname Simona.«

Ich nicke.

»Sprichst du dann auch Italienisch?«

Jetzt bloß nicht in die Nesseln setzen. »Nein, wir haben zu Hause immer nur deutsch gesprochen.«

Stefan sieht mich fragend an. Ich habe das Gefühl, er nimmt mir nicht ab, dass ich Halb-Italienerin bin.

Der Abend verläuft zäh. Ich fühle mich nicht wohl. Oliver wirft mir immer wieder unruhige Blicke zu. Er bemerkt meine Anspannung. Seine anfängliche Begeisterung darüber, seine Freunde wiederzusehen, ist verflogen. Jetzt wirkt auch er angestrengt. Um elf sieht er schließlich auf die Uhr.

»Freunde«, sagt er, »wir müssen aufbrechen.«

»Was ist denn los?«, fragt Moritz und haut Oliver übermütig auf die Schulter. »So kenne ich dich ja gar nicht. Kaum hast du eine Freundin …«

»Ich muss morgen früh raus, das ist alles«, unterbricht ihn Oliver.

»Ja, ja«, sagt Stefan, »am Samstag. Aber gut, feiern wir eben ohne euch weiter. Aber wenn wir in zwei Wochen noch mal zum Oktoberfest runterkommen, dann seid ihr dabei, oder?« Er sieht mich fragend an.

»Das Oktoberfest? Das ist doch erst im Oktober«, antworte ich.

Stefan und Moritz sehen sich an. Schließlich sagt Moritz zu mir: »Bist du wirklich Münchnerin? Dann müsstest du doch wissen, dass die Wies'n schon im September beginnt.«

Ich spüre, dass ich rot werde.

Oliver hilft mir. »Simona mag diesen Trubel nicht so.«

Aber ich weiß, dass ich jetzt endgültig das Misstrauen seiner beiden Freunde geweckt habe. Ich will einfach nur noch in unsere Wohnung. Oliver bemerkt meinen verzweifelten Blick. Ich habe das Gefühl, ihm den Abend vermiest zu haben. Endlich verabschiedet sich Oliver von seinen Freunden, mich küssen sie wieder auf die Wange.

Auf dem Weg aus der Halle nimmt Oliver meine Hand. Als wir im Freien stehen, fragt er: »Können wir noch kurz runter an die Isar? Ich würde noch gern ein bisschen mit dir reden.«

Da ist sie wieder, diese Sorge, Oliver könnte es sich anders überlegt haben. Mich verlassen. Ich nicke und laufe neben ihm den Pflasterweg entlang. Mein Herz klopft. Ich bin so aufgeregt, dass ich kein Wort über die Lippen bringe. Als wir unten am Ufer sind, zieht Oliver seine Jacke aus und legt sie auf die Steine. »Da«, sagt er, »setz dich doch.« Ich lasse mich auf den äußersten Rand nieder, so dass Oliver noch Platz neben mir findet. Es ist eine klare Nacht. Man kann die Sterne sehen und den Mond, der als schmale Sichel am Himmel hängt. Aus der Ferne hört man Stimmen – Spaziergänger.

Ich räuspere mich. »Worüber willst du denn mit mir reden?«

Oliver drückt sein Knie gegen meins. »Ich will mit dir über unsere Zukunft reden«, sagt er, den Kopf in den Nacken gelegt, um die Sterne zu betrachten. »Ich habe keine Ahnung, wie es mit uns weitergehen soll.« Noch immer sieht er mich nicht an.

»Willst du denn, dass ich bei dir bleibe?« Meine Stimme verrät, wie verstört ich bin.

Jetzt schaut Oliver mich an. »Natürlich will ich das.« Er lächelt, aber sein Lächeln wirkt matt. »Nur so funktioniert es nicht«, sagt er. Es hört sich an, als hätte er sich seine Worte schon lange überlegt. »Wir gehen nicht gemeinsam aus, ich bin den ganzen Tag nicht da und du bleibst allein in der Wohnung.« Seine Stimme ist weder anklagend noch bitter. Nur traurig. »Du bist doch gar nicht glücklich in München, Ayşe. Dich plagt die Furcht vor deinen Eltern mehr, als du vor mir zugibst.«

»Es ist nicht so schlimm, wie du denkst...«, lüge ich. Aber Oliver fällt mir ins Wort. »Ach ja?« Seine Worte klingen jetzt aufgebracht. »Weißt du eigentlich, dass ich manchmal nachts neben dir liege und nicht schlafen kann, weil du dich hin und her wirfst? Du hast Alpträume, Ayşe, aus denen du nicht aufwachst, weil du so tief träumst. Und du sprichst auch im Schlaf.«

Ich sehe ihn erschrocken an. »Ich rede? Und was? Erzähl es mir bitte!«

Oliver weicht meinem Blick aus, stattdessen starrt er auf den Fluss. »Meistens ganz unzusammenhängendes Zeug«, antwortet er. »Manchmal wimmerst du im Schlaf und gibst Sätze wie ›bitte, bitte, lasst mich‹ von dir. Ich weiß dann, dass du mit deinen Eltern sprichst.«

Es gibt nichts, was ich Oliver jetzt zur Antwort geben könnte. Es gibt keine Antwort auf die Frage, wie die Zukunft aussehen könnte. Unsere Zukunft, Olivers und meine.

Lange sitzen wir schweigend nebeneinander, blicken krampfhaft in den Himmel. Irgendwann durchbricht Oliver die Stille. »Deine Furcht vor deinen Eltern stört mich nicht, auch nicht, dass wir so wenig Geld haben.« Er atmet tief aus. »Wirklich, das alles ist mir völlig gleichgültig, solange wir nur zusammen sein können.«

Ich drehe meinen Kopf zu ihm und gebe ihm lauter kleine Küsse auf den Mund. Bis ich das Salz meiner Tränen schmecke.

Vierter Teil

Die Entführung

Die Tage fliegen vorbei. Die Blätter an den Bäumen werden zu buntem Laub, das der Wind auf die Wege weht. Es wird kälter und die Tage werden kürzer. Olivers Freunde waren tatsächlich noch einmal da, wir sind mit ihnen auf das Oktoberfest gegangen. Ich habe Zuckerwatte gegessen und bin mit Oliver »Wilde Maus« und Riesenrad gefahren.

Ende Oktober bin ich ein zweites Mal zum Arbeitsamt gegangen – ohne Oliver. Ich wollte ihn überraschen. Es hat mich viel Mut gekostet, aber für den November habe ich bereits Geld überwiesen bekommen. Es ist gut, Oliver nicht mehr länger auf der Tasche liegen zu müssen.

Inzwischen habe ich einen eingespielten Tagesablauf. Oliver verlässt morgens das Haus, abends gegen sechs kommt er wieder, manchmal auch früher. Ich mache einen Spaziergang zum Arbeitsamt, durchforste das Internet, notiere mir Anzeigen, schlendere zurück nach Hause und schreibe Bewerbungen. Nebenbei kaufe ich ein, putze die Wohnung, koche. Mein permanenter Begleiter ist bei allem, was ich tue, die Angst. Sie verfliegt erst, sobald Oliver unsere Wohnung betritt.

Abends lernt Oliver oft für die Grafikakademie. Während er am Küchentisch sitzt, lege ich mich auf das blaue

Sofa und lese. »Per Anhalter durch die Galaxis« hat mir gut gefallen. Jetzt habe ich mir »Soloalbum« von Benjamin von Stuckrad-Barre vorgenommen.

Diese alltägliche Routine brauche ich sehr, sie gibt mir Halt. Nur dank ihrer komme ich durch die Woche, in der jeder Tag ein neuer Kampf ist. Ein Kampf gegen Ängste und Zweifel. Dabei bin ich jetzt schon seit fast drei Monaten bei Oliver, und immer noch gibt es keine Anzeichen, dass meine Eltern herausbekommen haben, wo ich bin.

Es ist Montag und damit wieder der Beginn einer neuen Woche. Der Tag startet mit einer dunklen Vorahnung. Ich bin bereits wach, bevor sich Olivers Radiowecker wie jeden Morgen um sieben Uhr einschaltet. Draußen ist es noch nicht einmal dämmerig, trotzdem knipst Oliver die Lampe neben unserem Bett nicht an. Morgens ist er lichtscheu, genau wie ich. Er dreht sich zu mir. »Guten Morgen, Ayşe. Aufstehen …«

Wenn er das sagt, ziehe ich mir meistens die Bettdecke über den Kopf, woraufhin auch Oliver unter die Decke kriecht. Und wenn ich dann immer noch nicht aufstehen will, kitzelt er mich, bis ich mich ergebe und endlich meine Füße in Richtung Bad bewege. Jeden Tag weckt mich Oliver so. Es ist fast schon eine kleine Tradition.

Auch heute fühlen sich meine Glieder wie Blei an. Ich bin noch erschöpft vom Wochenende. Am Samstag waren wir bei Ikea und haben Regale für CDs und Bücher gekauft, die wir am Sonntag zusammengeschraubt haben. Anschließend war Großreinemachen angesagt. Doch die viele Arbeit hat sich gelohnt, allmählich wird die Wohnung auch zu meinem Zuhause. Fast habe ich bereits das Gefühl, als hätte ich nie ein anderes besessen.

Oliver gibt seine Weckversuche auf und geht als Erster ins Bad. Weil es direkt neben dem Schlafzimmer liegt, kann ich ihm zuhören, wie er sich die Zähne putzt und währenddessen das Duschwasser aufdreht, damit es heiß wird. Wie er anschließend unter der Dusche eine Melodie pfeift, sogar etwas von Bob Marley singt. Wie er nach fünf Minuten aus der Dusche steigt, sich rasiert und das Aftershave ins Gesicht klatscht. Es klingt, als höre ich eine vertraute CD. Ich bleibe noch eine Weile im Halbdunkel liegen, um den bekannten Geräuschen zu lauschen.

Doch irgendetwas ist heute anders. Ich habe ein seltsames Gefühl. In mir steigt die Angst hoch, es könnte unser letzter gemeinsamer Morgen sein. Mit einem Ruck reiße ich die Decke von mir und versuche diese Gedanken zu verwerfen. »Unsinn, Unsinn, Unsinn«, sage ich auf dem Weg in die Küche, wo ich beginne, den Kaffee zuzubereiten.

Oliver kommt zur Tür herein. Seine Haare sind noch ganz nass. Ich lächle ihm zu und wende mich schließlich wieder der Milch auf dem Herd zu. Von hinten umarmt mich Oliver, wie er es in den vergangenen Monaten so oft getan hat. Am liebsten würde ich mich nie wieder aus dieser Umarmung lösen. »Ich wünschte, du müsstest heute nicht fortgehen«, sage ich leise.

»Mmmh«, macht Oliver, »das wünsche ich mir auch.«

Es ist ein trüber Tag, der 11. November. Der Wind rüttelt an den Ästen. Es nieselt. Normalerweise mag ich es, wenn es draußen richtig ungemütlich ist und ich in der Wohnung bleiben und es mir behaglich machen kann. Heute ist das nicht so. »Das Wetter frustriert mich«, sage ich zu Oliver.

»Wieso denn?« Oliver hat mich losgelassen und holt zwei große Tassen aus dem Schrank. »Es ist doch alles in Ordnung.«

Ich starre in den Topf, in dem ich die Milch erwärme. »Eigentlich schon.«

»Was meinst du denn mit ›eigentlich‹?« Oliver stellt die Tassen ab und zwickt mich in die Seite. »Liebst du mich etwa nicht mehr?« Er hat das in den letzten Wochen oft gefragt. Und ich habe ihm immer geantwortet: »Richtig, ich will zurück zu Hassan.« Aber heute sage ich nur: »Ich liebe dich! Über alles.«

Oliver erschrickt, als er die Tränen in meinen Augen sieht. »Was ist denn nur? Gibt es Probleme, von denen ich nichts weiß?«, fragt er besorgt.

Ich wische mir schnell über die Augen und versuche ein Lächeln. »Ach nichts, das ist nur mein Novemberblues.«

Mit gespielter Konzentration gieße ich den Kaffee in die Tassen und stelle sie auf den Tisch. Oliver lässt sich auf das Sofa davor fallen, ich setze mich neben ihn.

Mir ist kalt, ich bin ja auch noch im Nachthemd. Wortlos nimmt Oliver meine Füße und wärmt sie mit seinen Händen.

Während wir den Kaffee trinken, sehen wir uns an, ohne zu sprechen. Es gibt so vieles zwischen uns, das gar keiner Worte mehr bedarf. Manchmal genügt nur ein Blick, und jeder weiß, wie es dem anderen geht.

An diesem Morgen bin ich mir nicht sicher, ob er das Gleiche empfindet wie ich. Mich lässt der Gedanke nicht los, dass etwas passieren könnte, was uns auf eine harte Probe stellt.

Seit ich in München bei Oliver wohne, bringe ich ihn jeden Morgen zur Tür und verabschiede mich dort mit einem Kuss von ihm. So wie meine Mutter das bei meinem Vater auch immer getan hat. Ich habe wohl doch etwas von meinen Eltern übernommen. Und wenn Oliver unten in sein Auto steigt, um in die Grafikakademie zu fahren, stehe ich am Fenster und winke ihm nach. Er weiß, dass ich dort oben stehe, deshalb dreht er sich noch einmal zu mir um und wirft mir eine Kusshand zu. Ich fange den Luftkuss mit der Hand ein und presse meine Faust gegen das Herz. Jedes Mal macht es dann einen Sprung, weil mir plötzlich aufgeht, was es heißt, Glück zu haben. Jahrelang hatte ich Gott gebeten, mir so jemanden wie Oliver zu schenken. Er hat mir meinen Wunsch erfüllt.

Aber heute klopft mein Herz so fest gegen meine Brust, dass es wehtut. Es ist ein sanfter, fast süßer Schmerz, der mich durchfährt. In dem Moment fürchte ich wieder, es könnte der letzte Kuss sein, den er mir zuwirft.

Den Vormittag über versuche ich mich zu zerstreuen, aber es gelingt mir nicht. Ich fahre Olivers Laptop hoch, fange an, eine Bewerbung zu schreiben, doch ich schaffe es nicht, mich darauf zu konzentrieren. Schließlich schalte ich den Fernseher an, zappe durch das Programm. Ich ziehe ein Buch aus Olivers Regal. Und lege es gleich wieder zur Seite. Alles, was ich beginne, lasse ich nach ein paar Minuten wieder sein.

Am Nachmittag gehe ich zum Supermarkt, weil ich am Abend ein Pilzrisotto kochen will. Es ist mir immer noch nicht ganz wohl dabei, wenn ich allein aus dem Haus gehe. Aber lange kann das so nicht weitergehen.

Ich kann nicht von Oliver verlangen, immer nur zu Hause zu bleiben.

Es kommt mir vor, als sei der Tag, an dem ich von der Hochzeit meiner Cousine Şhirin geflohen bin, schon eine Ewigkeit her. Es war so leicht: Ich bin einfach gegangen. Hätte ich geahnt, dass es so unkompliziert sein würde – vielleicht wäre ich schon früher gegangen.

Trotzdem: Wenn ich durch die Straßen laufe, sehe ich mich immer noch um. Überall fürchte ich, Verwandte von mir zu entdecken. Und bevor ich in ein Geschäft oder in ein Café gehe, versuche ich von außen zu erfassen, wer sich darin aufhält.

Während ich nun zum Supermarkt laufe, hänge ich weiter meinen Gedanken nach. Mir fällt ein Abend der letzten Woche ein. Oliver kam zur Tür herein, ich begrüßte ihn. Irgendwie sah er zerstreut aus. Als ich ihn fragte, was denn los sei, gab er eine ausweichende Antwort. Gleich darauf verließ er die Wohnung wieder, um zu joggen. Ich weiß inzwischen, dass Oliver immer dann, wenn es ihm schlecht geht, seine Turnschuhe anzieht. Ich habe ihn nie beim Laufen begleitet, aber ich weiß, dass er dann gegen seine Probleme und Sorgen anrennt. Wenn er zurückkehrt, ist er völlig fertig, doch wesentlich entspannter.

Im Supermarkt laufe ich durch die Reihen, nehme das eine oder andere Produkt in die Hand. Die meisten Sachen stelle ich wieder ins Regal zurück. Ich kaufe Champignons, Reis, Zwiebeln. Und für mich eine Tafel Vollmilchschokolade. Ich fühle mich danach.

Die Menschen um mich herum haben größtenteils ausdruckslose Gesichter, kaum jemand lächelt. Sind sie alle so unglücklich oder können sie nur einfach ihr Glück nicht begreifen? Ich wünschte, ich könnte ein normales Leben führen. Ein Leben mit gewöhnlichen Problemen. Ich bin so schwermütig heute. Und eigentlich gibt es doch keinen Anlass dazu.

Aber auch auf meinem Weg nach Hause, entlang der viel befahrenen Balanstraße, fühle ich mich bedrückt. Es ist kalt und nass, und ein Laster rast so dicht an mir vorbei, dass ich über und über mit schmutzigem Regenwasser bespritzt werde.

Nach meinem Einkauf bin ich froh, wieder in unserer kleinen Wohnung zu sein. Als ich auf die Uhr sehe, ist es fünf. Noch eine Stunde, bis Oliver zurück ist. Selten zuvor habe ich mich so nach ihm gesehnt wie heute.

Ich setze Wasser für den Reis auf. Anschließend fange ich an, die Pilze zu putzen und zu schneiden, gieße Öl in die Pfanne und brate eine Zwiebel an. Die Küche beginnt nach Essen zu duften. Wenn ich koche, vergesse ich meine Sorgen. Die Handgriffe, die mir von Kind an vertraut sind, beschäftigen mich. Kochen ist für mich wie eine Art Meditation.

Vor zwei Wochen überraschte ich Oliver mit einem traditionellen kurdischen Essen. Auf dem Tisch standen lauter kleine Schüsseln mit Vorspeisen wie Çaçik, Auberginencreme und geraspelte Karotten mit Joghurt. Anschließend servierte ich Köfte und zum Nachtisch süßes Baklava.

In der Küche roch es genau wie damals bei uns in Berlin. Meine Mutter hat mir ihre Kochkunst beigebracht. Sie zeigte mir, wie man Auberginen pürieren muss, um aus ihnen eine zarte Creme zu machen, oder wie aus Joghurt, Gurken und Minze Çaçik entsteht. Ich erinnerte mich an ihre geschickten Hände, die in wenigen Minuten aus Mehl und einer Tasse Olivenöl den Teig für Fladenbrot zubereiteten. Anschließend führte sie mir vor, wie der Teig ausgerollt wird. Er darf nicht zu dick sein, sonst schmeckt er nicht. Aber er darf auch nicht zu dünn sein, sonst wird das Brot zu trocken und zerbricht. Und ich sah vor mir, während ich in der Münchner Küche für Oliver kochte, wie meine Mutter und ich gemeinsam bei der Feuerstelle im Garten standen und sie mir beibrachte, das Fladenbrot genau im richtigen Moment zu wenden, bevor es schwarze Stellen bekam. Meine Mutter war stolz auf mich, weil ich geschickt war und schnell lernte. Meine gefüllten Auberginen waren sogar besser als ihre, und mein Vater bestand darauf, dass nur noch ich sie zubereiten durfte.

Oliver war begeistert von den vielen Leckereien, aber ich brachte keinen Bissen hinunter. Auch heute empfinde ich schon den ganzen Tag keinen Hunger.

Um kurz vor sechs ist die Reispfanne fast fertig. Ich schalte den Fernseher ein, um mir die Wartezeit zu verkürzen. Aber das Programm lenkt mich nicht ab. In meinen Gedanken bin ich bei Oliver. Das ungute Gefühl ist noch immer da.

Ich muss zum Glück nicht länger warten, nun höre ich, dass Oliver die Tür aufschließt. Ich springe auf und laufe ihm entgegen. An seinem Gesichtsausdruck erkenne ich sofort, dass etwas passiert sein muss. Ich nehme ihn in den Arm. »Was ist passiert?«

Aber er drückt mich sachte von sich und setzt sich auf das Sofa.

Ich habe Angst vor seiner Antwort. Mein Kopf ist leer, ich ahne nur, dass etwas Furchtbares geschehen sein muss. Wenn Oliver müde und erschöpft von der Akademie kam, hatte ich jedes Mal Angst, dass er sich vielleicht doch gegen mich und für ein leichteres Leben entscheiden könnte. Letztlich waren das aber immer nur meine Phantastereien gewesen, meine übertriebenen Ängste.

Dieses Mal aber muss wirklich etwas vorgefallen sein. Ich bemerke, dass Olivers Lippen beben. »Sag, was ist denn los?«, wiederhole ich meine Frage, auf die er auch dieses Mal nicht reagiert.

Schließlich wendet er mir sein Gesicht zu. Tonlos sagt er: »Dein Vater hat mich auf meinem Handy angerufen.« Seine Worte knallen gegen meinen Kopf, hämmern sich mir in den Schädel. Es ist wie ein Blitz, der mich trifft. »Wie kann das sein …?«, stammele ich. »Meine Familie weiß doch gar nichts von dir?«

»Doch, sie haben es herausgefunden. Alles. Sie wissen auch, dass du bei mir bist. Dein Vater hat nach der Festnetznummer verlangt. Er wird sich melden, er will mit dir sprechen. Noch heute.«

Meine schlimmsten Befürchtungen sind wahr geworden. Wie ein schlechter Traum kommt mir all das vor. Ich habe doch alle Spuren beseitigt, alle Hinweise aus dem Weg geräumt! Wie konnte meine Familie nur herausfinden, wo ich bin?

»Ich verstehe das nicht«, sagt Oliver, wie zu sich selbst. Bis zu diesem Zeitpunkt hatte ich ihn noch nie so verstört gesehen. Er steht auf, geht in das Schlafzimmer und kommt kurz darauf in seinen Joggingsachen wieder.

»Ich bin gleich wieder da«, sagt Oliver.

»Mach dir keine Sorgen. Ich rede mit ihnen.«

Kurz darauf fällt die Tür ins Schloss und ich bin allein.

Mein Blick fällt auf die Pfanne mit dem Pilzrisotto. Ich denke, dass wir es heute bestimmt nicht mehr essen werden. Im gleichen Moment erschrecke ich über die Banalität meiner Gedanken. Wie kann ich in einem derartigen Augenblick über so etwas nachdenken?

Der Boden unter meinen Füßen entgleitet mir, als zöge ihn mir jemand weg. Von einem Moment auf den anderen habe ich den Halt verloren, den mir meine neue Freiheit gegeben hatte. Das Leben, das ich mir erträumt, für das ich alles aufgegeben hatte – ich sehe es dahinschwinden.

»Meine Familie will mich zerstören«, fährt es mir durch den Kopf. »Wieso können sie mich nicht einfach in Ruhe lassen? Sie haben kein Recht, über mich zu bestimmen!« Ich fühle mich so machtlos. Nichts kann ich jetzt tun. Wieder einmal muss ich reagieren. Ich will aber agieren, mein Leben selbst in die Hand nehmen!

Mit aller Kraft schlage ich gegen die Lehne der Couch. Ich dresche meine Wut und meine Verzweiflung in das weiche blaue Polster, immer und immer wieder. Ich lasse meinen Gefühlen freien Lauf, schreie meinen Hass aus mir heraus, brülle gegen meine Ohnmacht an. Und dann beginne ich vor Erschöpfung nur noch leise vor mich hin zu wimmern.

Erst als ich höre, dass Oliver nach Hause kommt, husche ich ins Bad. Ich will es ihm nicht noch schwerer machen, indem ich ihm meine Verzweiflung zeige. Das kalte Wasser, das ich mir über mein Gesicht laufen lasse, beruhigt mich. Ich kämme mir die Haare zu einem Zopf und lege frisches Make-up auf. Meine Eltern haben mich gefunden – und ich schminke mich! Aber mit Puder und Wimperntusche gewinne ich auch ein Stück Fassung zurück. Zudem soll Oliver nicht sehen, dass ich geweint habe.

Als ich wieder aus dem Bad komme, sitzt Oliver in seinen Joggingsachen auf dem Sofa. Genau wie zuvor starrt er fassungslos auf die Wand. Erst als ich ins Zimmer trete, versucht er sich zu sammeln. »Haben sie schon angerufen?«

Ich schüttle den Kopf. »Bitte, Oliver, mach dir keine Sorgen. Mit meinen Eltern kann man reden.«

Er atmet tief aus. »Wieso konntest du das dann nicht machen, bevor du abgehauen bist?« Er sieht meinen entmutigten Blick. »Entschuldige, ich hab das nicht böse gemeint. Ich mache mir nur Sorgen.«

Immer noch stehe ich im Türrahmen.

»Komm, Ayşe«, sagt Oliver schließlich und klopft mit der flachen Hand auf den Platz neben sich. »Setz dich doch zu mir.«

Wieder ergreift Oliver das Wort. »Dein Vater war sehr aufgeregt am Telefon. Er hat mich beschuldigt, dich zur Flucht überredet zu haben. Er glaubt nicht, dass du es allein nach München geschafft hast.«

Ich lache bitter auf. »Ja, das ist typisch für ihn. Er kann und will nicht wahrhaben, dass seine kleine brave Tochter aufbegehrt. Aber ich werde ihm deutlich zu verstehen geben, dass es meine Wahl war, sie zu verlassen. Und dass du damit nichts zu tun hast.«

»Wirst du ihm sagen, dass wir ein Paar sind?« Oliver sieht plötzlich ganz zusammengesunken aus, wie er da so auf dem Sofa sitzt. »Ich denke, das werden sie spätestens seit heute sowieso wissen«, antworte ich ihm, erstaunt über seine Naivität. Jetzt bin ich diejenige, die stark sein muss. Auf keinen Fall darf ich die Nerven verlieren.

»Hat dir mein Vater gesagt, woher er deine Nummer hat?«, frage ich.

»Nein, aber hast du in Berlin vielleicht ein Adressbuch oder einen Zettel mit meiner Nummer darauf zurückgelassen?«

»Ich habe alles weggeschmissen«, antworte ich. »Sie müssen es auf andere Weise herausbekommen haben. Möglicherweise hat uns jemand zusammen gesehen und es anschließend meinen Eltern erzählt.«

»Was werden deine Eltern jetzt machen?«, fragt Oliver nach einer Weile zögernd.

»Sie werden versuchen, mich zurück nach Berlin zu holen. Notfalls mit Gewalt.«

In diesem Moment schrillt das Telefon. Ich zucke zusammen. Schnell stehe ich auf und nehme den Hörer ab. »Hier spricht Ayşe«, bemühe ich mich mit fester Stimme zu sagen. Ich will stark wirken, meine Eltern sollen nicht das Gefühl haben, mir überlegen zu sein.

»Ayşe, verdammt, was soll das?«, höre ich die Stimme meines Vaters. Sie bebt vor Zorn. Als ich die Lippen öffne, um ihm zu antworten, kommt nur ein Schluchzen heraus. Ich kann nicht anders, ich beginne zu weinen. Die ganze Anspannung, die ständige Furcht vor genau diesem Moment hat nun ein Ventil gefunden. Es tut gut zu weinen, aber gleichzeitig verfluche ich mich selbst dafür. »Papa«, sage ich, »es geht mir bestens. Und ich will, dass ihr mich in Ruhe lasst. Ich lebe jetzt mein eigenes Leben.«

Zuerst ist es am anderen Ende der Leitung still. Schließlich höre ich, wie mein Vater sich räuspert. Seine Stimme klingt jetzt noch härter. »Wir wissen, dass du mit einem deutschen Mann zusammen bist. Wir haben auch schon mit seinen Eltern gesprochen. Das ist eine große Schande für uns. Du musst zurückkommen, bevor die Verwandten davon erfahren. Wir verlieren unseren guten Ruf.«

Bei seinen Worten gewinne ich meine Fassung wieder. »Ich bleibe hier. Ihr könnt mich nicht zwingen, zu euch zurückzukehren«, erwidere ich.

Ich höre, wie wütend diese Worte meinen Vater machen.

»Doch, das können wir. Du bist meine Tochter, und deshalb musst du das tun, was wir dir sagen. Du weißt überhaupt nicht, in was für ein Unglück du dich mit diesem Menschen stürzt.«

»Ich stürze mich in kein Unglück. Ich weiß ganz genau, was ich tue. Und es macht mich glücklich.«

»Dieser Mann wird dich irgendwann gegen eine andere Frau austauschen, Ayşe«, entgegnet mir mein Vater. »Und dann bist du ganz alleine, dann hast du keinen Mann, keine Familie und keine Ehre mehr. Dann bist du aufgeschmissen.«

»Oliver ist nicht der Grund, warum ich gegangen bin. Ich hätte euch auch ohne ihn verlassen. Hier kann ich endlich so sein, wie ich bin.« Noch nie zuvor habe ich auf diese Weise mit meinem Vater gesprochen. Jetzt soll er alles erfahren. »Papa, ich habe jahrelang ein Leben geführt, das ich gehasst habe! Ich habe mich immer verstellen müssen! Ich habe so getan, als ob ich mit allem einverstanden wäre. Meine Flucht war schon lange vorbereitet.«

Abrupt beendet mein Vater das Gespräch, ohne sich zu verabschieden. Langsam nehme ich den Hörer vom Ohr. Oliver steht auf, drückt mich fest an sich. Ich beginne wieder zu weinen. Das Schluchzen schüttelt meinen Körper.

Ein paar Minuten später klingelt das Telefon erneut. Diesmal ist meine Mutter dran. »Du undankbares Geschöpf! Wie kannst du so etwas zu deinem Vater sagen!« Ihre Stimme hat einen hysterischen Ton. Fast schreit sie. »Verflucht soll der Tag sein, an dem ich dich geboren habe! Dein Vater grämt sich jeden Tag. Er schläft sogar in deinem Bett.« Sie macht eine Pause, um Luft zu holen, danach versucht sie weiter, mir ein schlechtes Gewissen zu machen: »Auch deine Geschwister fragen, wo du bist. Sie weinen, weil sie Angst um dich haben. Die Verwandten erkundigen sich nach dir. Wir müssen sie anlügen, Ayşe. Wir tun das nur für dich. Um dein Gesicht zu wahren. Aber lange geht das nicht so weiter. Du gehörst hierher, zu uns.« Wieder unterbricht sie sich, scharf fährt sie fort: »Wenn du nicht freiwillig kommst, holen wir dich.«

Ich bin unfähig, meiner Mutter etwas entgegenzusetzen. Sie ist so aufgebracht, dass meine Worte an ihr wie an einer Mauer abprallen würden. Meine Erklärungen würde sie nicht hören, auch nicht hören wollen.

»Ayşe! Hast du verstanden, was ich gesagt habe?«, keift sie ins Telefon.

»Ja, Mama, das habe ich«, antworte ich kleinlaut.

Noch einmal versuche ich, entschieden aufzutreten: »Ihr könnt machen, was ihr wollt. Meine Entscheidung ist gefallen. Ich werde nicht zurückkehren. Das könnt ihr allen sagen.«

Ich höre, wie meine Mutter anfängt, laut zu fluchen. Ich reagiere nicht darauf, sage kein Wort.

Nach einer Weile fasst sie sich: »Glaub mir«, sagt sie,

»wenn wir dich haben, kannst du dich auf etwas gefasst machen.«

An diesem Abend sitzen Oliver und ich noch lange auf der Couch in der Küche. Gemeinsam versuchen wir, einen klaren Gedanken zu fassen, einen Ausweg zu finden. Aber es gelingt uns nicht. Weit nach Mitternacht gehen wir erschöpft schlafen.

Eine Woche lang rechne ich in jeder Minute damit, dass meine Eltern sich erneut melden. Doch sie lassen sich Zeit. Immer wenn ein Auto durch unsere Straße kommt, renne ich auf den Balkon, schaue nach unten, um zu sehen, wer da vorfährt. Die Wohnung verlasse ich kaum noch. Oliver geht seit dem Anruf meiner Eltern nicht mehr in die Grafikakademie, er hat sich krank gemeldet.

»Geh doch raus, du musst nicht den ganzen Tag bei mir sein!«, sage ich ihm immer wieder. Aber Oliver antwortet mir dann: »Und wenn sie genau zu dem Zeitpunkt auftauchen, wenn ich nicht da bin? Das könnte ich mir nicht verzeihen.«

Schließlich kann ich ihn überreden, sein Studium wieder aufzunehmen. Ich mache mir meine eigenen Gedanken. Wie lange wird Oliver ein solches Leben an meiner Seite aushalten?

Als das Telefon klingelt, bin ich gerade dabei, die Wohnung aufzuräumen. Zuerst hatte ich es nicht gehört, weil der Staubsauger so laut war. Erst beim Ausmachen bemerke ich das Läuten. Sofort ahne ich, wer der Anrufer ist.

Als ich abhebe und »Ja, hallo?« in den Hörer sage,

vernehme ich die Stimme von Ismael. Mein Herz schnürt sich zusammen.

»Wo bist du, Ayşe?«, fragt er.

Ich zögere kurz. Dann beschließe ich, ihn anzulügen. »Ich bin verreist, Ismael, mein Schatz. Es wird noch etwas dauern, bis ich dich in die Arme nehmen kann. Aber dann werden wir unser Wiedersehen mit einem großen Fest feiern.« Es tut weh, ihm nicht die Wahrheit sagen zu können. Aber er ist noch so jung, er würde es nicht verstehen. »Kleiner, ich hab dich lieb«, sage ich zu ihm.

»Ich dich auch«, antwortet mein Bruder artig.

Dann nimmt meine Mutter ihm den Hörer aus der Hand. »Ayşe, du hörst doch, wie sehr er dich braucht! Sei eine gute Tochter und komm wieder nach Hause.«

»Mama, ich kann nicht. Verstehst du das denn nicht?«

Die Stimme meiner Mutter verändert sich: »Nein, niemals. Du bringst Schande über uns und dir ist das vollkommen egal!«

Sie versteht mich wirklich nicht. Dieses Mal aber schreit mich meine Mutter nicht an, sie weint nicht und beschimpft mich auch nicht. Als unser Gespräch beendet ist, habe ich ein gutes Gefühl.

Oliver kommt zwei Stunden später, sofort erzähle ich ihm von dem Anruf. »Verdammt«, sagt er bestürzt, »die werden uns nie in Ruhe lassen.«

Ich versuche ihn zu beruhigen: »Vielleicht wird doch noch alles gut. Das Gespräch war eher versöhnlich, Oliver.« Er sieht mich zweifelnd an. Fast bin ich selbst von meinen Worten überzeugt. »Ich glaube, sie haben akzeptiert, dass sie mich nicht zurückkriegen.«

Es ist der 28. November. Oliver wollte um sechs Uhr heimkommen. Wie immer. Aber er taucht nicht auf. Es wird sieben. Ich bin beunruhigt. Draußen auf den Straßen ist es glatt, tagsüber hat es geregnet, jetzt gefriert das Wasser. Hoffentlich ist ihm nichts passiert. Als es acht Uhr wird, verspüre ich Angst. Oliver würde mich nie einfach warten lassen, nie, ohne es mir mitzuteilen. Nicht nach allem, was wir gemeinsam durchgemacht haben. Wenn er einmal später kam, hatte er mich bisher immer angerufen und Bescheid gesagt. Aber diesmal bleibt mein Handy stumm und auch das Festnetztelefon klingelt nicht. Mehrmals hebe ich den Hörer ab. Vielleicht habe ich ihn nicht richtig aufgelegt? Ich wähle erneut Olivers Handynummer, höre das Freizeichen, aber er meldet sich nicht.

Hatte er einen Unfall? Ich versuche mich abzulenken, nehme wieder das Buch zur Hand, in dem ich zuvor gelesen habe. Was, wenn mein Vater oder ein Cousin Oliver abgefangen haben? Was, wenn sie ihn bedrohen? Vielleicht haben sie sich so lange nicht gemeldet, weil sie einen Plan hatten. Den Plan, Oliver etwas anzutun und mich auf diese Weise zu zwingen, zurückzukommen.

Eine grauenvolle Vorstellung. Geistesgegenwärtig knipse ich sämtliche Lampen aus und lösche die Kerzen. Das Zimmer soll ganz dunkel sein, so dass man von außen nicht erkennen kann, ob hier jemand ist. Ich stelle mich ans Fenster.

Draußen ist niemand unterwegs. Versteckt hinter dem Vorhang behalte ich die Straße im Auge.

Schon wieder ist da diese entsetzliche Furcht, die mich lähmt, die mich quält und zerreibt. Ich starre nach unten auf die glänzenden Pflastersteine. Am liebsten würde ich davonrennen. Mich einfach irgendwo verstecken. Ganz egal, wo. Im Park, in einem Café oder bei einem Nachbarn. Aber wenn meine schlimmste Befürchtung tatsächlich wahr ist und jemand aus meiner Familie Oliver aufgegriffen hat, dann würde ich lieber sterben, als ihn im Stich zu lassen. Vor Nervosität beiße ich mir meine Finger blutig. Ich zerre an meinem T-Shirt und zerreiße es, ohne es überhaupt zu merken. Immer wieder wähle ich Olivers Handynummer. Meine Finger zittern, wenn ich die Tasten drücke.

Endlich meldet er sich. Ich bin erleichtert, seine Stimme zu hören, aber sie klingt so unnatürlich. »Wo bist du denn? Ist alles in Ordnung?« – »Joaah, alles okay.« Spätestens jetzt weiß ich, dass gar nichts in Ordnung ist.

»Sie sind bei dir, oder?«, frage ich ihn. – »Mmmh.«

»Was soll ich machen?«, frage ich verzweifelt. Am anderen Ende der Leitung schweigt Oliver für einen Moment. Dann flüstert er kaum hörbar: »Geh weg, ganz schnell. Sie sind bald da.« Im Hintergrund höre ich die Stimme meines Vaters, der nach dem Handy verlangt. Schnell beendet Oliver das Gespräch. »Also, Tobi, ich muss jetzt auflegen. Ciao«, sagt er.

Ich bleibe verstört zurück. Meine Familie ist da. Bei Oliver, der deshalb einen anderen Gesprächspartner vortäuschen musste. Mein Vater hat ihn in der Akademie abgefangen. Jeden Moment können sie vor der Tür stehen, hier in der Aignerstraße. Aber wenn ich mich davonstehlen würde, wie Oliver es mir vorgeschlagen hat, dann bliebe er weiter in ihrer Gewalt. Ich darf das nicht zulassen. Wie angewurzelt bleibe ich am Fenster stehen. Aus der Dunkelheit tauchen Scheinwerfer auf. Es ist das Auto meines Vaters.

Ich rühre mich nicht, starre weiter aus dem Fenster.

Sehe, wie mein Vater aus dem Wagen steigt. Er ist nicht allein. Die Beifahrertür geht auf. Zuerst sehe ich nur ein Bein, schwarze Jeans und spitze, braune Lederboots. Aber das genügt schon, um zu erkennen, wer ihn begleitet. Es ist Ali, der Mann, der seine eigene Tochter getötet hat. Zum Glück ist Oliver nicht bei ihm.

Wenige Augenblicke später schellt es an der Wohnungstür. Es ist ein forderndes Klingeln, sie läuten Sturm. Eine Hand schlägt gegen die Tür. »Ayşe, mach sofort auf, wir wissen, dass du da drin bist.« Mein Vater hat seine Stimme kaum unter Kontrolle. Ich bin wie gelähmt. Ich will diese beiden Männer einfach nicht hereinlassen, in mein Zuhause, in mein neues Leben.

Die beiden machen so viel Lärm, dass mein Nachbar auf den Hausflur tritt und ich ihn sagen höre: »Na hören Sie mal, es ist schon spät. Und wenn niemand da ist, dann ist niemand da.«

Ich kann mir die Situation da draußen auf dem Gang gut vorstellen. Ich weiß, wie wütend Ali über diesen Nachbarn ist, der sich in die Angelegenheiten anderer Leute einmischt. Ich weiß aber auch, wie höflich mein Vater sein kann. Durch die Tür höre ich ihn sagen: »Das tut mir sehr Leid, wenn wir Sie gestört haben sollten. Aber wissen Sie, ich suche meine Tochter. Ich habe Angst, dass ihr etwas passiert sein könnte.« Der Nachbar schenkt der besorgten Stimme meines Vaters Glauben. »Machen Sie sich keine Gedanken«, beruhigt er ihn, »ich habe Ayşe heute Nachmittag noch gesehen, als sie mit einer Einkaufstüte zurückkam. Es geht ihr gut. Vielleicht ist sie mit ihrem netten Freund ausgegangen?«

Mein Vater grüßt höflich, und kurz darauf höre ich,

dass sich die Schritte von Ali und meinem Vater entfernen. Nach fünf Minuten verlasse ich die Wohnung und laufe in den Flur, dann die zwei Stockwerke hinunter. Durch das schmale Fenster der Haustür schaue ich auf die Straße. Mein Vater und Ali sitzen im Auto und beraten sich. Sie sind nur etwa fünf Meter von mir entfernt. Etwas weiter entfernt entdecke ich ein zweites Auto. Es ist der graue Golf von Oliver. Und neben Oliver sitzt Osman, mein Cousin.

Jetzt bekomme ich es wirklich mit der Angst zu tun. Oliver steigt aus. Sein Gesicht ist ganz weiß. Ich beobachte, dass er zum Wagen meines Vaters geht, der das Fenster herunterlässt. Jetzt spricht Oliver mit meinem Vater. Was sie sagen, kann ich nicht verstehen. Anschließend läuft Oliver zum Hauseingang. Bevor er die Klinke berührt, gehe ich hinaus. »Ich bin hier!«, höre ich mich sagen.

Alle starren mich an. Ich fühle mich so verloren, wie ich da so stehe. Die Blicke meines Vaters, von Ali und Osman beschämen mich. In Olivers Augen entdecke ich Entsetzen. Darüber, dass ich es gewagt habe, mich freiwillig meiner Familie zu stellen.

Ich stehe einfach da und warte ab. Mein Vater kommt auf mich zu. Als er vor mir steht, holt er aus. Mit einer unwahrscheinlichen Wucht trifft mich seine Hand. Ich stürze zu Boden. Aber ich rapple mich sofort wieder auf.

Oliver will mir helfen, aber Osman, der sich uns ebenfalls genähert hat, hält ihn fest.

Mit bebender Stimme sagt mein Vater: »Du Schlampe! Was tust du deiner Familie an!« Seine Worte verletzen mich. Aber er ist noch lange nicht fertig: »Wie kannst du dich nur derart billig hergeben?« Er sieht verächtlich zu Oliver, der vergeblich versucht, sich aus Osmans Griff zu befreien.

»Ich liebe Oliver!«, rufe ich verzweifelt. »Lasst mich doch endlich mein Leben führen, so wie ich will!«

Ängstlich sehe ich zu meinem Freund. Ich will nicht, dass er sieht, was hier gleich noch geschehen könnte.

»Oliver soll gehen, dann rede ich mit euch«, bitte ich meinen Vater verzweifelt.

»Er ist freiwillig hier«, antwortet mein Vater. Seine Stimme klingt kalt. »Wir wollen nicht mit dir verhandeln. Du kommst mit uns, da gibt es nichts zu diskutieren.«

»Geh bitte fort«, rufe ich Oliver zu.

Fast unmerklich schüttelt er den Kopf. »Ich lass dich jetzt nicht alleine«, gibt er mir dadurch zu verstehen.

Jetzt schreie ich ihn an: »Geh! Verdammt, geh einfach!« Er darf nicht sehen, wie mich mein eigener Vater niederschlägt.

Da schaltet sich Ali ein. »Halt's Maul, dreckige Hure!«, brüllt er mich an und reißt mich an meinen Haaren zu Boden. Wimmernd knie ich vor ihm. Mit voller Wucht tritt er mir mit seinen spitzen Schuhen in den Bauch. Für einen Moment nimmt mir sein Tritt die Luft zum Atmen. »Ich werde nicht mit euch kommen«, presse ich hervor.

Mein Vater zerrt an meinem Handgelenk, zwingt mich aufzustehen. Mir ist so übel, dass ich einen sauren Geschmack im Mund verspüre. Mein Magen ist leer, sonst müsste ich mich sicherlich übergeben. Nun stößt mich mein Vater gegen den Wagen. »Verdammt, Ayşe, komm zur Vernunft«, schreit er mich an. »Du hast keine Wahl.«

Bisher hat Osman geschwiegen. Jetzt sagt er: »Lasst mich mal mit ihr reden.«

Oliver, den er eben noch festgehalten hat, wirft er nun Ali in die Arme. Der packt ihn an den Handgelenken, die er hinter seinem Rücken so fest zusammendrückt, dass Oliver vor Schmerzen das Gesicht verzieht.

Osman geht auf mich zu: »Sei doch vernünftig, Ayşe«, sagt er. Und als er ganz nah bei mir ist, flüstert er mir so leise, dass mein Vater ihn nicht hören kann, ins Ohr: »Du hast keine Chance, Ayşe. Aus unserer Familie kommt man nicht raus.« Er umarmt mich, und ich flüstere zurück: »Aber du hast es doch auch versucht!« Er sieht mich ernst an: »Und wo bin ich jetzt? Ayşe, es geht einfach nicht.«

Im Stillen sage ich mir: »Du kannst es schaffen, dass sie alle wieder gehen. Du hast doch einen Willen.« Aber mit jeder Minute, die ich länger auf der Straße stehe und von meinem Vater und Ali angeschrien werde, zweifle ich mehr daran.

Es ist so kalt an diesem Abend, dass man den Atem sieht. Oliver hat nur eine dünne Jacke an, im Gegensatz zu meinem Vater und Ali, die beide einen langen Mantel tragen. Ich bin auch nur mit Jeans und einem Pullover bekleidet. Ich zittere. Allerdings weiß ich nicht, ob vor Angst oder Kälte.

Ich versuche es noch einmal und sage so laut, dass mich auch mein Vater und Ali hören können: »Ich habe eine eigene Wohnung, ein neues Leben. Und ich bin mit Oliver zusammen, den ich niemals verlassen werde.«

Daraufhin tritt Ali wieder auf mich zu und zerrt mich am Arm. Drohend sagt er: »Jetzt hör mal gut zu, Ayşe. Du gehörst nicht zu einem Deutschen! Du gehörst zu deiner Familie! Hast du denn gar keine Ehre? Wir schämen uns für dich.«

Wir schämen uns für dich! Scham, Ehre – ich kann es nicht mehr hören. Es ist so verlogen. Es geht hier doch gar nicht um mich und um meine Ehre! Es geht doch immer nur darum, das Gesicht der Familie zu wahren, um den Zusammenhalt. Aus irgendeinem Grund wollen sie mich vor dem Umgang mit den Deutschen und ihrer Kultur schützen. Sie fürchten all das so sehr, dass sie mir jedweden Kontakt verbieten.

Mich packt eine unbändige Wut, die ich dieses Mal nicht einfach schlucken kann, so wie ich es bislang getan habe. Vielleicht ist diese Wut ein Kind der Angst, die mich all meinen Mut zusammennehmen lässt. Ich schleudere Ali meine Verachtung entgegen und brülle ihn an: »Ehre! Dass ich nicht lache. Gerade du, der sein eigenes Kind ermordet hat, sagt das zu mir!«

In demselben Moment, als ich Ali diese Worte ins Gesicht schreie, bereue ich sie auch schon. Es verschafft mir Genugtuung, ihm zu sagen, was ich von ihm denke, aber es hilft mir in meiner Situation nicht weiter. Im Gegenteil, es macht alles nur noch schlimmer. Ich sehe, wie eine Ader auf Alis Stirn anschwillt. Er bebt vor Zorn. Plötzlich stürzt er auf mich zu und schlägt mir ins Gesicht. Der Schlag ist so heftig, dass ich an die Hauswand geschleudert werde. Blut tropft aus meiner Nase. Oliver will mir zu Hilfe kommen. Aber Osman schnappt ihn sich an den Armen und versetzt ihm mit dem Knie einen Schlag in den Magen, der Oliver zu Boden zwingt.

Ich fange an, wie wild um mich zu schlagen. Alles können sie mit mir machen, aber ich lasse nicht zu, dass sie Oliver verletzen. »Sperr ihn ins Auto und bring ihn weg«, ruft mein Vater Osman zu. Der gehorcht, drückt Oliver, der sich immer noch vor Schmerzen krümmt, auf den Beifahrersitz. Anschließend steigt er selbst in den Wagen und fährt davon.

In unbändiger Angst schreie ich mir die Seele aus dem Leib. »Was macht ihr mit ihm? Sagt mir das! Papa, rede mit mir!«

Aber mein Vater drückt seine flache Hand gegen meinen Mund und bringt mich so zum Schweigen. Das Blut, das aus meiner Nase fließt, färbt seine Finger rot. »Sei still, Ayşe, das soll dich nicht interessieren.« Ali kommt meinem Vater zu Hilfe, er drückt meine Arme, mit denen ich immer noch um mich schlage, an meinen Körper. Gegen seine Kraft habe ich keine Chance. Ich gebe auf.

Als mein Vater und Ali bemerken, dass ich verstummt bin und keinen Widerstand mehr leiste, lassen sie mich los. Sofort rufe ich wieder um Hilfe. Da packt mich mein Vater und zerrt mich in sein Auto. Ich wehre mich, trete und kratze und schreie, so laut ich kann. Wieder presst mein Vater seine Hand auf meinen Mund, Ali versetzt mir von hinten einen Tritt. Dann stößt mich mein Vater ins Auto. Ali wirft sich gegen die Tür, so dass ich nicht aus dem Wagen flüchten kann. Mein Vater steigt währenddessen auf der Fahrerseite ein, Ali setzt sich auf den Sitz hinter mir. Mein Vater fährt los.

Im Auto höre ich auf zu schreien. Ich versuche auch nicht, die Wagentür, die mein Vater mit der Kindersicherung verriegelt hat, zu öffnen. Ich sitze einfach da, verberge mein Gesicht in den Händen und schluchze vor mich hin. Meinem Vater kann ich, nach allem, was passiert ist, nicht mehr verzeihen. Er hat kein Recht dazu, mich derart zu behandeln. Von nun an wird mit Sicherheit alles nur noch schlimmer werden. Wie sie mich alle ansehen werden – verächtlich und von oben herab.

Kurz nach Nürnberg tauschen mein Vater und Ali auf einem einsamen Parkplatz die Plätze. »Komm mit nach hinten, Ayşe, du bist doch sicher müde. Du musst dich ausruhen«, fordert mich mein Vater auf. Ich bin immer noch benommen von dem Schock und so entkräftet, dass ich seinen Worten widerstandslos folge. Ich klettere aus dem Wagen, ohne an eine Flucht zu denken, und setze mich neben meinen Vater auf die Rückbank. Ali fährt an. Immer noch kann ich meinem Vater nicht in die Augen sehen. Ich verharre neben ihm und schaue angestrengt aus dem Fenster. Seit mehr als zwei Stunden muss ich jetzt schon weinen. Die Tränen hören einfach nicht auf, mir aus den Augen zu fließen.

Mein Vater zieht mich zu sich, bedeutet mir, meinen Kopf auf seinen Schoß zu legen, und streichelt sanft meine Haare. »Versuche die Augen zu schließen.«

Ich stelle mich schlafend. Aber mein Herz rast unentwegt. Ich muss wachsam sein, aufpassen, wohin wir fahren. Ich habe Angst, dass sie mit mir in den Wald fahren, so wie es Ali damals mit Leila getan hat.

Als wir unsere Hauseinfahrt in Berlin erreichen, ist es vier Uhr morgens und noch dunkel. Immer noch liegt mein Kopf auf den Beinen meines Vaters. Ali und er reden leise miteinander. Ich tue so, als sei ich gerade erst erwacht, und richte mich langsam auf. Panik steigt wieder in mir hoch. Gleich muss ich meiner Familie gegenübertreten! Wie soll es jetzt bloß weitergehen? Was ist mit Oliver? Ich muss ihn anrufen! Ein einziger Gedanke kristallisiert sich heraus: So schnell wie möglich muss ich wieder fort.

Auf dem Weg zur Haustür spüre ich die Kälte. Sie tut mir gut. Ich kann wieder klare Gedanken fassen. Sobald sich mir eine Gelegenheit bietet, laufe ich davon, schwöre ich mir nochmals. Mein Vater schließt die Eingangstür auf, Ali und ich treten hinter ihm ein. Im Wohnzimmer sitzen sie alle: meine Mutter, Nuri, Beriwan und meine Oma. Aysun und Ismael haben sie nicht geweckt.

Schweigend starren sie mich an. Nach einer Weile steht meine Mutter auf, sie läuft auf mich zu. Was jetzt passiert, ist wie eine Generalabrechnung. Sie reißt mich an den Haaren zu Boden, schlägt mit den Händen gegen meinen Kopf, versetzt mir mit ihren Füßen einen, zwei, drei Tritte in den Magen, bis ich mich vor Schmerzen winde und nur noch stöhne. Schließlich sagt sie ruhig, als sei nichts geschehen: »Geh jetzt schlafen. Morgen reden wir.«

Langsam erhebe ich mich. Mein Körper schmerzt, ich spüre, wie das Blut in mir pulsiert. Schwankend stolpere ich aus dem Zimmer, spüre die auf mich gerichteten stummen Blicke meiner Geschwister, meines Vaters und meiner Großmutter. »Was du getan hast, ist nie wieder gutzumachen«, ruft mir meine Mutter hinterher.

In meinem Zimmer lege ich mich angezogen in mein Bett und weine bis zum Morgen.

Um zehn Uhr klopft mein Vater an die Tür, um mich zum Frühstück zu rufen. Dann tritt er ein, ohne auf eine Antwort zu warten. Als er meine verquollenen Augen sieht, küsst er mich auf die linke Wange, die noch von den Schlägen von Ali und meiner Mutter schmerzt. Bestimmt ist sie geschwollen.

»Geh ins Bad und wasch dich, Ayşe«, sagt mein Vater fast zärtlich. »Dann gibt es Kaffee.«

Wie mechanisch erhebe ich mich von meinem Bett, stelle mich unter die Dusche und ziehe mich an. Als ich meinen Schrank öffne, fällt mir auf, dass alles durchwühlt worden ist. Meine Wäsche und meine T-Shirts liegen nicht mehr dort, wo sie immer waren. Auch meine Hefte und Bücher sind durcheinander geworfen worden. Meine Familie konnte aber nichts gefunden haben, ich hatte nichts hinterlassen. Kein Tagebuch, kein Brief und keine Notiz konnte mich verraten haben. Wer oder was aber dann? Mir ist es immer noch ein Rätsel, wie sie mich in München finden konnten. Sie wussten ja damals noch nicht einmal, weshalb ich fortgerannt war.

Ich gehe ins Wohnzimmer, wo meine Familie bereits auf mich wartet. Ismael springt auf mich zu und fällt mir um den Hals. »Da bist du ja wieder, Ayşe! Hast du mir etwas mitgebracht?« Ich versuche ein Lächeln, drücke meinen kleinen Bruder an mich und sage: »Ich habe es dort, wo ich war, vergessen. Leider.« Danach beuge ich mich zu ihm und flüstere ihm ins Ohr: »Aber ich gehe zurück und hole es. Versprochen.«

Ich bemühe mich, die Fassung zu wahren. Ich will keine Schwäche zeigen. Im Gegenteil, ich tue so, als bereute ich meine Flucht aufrichtig. Ich bitte meine Mutter mit ruhigen Worten um Entschuldigung. Ich verspreche ihr, vernünftig zu sein, sage sogar: »Ich sehe ein, dass es das Beste ist, wenn ich Hassan heirate.« Meine Mutter reagiert sofort: »Hassan ist einverstanden, ich habe heute Morgen mit ihm gesprochen und ihm gesagt, dass du zurückgekommen bist. Freiwillig.«

Mein Vater nimmt meine Hand. »Ayşe. Was passiert

ist, muss immer unter uns bleiben. Den Abend gestern, die ganze Zeit, in der du nicht zu Hause warst, die vergessen wir ganz schnell. Sie hat es nicht gegeben. Du warst in der Türkei. Hörst du, Ayşe?« Mein Vater hat seine Hände auf meine Schultern gelegt und sieht mich eindringlich an. »Du musst allen sagen, dass du bei einem Onkel in der Türkei warst, du hast dort Urlaub gemacht. Versprichst du es?«

Ich nicke schwach und wiederhole: »Ich war in der Türkei.«

Dann klingelt es an der Haustür. Ich ahne Furchtbares. Wenn jetzt die Verwandtschaft vor der Tür steht und die sündige Tochter, die reumütig wieder nach Hause zurückgekehrt ist, begaffen will, drehe ich durch.

»Beriwan, mach auf«, befiehlt meine Mutter. Meine Schwester erhebt sich, geht langsam zur Eingangstür.

Als Beriwan wieder das Wohnzimmer betritt, sieht sie erschrocken aus. Es sind keine Verwandten. Hinter ihr tauchen zwei Polizisten auf. Mein Herz macht einen Freudensprung. Wenn mich jetzt jemand hier rausholen kann, dann ist es die Polizei. Und wer konnte sie hierher geschickt haben, wenn nicht Oliver? Das würde bedeuten, dass es ihm gut geht, dass Osman ihm nichts angetan hat!

Der eine Beamte – der ältere von ihnen, ein korpulenter Mann mit Vollbart – räuspert sich: »Guten Tag.« Er sieht sich um. Was er erblickt, ist eine Familie, die einträchtig in einem schönen Haus zusammensitzt und den Morgenkaffee trinkt. Meine Augen sind inzwischen fast abgeschwollen, man wird mir wohl nicht mehr ansehen, dass ich so viel geweint habe. Und auch meine Wangen verraten nichts. Sie sind sicher nur ein bisschen rot – aber das kann man auch für eine gesunde Farbe halten.

»Wir haben einen Anruf erhalten, dass es bei Ihnen zu Streitigkeiten gekommen ist«, fährt der Polizist fort und visiert meinen Vater an.

Sein Kollege, ich schätze ihn auf Ende zwanzig, dreht sich zu mir. »Sie sind Ayşe?« Ich nicke. »Stimmt es, dass Sie gegen Ihren Willen von München hierher gebracht worden sind?«

Darauf bin ich nicht gefasst. Wie kann mich der Mann das nur vor den Augen meiner Familie fragen! Was erwartet er? Soll ich jetzt sagen: Genau, mein Papa hat mich gerade entführt, meine Mama hat mich zur Begrüßung geschlagen. Und jetzt muss ich meinen Cousin heiraten. Das geht doch nicht! Nicht, wenn alle Augen auf mich gerichtet sind.

Meine Mutter sieht mich streng an, der Blick meines Vaters scheint mich zu beschwören, an mein Versprechen zu denken, das ich gerade eben gegeben habe. Meine Oma wirkt so, als lausche sie aufmerksam einem Theaterstück, Nuri dagegen ballt die Faust und sieht mich drohend an. Ismael schaut verstört, er versteht noch nicht, was hier vor sich geht. Und meine Schwestern? Aysun würde mir bestimmt gerne helfen. Aber was kann sie schon ausrichten? Sie sieht bestürzt aus. Beriwan ist anzumerken, dass ihr die ganze Sache einfach nur peinlich ist. Mitleid hat sie nicht mit mir, das weiß ich.

Ich sehe den Polizisten direkt an und sage: »Nein, ich bin freiwillig mitgekommen. Es ist schon alles in Ordnung. Das muss ein Missverständnis sein.«

Für die beiden Beamten muss der Fall doch klar sein! Sie müssen doch merken, dass ich dies nur sage, weil ich nicht anders kann. Aber sie scheinen das nicht zu begreifen.

Der ältere Polizist wendet sich an meine Eltern: »Na, dann entschuldigen Sie bitte die Störung. Einen schönen Tag noch.«

Mein Vater lächelt: »Schon gut. Das macht doch nichts.« Er bittet Beriwan, die Herren wieder zur Tür zu begleiten. Ich kann nicht fassen, was eben geschehen ist. Die Polizei war da und jetzt ist sie einfach wieder gegangen! Tatenlos! Verzweiflung macht sich in mir breit. Die Chance, sofort von hier wegzukommen, ist vertan.

Als die Polizisten fort sind, reden alle durcheinander. Sie überlegen, wer da angerufen haben könnte, was jetzt zu tun sei. Mein Vater nimmt mich zur Seite: »Das hast du gut gemacht, Ayse. Aber ich warne dich: Denk auch in Zukunft an dein Versprechen!« Ich nicke kaum merklich.

Beim Mittagessen redet niemand mehr von dem Besuch der Polizisten. Auch dass ich die letzten Monate nicht bei ihnen gelebt habe, ignorieren meine Eltern völlig. Es ist, als hätten sie beschlossen, alles, was seit Şhirins Hochzeit passiert ist, aus ihrem Gedächtnis zu verdrängen.

Das Schweigen während des Essens quält mich mehr als ihre Beschimpfungen. Ich vermute, dass mich die umfassende Rache meiner Eltern erst noch erwartet. Vielleicht wollen sie mich jetzt erst einmal in Sicherheit wiegen.

Ich bin wieder für den Abwasch zuständig – wie früher. Zum Glück ist niemand von meinem Geschwistern mit mir in der Küche. Auf diese Gelegenheit habe ich nur gewartet. Hier gibt es ein Telefon. Ich wähle Olivers

Nummer, drehe währenddessen den Wasserhahn auf, damit das Rauschen meine Stimme übertönt. Während ich darauf warte, dass Oliver abnimmt, behalte ich die geschlossene Küchentür im Auge. Es darf mich jetzt auf keinen Fall jemand mit dem Telefon sehen.

Oliver ist sofort am Apparat. »Ayşe! Ich bin so froh, dass du dich meldest! Hat die Polizei dich da rausgeholt?«

»Oliver«, antworte ich atemlos, »die Polizei war hier, aber ich konnte ihnen nicht erzählen, was passiert ist. Meine Eltern waren im Raum. Schick sie bitte noch einmal her.« Meine Stimme überschlägt sich fast. Ich sehe durch die milchige Glasscheibe der Küchentür, dass sich jemand nähert. Schnell flüstere ich noch in den Hörer: »Sie sollen mich mit aufs Revier nehmen!« Hastig lege ich den Hörer auf.

Meine Mutter kommt langsam auf mich zu. Auch wenn ich mich an der Spüle nicht umdrehe, erkenne ich sie doch an ihren Schritten. Dann spüre ich eine Umarmung. Ich bin wie versteinert. Sie beginnt zu weinen.

»Ach, mein Liebling«, seufzt sie, »es tut mir Leid, was passiert ist. Ich weiß, ich bin verrückt, ich bin brutal, aber ich bin eben deine Mutter. Lass uns noch einmal ganz von vorne anfangen, ja?«

Ihre Arme auf meinen Schultern lasten auf mir wie zehn Tonnen Blei. Ich versteife mich. Am liebsten würde ich sie von mir stoßen und wegrennen. Meine Mutter wartet auf eine Antwort. Aber ich schweige.

Sie räuspert sich, ihre gelösten Gesichtszüge verhärten sich wieder. Schließlich lässt sie mich los, dreht sich wortlos um und geht schnellen Schrittes aus der Küche.

Ich liege auf meinem Bett, als es eine halbe Stunde später erneut an der Haustür schellt. Mit einem Ruck setze ich mich auf und atme tief ein. »Bitte, lieber Gott, lass es die Polizei sein«, bete ich leise. Dann trete ich aus meinem Zimmer und schleiche mich lautlos in die Diele, um zu sehen, wer zu uns kommt.

Es ist tatsächlich die Polizei! Mein Vater hat ihnen geöffnet. Dieses Mal entschuldigen sie sich nicht für die Störung, sondern erklären nur kurz angebunden: »Wir haben noch ein paar Fragen an Ihre Tochter. Wir müssen sie mitnehmen.«

Ich fasse all meinen Mut zusammen und steige langsam die Treppenstufen hinab. Dabei spüre ich den Blick meines Vaters. Ich sehe ihn nicht an.

Der jüngere Polizist fordert mich auf, Schuhe und Jacke anzuziehen. Sein Kollege beginnt, mit meinem Vater zu diskutieren. Ich höre kaum hin, reagiere wie in Trance, ziehe rasch meine Schuhe an, hole meine Jacke von der Garderobe.

Von dem Gespräch zwischen dem Polizisten und meinem Vater fange ich nur Wortfetzen auf. Mein Vater sagt etwas, daraufhin entgegnet ihm der Polizist: »Sie können nicht mitkommen, wir müssen Ihre Tochter allein verhören.«

Fremden gegenüber bleibt mein Vater normalerweise immer höflich und ruhig. Jetzt allerdings ist seine Stimme aufgebracht und laut. Ich höre, dass er auf Kurdisch flucht und beginnt, den Polizisten zu beschimpfen: »Wer gibt Ihnen das Recht, meine Tochter einfach mitzunehmen? Mischen Sie sich doch nicht in fremde Angelegenheiten ein. Sie haben überhaupt keine Ahnung! Hauen Sie ab!«

Während der ältere Polizist versucht, meinen Vater zu beruhigen, führt mich sein junger Kollege zum Polizeiauto.

Meine Knie sind zittrig, als wir den Kiesweg entlanglaufen. Vor Aufregung stolpere ich. Fast wäre ich gestürzt.

Beriwan steht oben auf dem Balkon und sieht auf uns hinunter. Seit ich in Berlin bin, haben wir kein Wort miteinander gesprochen. Still beobachtet sie alles.

Wenige Minuten später kommt der zweite Polizist aus dem Haus. Sein Schritt ist energisch. Er reißt die Autotür auf, setzt sich neben seinen Kollegen, dann fahren wir los. Ich drehe mich noch einmal um. Durch das Rückfenster sehe ich, wie mein Vater hektisch in sein Auto steigt. »Er kommt«, rufe ich aufgeregt. »Mein Vater folgt uns!«

»Machen Sie sich keine Sorgen«, sagt der Polizist hinter dem Steuer, »bei uns sind Sie sicher.« Trotzdem gibt er Gas. Ein paar Minuten vor meinem Vater erreichen wir die Polizeiwache. Gerade rechtzeitig, so dass ich ihm nicht noch einmal über den Weg laufen muss. Die Polizisten führen mich in ihren Aufenthaltsraum.

»Setzen Sie sich doch bitte«, sagt der Polizist, der eben mit meinem Vater geredet hatte. Er zwinkert mir freundlich zu. »Keine Bange, wir finden schon eine Lösung.« Ich nicke, fast abwesend.

»Wollen Sie etwas trinken?«, fragt er. Ich schüttle den Kopf.

Da höre ich die Stimme meines Vaters durch den Flur hallen.

Selbst hier drinnen sind seine Flüche deutlich zu vernehmen. Ich schäme mich und gleichzeitig pocht mein Herz vor Angst.

Der jüngere Polizist steht auf. »Ich sehe mal nach dem Rechten«, sagt er und verlässt den Raum.

Sein Kollege sitzt mir gegenüber. Er ignoriert den Lärm, den mein Vater beim Pförtner verursacht. »Entschuldigen Sie bitte«, sagt er, »ich habe mich noch gar nicht vorgestellt. Mein Name ist Lukas Viehmann.« Er gibt mir die Hand. »So, jetzt erzählen Sie mal. Was ist eigentlich passiert?«

Herr Viehmann ist der erste Mensch nach Oliver, dem ich meine Geschichte anvertraue. Ich erzähle ihm von Hassan, den ich heiraten soll, und von Oliver, mit dem ich nicht zusammen sein darf, weil er ein Deutscher ist. Und ich berichte von meiner Flucht und von dem jähen Ende meiner Freiheit, als mein Vater vor meiner Wohnungstür in München stand, um mich mit Gewalt zu holen.

Als ich fertig bin, hat Herr Viehmann die Stirn in tiefe Falten gelegt. »Das Beste ist, Sie bleiben die nächste Zeit über erst einmal in einem anonymen Frauenhaus. Dort können Ihre Eltern Sie nicht finden.«

Ich bin einverstanden mit dem Vorschlag. Allerdings sehe ich darin keine endgültige Lösung für mich. In einem Frauenhaus bin ich zwar vorübergehend sicher, das stimmt. Aber wie soll es anschließend weitergehen?

Herr Viehmann und ich verlassen die Polizeiwache durch den Hinterausgang. Auf dem Weg nach draußen höre ich, dass der Polizist, der Herrn Viehmann begleitet hatte, immer noch auf meinen Vater einredet.

Das Frauenhaus ist speziell für Fälle wie mich, also für Frauen, die schnell einen Unterschlupf brauchen. Es ist ein Neubau, außer mir ist noch eine Frau mit ihrer Tochter da. Die übrigen Zimmer sind leer.

Genauso verlassen, wie das Haus wirkt, fühle auch ich mich. Herr Viehmann ist wieder davongefahren, er musste zurück zu seiner Arbeit. Aber er hat sowieso schon mehr für mich getan, als es seine Pflicht ist.

Nachdem mir ein Zimmer zugewiesen worden ist, rufe ich Oliver an, erst auf unserem Festnetz, dann, als sich nur der Anrufbeantworter einschaltet, auf seinem Handy. Dort erreiche ich ihn. Seit gestern ist auch er in Berlin, bei seinen Eltern, um sich von dem Schreck zu erholen. Wir reden nicht lange, weil ich hören kann, wie sehr er mit den Nerven am Ende ist. Ich sage ihm: »Du musst nicht bei mir bleiben. Wir können erst einmal Abstand halten, bis sich die Lage beruhigt hat.« Ich habe Angst vor seiner Antwort, aber ich will nicht egoistisch sein. Ich könnte es verstehen, wenn er für eine Trennung ist.

»Ich will keinen Abstand zu dir halten. Und ich will mich schon gar nicht von dir trennen«, antwortet er. Mir fällt ein Stein vom Herzen.

Zugleich aber erscheint mir alles vollkommen aussichtslos. Wie soll ich Oliver jemals wieder treffen können? Zurück nach München, das ist nicht möglich. Dort würden meine Eltern sofort wieder auftauchen, um mich erneut zurückzuholen. In eine andere Stadt ziehen? Auch das geht nicht. Oliver hat in München doch gerade eben erst seine Ausbildung begonnen. Und was würde das auch bringen? Meine Familie würde mich erneut suchen, so lange, bis sie mich gefunden hätte.

Ich muss nachdenken. So gerne ich Oliver jetzt bei mir hätte – es ist einfach nicht möglich.

Am Telefon sage ich: »Irgendwann können wir einfach zusammen sein, ohne uns ängstigen zu müssen.« Meine Worte klingen so überzeugt, dass ich selbst beinahe glaube, was ich sage.

»Sei tapfer, Ayşe. Ich bin in Gedanken bei dir.« Olivers Stimme klingt angeschlagen.

»Ich liebe dich«, flüstere ich schließlich in den Hörer. »Ich muss jetzt auflegen.«

Die Nacht über liege ich wach. Meine Gedanken drehen sich im Kreis. Wie soll es jetzt weitergehen? Ich sehe keinen Weg für Oliver und mich. Die einzige Möglichkeit wäre, allein in eine fremde Stadt zu gehen, um dort ein neues Leben aufzubauen. Vielleicht könnte ich mich von dort aus heimlich mit Oliver treffen? Vielleicht müssen aber Jahre vergehen, bis ich endlich mit Oliver zusammen sein kann. Vielleicht wäre ein solches Leben Oliver zu kompliziert. Vielleicht, vielleicht – alle diese Ungewissheiten hindern mich am Schlafen.

Am nächsten Tag erhalte ich noch vor dem Frühstück einen Anruf.

»Hallo, Ayşe!« Ich erkenne die Stimme sofort. Es ist Olivers Vater. Ihn zu hören tut mir gut. Erinnerungen an die schönen Nachmittage, die ich bei ihm und seiner Familie verbracht habe, tauchen bei mir auf. Wir saßen oft auf der Terrasse oder am Wohnzimmertisch, haben über meine Ausbildung gesprochen, über Olivers Zukunftspläne. Viel wurde dabei gelacht. Mir fällt ein, wie sich Oliver einmal über seinen Vater lustig gemacht hatte. Herr Milak ist Allergiker. Als er am Tisch laut niesen musste, hielt Oliver sein Glas und den Tisch fest und tat so, als würde alles gleich umfallen. Herr Milak lachte darüber aus vollem Herzen. Aber jetzt ist er ganz ernst. Seine Stimme klingt sogar nervös, als er sagt: »Ayşe, hast du dir das alles wirklich überlegt? Deine neue Flucht ist doch sinnlos, niemals werden dich deine Eltern einfach gehen lassen.«

Ich traue meinen Ohren nicht! Was ist in Olivers Vater gefahren? Ich atme tief durch, dann sage ich: »Könnten Sie sich vorstellen, ein Leben zu führen, in dem Sie niemals Sie selbst sein dürfen?«

»Aber willst du dein Leben lang ständig auf der Flucht sein?«, entgegnet Herr Milak.

»Lieber renne ich die nächsten zwanzig Jahre vor meinen Eltern davon, als mich noch einmal zwei Minuten von ihnen bestimmen zu lassen.«

In mir kocht die Wut hoch. Wie kann er nur versuchen, mich zu überreden, wieder zu meiner Familie zurückzukehren? Sieht er denn nicht, dass es für mich inzwischen keine Alternative mehr gibt? Flucht ist meine einzige Chance. Auf andere Weise werde ich nie ein selbstbestimmtes, glückliches Leben führen können. So paradox das auch klingt. Mein Entschluss ist gefasst. Und niemand kann mich davon abbringen. Nicht einmal Oliver könnte das mehr. Ich bin bereits zu weit gegangen, um umzukehren.

»Du hast es noch lange nicht geschafft, das muss dir doch klar sein!«, höre ich wieder Herrn Milaks Stimme. »Wie soll es denn für dich weitergehen? In dem Frauenhaus kannst du nicht ewig bleiben. Nach München kannst du auch nicht zurück, wenn du Oliver nicht gefährden willst. Und du musst ja auch von irgendetwas leben.«

»Ich bin ausgebildete Krankenschwester«, werfe ich

ein. Mehr kann ich dazu nicht sagen. »Weshalb wollen Sie mich eigentlich überreden, zu meinen Eltern zurückzukehren?«

Ich höre, wie Herr Milak am anderen Ende der Leitung schwer ausatmet: »Ich will ganz ehrlich sein, Ayşe. Deine Eltern waren bei uns. Sie haben mir gedroht. Gesagt, dass sie Oliver töten werden, wenn du nicht zurückkommst.«

Ich fahre zusammen. Immer hatte ich gehofft, dass meine Eltern nicht so weit gehen würden.

»Geh wieder nach Hause, Ayşe«, versucht es Herr Milak noch einmal. »Sei vernünftig. Das ist besser für uns alle. Auch für Oliver.«

»Will denn Oliver, dass ich wieder heimkehre?« Ich schließe die Augen. Egal, was Herr Milak nun sagen wird, es gibt kein Zurück. Ich werde meinen Weg fortsetzen, notfalls auch allein. Aus meinem einstigen Gefängnis bin ich endgültig ausgebrochen.

»Nein, Ayşe. Ich will das, nicht er. Oliver weiß gar nicht, dass ich mit dir spreche.«

Mehr muss ich nicht wissen.

»Ich überleg es mir, Herr Milak«, sage ich, um das Gespräch zu beenden.

Ich kann die Erleichterung in der Stimme von Olivers Vater hören: »Danke, Ayşe. Auf Wiedersehen.« Er legt auf.

Nach dem Gespräch ist mir nur eines klar: Ich muss das Frauenhaus so schnell wie möglich verlassen. Keine Minute länger darf ich hier verbringen. Plötzlich habe ich Angst, meine Eltern könnten an diesem Ort auftauchen.

Rational ist meine Entscheidung nicht. Anstatt mich

den Menschen – der Polizei oder den Leuten hier – anzuvertrauen, will ich meinen eigenen Weg gehen, will von hier verschwinden, ohne jemandem Bescheid zu sagen.

Eilig ziehe ich meine Jacke an und schleiche mich ungesehen aus dem Haus. Mit der S-Bahn fahre ich zum Bahnhof Zoo. In mir ist inzwischen so etwas wie stoischer Gleichmut oder Fatalismus aufgekommen. Wenn sie mich jetzt kriegen, bin ich geliefert. Das weiß ich. Aber eine Alternative habe ich nicht.

Ich warte, bis der nächste Zug nach München einläuft. Ich habe weder einen Ausweis noch Geld bei mir, nur die Kleidung, die ich trage. Ein Ticket kann ich mir daher nicht leisten. Aus Angst, erwischt zu werden, laufe ich während der Zugfahrt von Abteil zu Abteil und verstecke mich immer wieder für längere Zeit auf den Toiletten. Fast sieben Stunden bin ich unterwegs, aber dem Zugbegleiter begegne ich nicht.

Es ist acht Uhr abends. Gleich erreicht der ICE den Münchener Hauptbahnhof. Das ist mein Plan: Erst werde ich unsere Wohnung in der Aignerstraße aufsuchen. Oliver werde ich dort nicht begegnen. Er ist ja bei seinen Eltern in Berlin. In der Wohnung werde ich schnell ein paar Sachen zusammenpacken, mein Geld einstecken, zurück zum Hauptbahnhof gehen, ein Zugticket lösen und dann in die nächstbeste Stadt fahren, die nur eine Bedingung erfüllen muss: Sie muss weit weg von Berlin sein.

Ich bin allein, aber frei. Mit der S-Bahn fahre ich zum Münchener Ostbahnhof. Wieder habe ich Glück, auch in der S-Bahn werde ich nicht kontrolliert. Vom Ostbahnhof bis zur Wohnung läuft man etwa eine halbe Stunde, jetzt bin ich aber schon fast zwei Stunden unterwegs. Aus Furcht davor, jemand aus meiner Familie könnte mir auflauern, habe ich einen Umweg gewählt. Ich gehe über den Friedhof, entscheide mich für die kleinsten Gassen, schleiche mich über einen Spielplatz, und wenn ich größere Straßen nicht vermeiden kann, drücke ich mich ängstlich an den Hauswänden entlang. Ist eine Straße zu überqueren, sehe ich mich zuvor in alle Richtungen um, dann renne ich auf die andere Seite als wäre ein bissiger Hund hinter mir her.

Es hat begonnen zu regnen. Meine Kleidung ist durchweicht. Ich zittere am ganzen Körper. Seit dem gestrigen Abendessen im Frauenhaus habe ich nichts mehr zu mir genommen. Unterwegs habe ich meine Tage bekommen. Aber ich habe nichts dabei, um das Blut zu stoppen. Ich fühle mich elend und entkräftet.

Als ich mich unserem Wohnhaus nähere, beobachte ich es erst ein paar Minuten lang aus größerer Entfernung. Ich will sichergehen, dass hier niemand auf mich wartet, der mich abfängt und wieder nach Hause bringt. Es ist alles ruhig. Ich husche durch die Toreinfahrt zum Hintereingang. Auch hier warte ich wieder in einem Gebüsch, bevor ich mein Versteck verlasse und die Tür aufschließe. Das Licht schalte ich nicht ein. Im Flur soll es dunkel bleiben, ebenso in der Wohnung. Wie eine Einbrecherin stehle ich mich über die Diele bis zum Bad. Ich will nur kurz duschen, mich aufwärmen und das Blut abwaschen, das an meinen Beinen klebt.

Das heiße Wasser haucht mir wieder Leben ein. Wenn ich nur nicht derart müde wäre. Meine Augenlider sind so schwer wie Blei. Seit achtundvierzig Stunden habe ich nicht mehr richtig geschlafen. In ein frisches Handtuch gewickelt, setze ich mich auf das Bett. Den Oberkörper lasse ich auf die Kissen sinken. Nur kurz die Augen schließen. Ich denke noch, »Bloß keine Zeit verlieren«, dann schlafe ich ein.

Ein schriller Ton reißt mich aus dem Schlaf. Es ist die Haustürklingel. Ich springe aus dem Bett und schlüpfe in meine Kleidung. Wer kann das sein? Mein Nachbar? Oliver? Oder am Ende meine Eltern? Ich bleibe mitten im Zimmer stehen und rühre mich nicht. Um mich herum ist Dunkelheit. Ich habe keine Ahnung, wie spät es inzwischen ist. »Ayşe, wenn Sie da sind, öffnen Sie bitte!« Ich kenne die Stimme nicht, die da durch die Tür zu mir spricht.

»Ich bin Polizist. Ich weiß, was vorgefallen ist. Machen Sie auf!«

Ich weiß nicht, ob der Mann die Wahrheit sagt. Es gibt keinen Spion, durch den ich schauen könnte. Mit klopfendem Herzen öffne ich langsam die Tür. Der Mann hat mich nicht belogen. Er ist tatsächlich Polizist.

»Sagen Sie mal, das können Sie doch nicht machen! Sind Sie des Wahnsinns, hier wieder herzukommen?« Aufgebracht redet er auf mich ein. Ich kann ihm nichts entgegensetzen. Ich wusste ja, welches Risiko ich einging, als ich mich in den Zug nach München setzte. Aber ich wollte mein Leben selbst in die Hand nehmen. Wollte selbst entscheiden.

Der Mann merkt, dass ich den Tränen nahe bin. »Es tut mir Leid, dass ich gerade so barsch war. Aber es ist sehr gefährlich für Sie, sich hier aufzuhalten.« Seine Stimme wird weicher. »Suchen Sie in Ruhe Ihre wichtigsten Sachen zusammen, dann überlegen wir uns eine Lösung für Sie.«

»Gibt es denn überhaupt eine?«, frage ich erschöpft diesen Fremden, der mich wachgeklingelt hat und sich nun in mein Leben einmischt.

Der Polizist sieht mich ernst an. »Das weiß ich nicht.« Schließlich lächelt er ein wenig und fordert mich noch einmal eindringlich auf: »Kommen Sie, Sie müssen schnell packen. So bald werden Sie nicht mehr hierher zurückkommen können.«

Wie mechanisch laufe ich zum Schrank, ziehe eine von Olivers Taschen heraus. Dann lege ich wahllos ein paar Kleidungsstücke und Wäsche hinein, laufe ins Bad, werfe achtlos Zahnbürste, Deo, Schminkutensilien dazu. Das gemeinsame Geld haben Oliver und ich immer in einer Holzkiste in der Küche verstaut. Ich öffne sie und nehme mir zweihundert Euro heraus.

Der Morgen dämmert bereits, als wir das Haus verlassen. Der Polizist trägt meine Tasche. Er räuspert sich.

»Ich heiße übrigens Holger Frey. Ein Berliner Kollege, Herr Viehmann, hat mich angerufen.«

»Herr Viehmann wusste, wo ich bin?«, frage ich erstaunt.

»Er konnte es sich zumindest denken.« Der Polizist lächelt.

»Sie haben ja keine Ahnung, wie sehr Ihr plötzliches Verschwinden aus dem Frauenhaus für Aufregung gesorgt hat.«

Ich schaue betreten zu Boden. Herr Frey fährt fort: »Die Polizei ist sofort zu Ihrer Familie gefahren. Dort haben Kollegen das ganze Haus auf den Kopf gestellt, sämtliche Zimmer nach Ihnen durchsucht. Sie nahmen an, Ihre Familie würde Sie versteckt halten.«

Herr Frey öffnet mir die Autotür und ich setze mich in den Wagen. Als der Polizist den Motor startet, sehe ich die Uhrzeit: Es ist fast halb acht.

Wir fahren zu McDonald's, dem einzigen Laden in der Nähe, der bereits geöffnet hat. Außerdem hält Herr Frey diesen Ort für sicherer als das Polizeirevier. Das grelle Neonlicht, der dampfende Kaffee, der Polizist, der mir gegenübersitzt – das ist Realität, auch wenn mir die Situation wie ein Traum vorkommt. Ich muss mich vor meinen eigenen Eltern verstecken. Ich habe Angst, dass sie mich töten, wenn sie mich finden, weil ich etwas getan habe, was sie mir niemals verzeihen können. Ich habe ihre Tradition mit Füßen getreten. Ich habe mich freigestrampelt. Und ich habe mich entschieden. Endgültig.

Die Polizei war ebenfalls bei all meinen Verwandten, wie mir Herr Frey berichtet. Damit wissen nun auch sie Bescheid. Eine weitere Tür ist somit für mich geschlossen. Meine Ehre ist nun verloren. Unwiederbringlich.

Aber mit jeder ins Schloss gefallenen Tür öffnet sich eine neue. Ich bin gerade dabei, eine von ihnen zu durchschreiten. Allerdings weiß ich nicht, was mich dahinter erwartet und wie steinig der Weg noch sein wird. Wird diese Flucht nun die letzte sein? Oder werde ich noch ein drittes, viertes und fünftes Mal meinen Eltern entkommen müssen? Werden mein Vater oder mein Bruder Nuri tatsächlich einmal Hand an mich legen, um die Schande, die ich über sie gebracht habe, zu tilgen? Damit sie ihre Ehre wiedererlangen?

»Wollen Sie Anzeige gegen Ihre Eltern erstatten?« Herr Frey reißt mich aus meinen Gedanken.

Eine Anzeige? Auf diese Idee bin ich noch nicht gekommen.

»Nein, was soll mir das bringen? Ich will sie nicht verurteilen. Oder ihnen schaden. Es sind immer noch meine Eltern«, erwidere ich.

Herr Frey nimmt einen Schluck von seinem Kaffee. »Wissen Sie, was Ihre Eltern getan haben, um herauszufinden, wo Sie sich aufhalten?« Die Stimme des Polizisten klingt bitter. »Sie haben Sie als entführt gemeldet. Anschließend sind sie mit einem Polizeibescheid zu Ihrem früheren Handyladen in Berlin gegangen und haben sich Ihre Rechnungen ausdrucken lassen. Ihre Familie hat gesehen, welche Nummern Sie zuletzt angerufen haben.«

»Das waren die Nummern von Oliver und seinen Eltern«, sage ich aufgebracht.

»Richtig. Ihre Eltern haben zuerst bei der Familie Ihres Freundes angerufen und dort nach Ihnen gefragt.«

»Haben die Milaks etwa unseren Wohnort verraten?«, rufe ich entsetzt.

Herr Frey schüttelt den Kopf. »Nein, sie sind gleich misstrauisch geworden. Die kennen ja Ihre Geschichte.«

»Und daraufhin hat mein Vater dann die Handynummer von meinem Freund gewählt?«

Herr Frey streicht sich über den Bart.

»Ja. An der Handynummer konnte man aber nicht erkennen, wo sich der Besitzer aufhält, in welcher Stadt. Aus diesem Grund ist Ihr Vater zu einer Ihrer früheren Kolleginnen ins Krankenhaus gegangen. Sie heißt Melanie Maas.«

Ich erschrecke. Melanie! »Was haben sie mit ihr gemacht?«, frage ich atemlos.

»Sie haben Frau Maas ihr Kind weggenommen. In Berlin liegt eine Anzeige gegen Ihre Eltern vor, wegen Kindesentführung.«

Ich schaue den Polizisten ungläubig an. Ich kann nicht fassen, dass meine Eltern das getan haben.

»Hat Melanie jetzt ihr Kind wieder?« Meine Stimme bebt.

»Ja, das Kind haben sie ihr wiedergegeben. Aber im Gegenzug musste Melanie sagen, wo Ihr Freund und Sie sich aufhielten.«

Ich lasse den Kopf sinken, starre die Plastikoberfläche des Tisches an. Melanie kann ich nicht böse sein, meine Eltern haben sie zu dieser Aussage gezwungen.

Eine Zeit lang verstummt das Gespräch zwischen mir und dem Polizisten.

»Sie sind nicht der erste Fall, den ich in dieser Hinsicht erlebt habe«, beginnt Herr Frey wieder. Er schiebt seinen leeren Kaffeebecher zur Seite. Erstaunt sehe ich ihn an.

»Es gibt viele Mädchen und junge Frauen, die ähnliche Probleme haben wie Sie. Sie erstatten bei uns Anzeige, aber wenige Wochen später ziehen sie wieder zu ihren Familien. Weil der Konflikt beigelegt sei, sagen sie. Familienintern geregelt.«

Herr Frey runzelt die Stirn. »Ich weiß dann jedes Mal, dass das nicht stimmt. Die Wahrheit ist, dass die Mädchen zu dieser Erklärung gezwungen werden. Dass ihre Unterdrückung weitergeht oder noch viel schlimmere Ausmaße angenommen hat.« Der Polizist ist nun direkt, er sieht mich eindringlich an.

»Nicht viele haben den Mut wegzugehen, so wie Sie. Nur eine Frau habe ich getroffen, eigentlich ein Mädchen, die es wagte, konsequent ihrer Familie den Rücken zu kehren. Sie hat es auch geschafft.«

»Wie hat sie das hinbekommen?«, frage ich und denke an Osmans Worte: »Aus unserer Familie kommt man nicht raus.« Vielleicht hat Osman ja Recht. Wenn es ihm schon nicht gelungen ist, die Familie abzuschütteln, wie soll es mir dann erst gelingen?

»Das Mädchen hat Hilfe von einem Wohnheim für junge Frauen erhalten.«

Während Herr Frey dies sagt, ballt er seine Hand zur Faust. »Ich werde dafür sorgen, dass auch Sie diese Hilfe bekommen.«

Wir fahren zu Gisela Stein, einer blassen Frau mit wasserblauen Augen. Sie wirkt streng, aber kompetent.

Zu dritt sitzen wir um ihren Tisch. Ich spüre, dass das Treffen mit dieser Frau vom Sozialamt eine Weichenstellung bedeuten könnte – für ein neues Leben.

Zum zweiten Mal erzähle ich meine Geschichte. Gisela Stein lässt mich einfach reden. Ab und zu nickt sie und notiert sich etwas auf einem Zettel. Herr Frey hört schweigend zu. Als ich mit meinem Bericht fertig bin, sagt die Sozialarbeiterin: »Ayşe, erschrecken Sie jetzt nicht. Aber ich fürchte, Sie müssen wieder nach Berlin.«

Für einen Moment bin ich tatsächlich verstört: Berlin! Nie wieder will ich in die Stadt meiner Eltern. Eine Stadt, in der so viele von meinen Verwandten leben.

Gisela Stein fährt ohne Unterbrechung fort. »Es gibt dort eine sehr gute Kriseneinrichtung, speziell für junge Mädchen aus der Türkei, aber auch aus arabischen Ländern, die Schwierigkeiten mit ihren Eltern haben.«

Nun beginnt sie zu berichten, von den kompetenten Betreuerinnen, die mir dort helfen würden, meine Probleme zu verarbeiten und das Verhältnis zu meinen Eltern zu verbessern. »Das ist eine große Chance für Sie, Ayşe. Sie müssen nur Ihre Einwilligung geben.«

Ich bin immer noch wie betäubt von ihren Worten. Zurück nach Berlin? So nah bei meinen Eltern?

»Bin ich denn dort sicher vor meiner Familie?«, frage ich zögernd.

»Es gibt keinen besseren Ort«, antwortet Frau Stein.

»Aber wenn ich meiner Familie wieder über den Weg laufe?« Noch bin ich nicht überzeugt von dem Vorschlag der Sozialarbeiterin.

»Ayşe, überlegen Sie mal«, beginnt Frau Stein. »Wie viele Möglichkeiten haben Sie? Sie können nicht in München bleiben. Und um in einer anderen Stadt unterzutauchen, benötigen Sie Geld. Das haben Sie aber nicht.« Sie macht eine Pause, schaut den Polizisten an und sagt anschließend: »Außerdem müssten Sie bei einem Ortswechsel Ihr Leben lang auf der Hut sein. Papatya hat einen großen Vorteil, Sie können dort mit Ihren Eltern ins Reine kommen.«

»Und wenn der Plan nicht klappt?«, werfe ich ein. »Ich glaube nämlich nicht, dass mich meine Eltern jemals verstehen werden.«

»Aber wollen Sie diese Chance einfach vertun?«

Ich sehe Herrn Frey an. Er nickt mir zu. Dann schaue ich Frau Stein fest in die Augen. »Also gut. Wann soll es losgehen?«

Fünfter Teil

Sprungbrett in ein neues Leben

Ich rolle erneut in meine Freiheit. Ein eigenartiger Gedanke. Ich sehe mich selbst – ein schwarzer überdimensional großer Ball, der auf den Schienen entlangkullert, schließlich durch einen Tunnel saust, immer weiter, immer schneller. Manchmal holpert es ziemlich schmerzhaft, aber nur so komme ich voran. Es soll ja schnell gehen und ganz ohne Schmerzen geht es wohl nicht.

Mit einem Ruck reißt jemand die Schiebetür zu meinem Abteil auf. Ich schrecke aus meinem Dämmerschlaf auf, fühle, wie ich nach Luft ringe. Unsagbare Angst steigt in mir hoch, Angst, die meine Beine und Hände zum Zittern bringt. »Noch jemand zugestiegen?«, fragt der Zugbegleiter. Erleichtert schaue ich ihn an, dennoch wächst die Übelkeit in meinem Bauch. Wann wird meine Anspannung endlich nachlassen?

Ich bin allein in dem Sechserabteil des ICE in Richtung Berlin. Darüber bin ich froh, denn momentan fällt es mir schwer, in der Nähe fremder Menschen zu sein. Der Zugbegleiter erkennt mich wieder, ich sitze ja schon seit über vier Stunden hier und meine Fahrkarte hat er auch schon kontrolliert. Er lächelt. Ich lächle nicht zurück. »Sie gucken aber ernst«, sagt er. Ich versuche ein schwaches Grinsen, antworten will ich ihm aber nicht.

Was soll ich auch sagen? Dass ich seit meiner ersten

Flucht nach München, die inzwischen über drei Monate her ist, fast jede Nacht einen Alptraum hatte? Dass ich ein zweites Mal vor meinen Eltern davongelaufen bin, von Berlin nach München, und jetzt ein drittes Mal der Familie entrinnen will? Dass mich dabei permanent dieses Gefühl unfassbarer Einsamkeit begleitet? Und dass dieses Gefühl keine Einbildung ist, sondern bittere Realität? Ich habe nichts und niemanden mehr, keine Heimat, keine Familie. Ich bin komplett entwurzelt, völlig auf mich allein gestellt. Soll ich ihm etwa sagen, wie groß meine Angst vor der Zukunft ist? Davor, dass irgendwann einmal erneut meine Familie vor der Tür stehen könnte, vor welcher auch immer, um mich zu holen, nach Hause zu schleifen und gegen meinen Willen mit einem Mann zu verheiraten, den ich nicht liebe? Dass ich dann ein Leben führen müsste, in dem ich niemals wieder froh sein könnte? Soll ich ihm sagen, dass ich mich davor fürchte, dass ein Cousin von mir auftaucht, mit dem Auftrag, mich zu ermorden? Ein Cousin, der geschickt wird, um die Ehre der Familie zu retten, und der noch so jung ist, dass er der Höchststrafe im Gefängnis entgeht? Dass das alles keine übertriebenen Ängste, keine panischen Gedanken sind, sondern Wirklichkeit? Denn genau das kann hier mitten in Deutschland passieren, auch wenn mir das dieser Zugbegleiter niemals glauben würde.

Aber was weiß er schon! Von dem Leben, das ich jahrelang geführt habe, wissen ja nur Oliver und die beiden Polizisten in München und Berlin. Und Frau Stein. Mein Privatleben ist ansonsten eine reine Familienangelegenheit, meine jesidischen Verwandten machen alles unter sich ab, sie lassen kaum etwas an die Öffentlichkeit dringen. Der Zugbegleiter zögert. Ich habe den Eindruck, er will etwas Aufmunterndes sagen. Aber er weiß nicht, was. Mir ist das egal, ich will nur wieder allein sein. Nachdenken.

Draußen ist es schon stockfinster. Auf meiner Uhr ist es gleich sechs. Die frühabendliche Winterdunkelheit macht mich müde. An meinem Abteil laufen zwei Mädchen vorbei, ich schätze sie auf Anfang zwanzig. Sie sind ganz anders als ich. So unbeschwert. Neidisch bin ich nicht, aber traurig. So war ich nie, so werde ich nie sein. Sicher fahren sie nach Berlin, um in Clubs zu gehen, um zu tanzen, die Szene zu erkunden. Ich dagegen habe einundzwanzig Jahre in Berlin verbracht, aber in einem Club war ich noch nie.

Ich ziehe die Vorhänge meines Abteils wieder zu und setze mich zurück an meinen Platz am Fenster. Draußen ziehen Lichter an mir vorbei. Ich habe keine Ahnung, wo wir inzwischen sind. Es sind nur noch zwei Stunden bis Berlin. Dann bin ich wieder in der Stadt meiner Familie. In der Nähe der Menschen, vor denen ich gestern geflohen bin. Es kommt mir seltsam vor, dorthin zurückzukehren. Aber Frau Stein sagte mir, dass es in dem Heim in Berlin für mich am sichersten sei.

Ich ziehe meine mit Kunstfell gefütterte Jacke enger um meinen Oberkörper. Mich friert, dabei ist das Abteil gut geheizt. Das gleichmäßige Brummen des Zuges macht mich schläfrig, die Augen fallen mir zu, Bilder tauchen in meinem Halbschlaf auf, sind aber gleich wieder verschwunden. Das Brautpaar. Meine Cousine Şhirin im weißen Kleid und mit den Blüten im Haar. Ihr Bräutigam Ibo, der sie bei der Zeremonie küsst. Die Kinder, die die Süßigkeiten vom Boden aufsammeln. Die Gäste, die an den Tischen sitzen. Meine Cousinen, die sich rausschleichen, sicher, um heimlich zu rauchen. Und mein Vater, der mich ansieht und mir sagt, wie schön ich aussehe. »Amüsier dich doch ein bisschen« – das war das Letzte, was er zu mir gesagt hat. Mein Vater wollte immer, dass wir uns nicht zu schämen brauchten. Wir sollten stolz und selbstbewusst sein. Uns nicht verstecken. Ich bin seinen Worten gefolgt, aber sicher nicht so, wie er es sich vorgestellt hatte.

Berlin, Zoologischer Garten. Instinktiv wache ich auf. Der Zug fährt in die beleuchtete Halle ein. Schnell packe ich die Reisetasche. Die beiden Mädchen, die ich zuvor beobachtet hatte, steigen mit mir aus. Eine von ihnen, die Braunhaarige, wird von einem Jungen abgeholt. Sicher ist das ihr Freund. Er hat eine rote Rose dabei. Höflich begrüßt er erst das blonde Mädchen, bevor er seine Freundin umarmt und küsst. Wie die beiden sich freuen, sich wiederzusehen. Mein Hals schnürt sich zusammen. Der Bahnsteig ist fast leer. Es warten kaum Menschen auf die Angekommenen. Mich soll eine Frau Neumann abholen. Groß, Brille, dunkelblondes kurzes Haar, neununddreißig Jahre alt. So hat sie sich am Telefon beschrieben, außerdem wollte sich Frau Neumann eine rote Tasche umhängen, damit ich sie leichter erkennen kann. Jetzt sehe ich niemanden, auf den diese Beschreibung zutrifft. Ich merke, wie Panik in mir hochsteigt. Da ist wieder dieses Gefühl absoluter Hilflosigkeit und die Angst davor, doch noch meinen Eltern in die Arme zu laufen. Am liebsten würde ich jetzt wegrennen, mich in das Wartehäuschen am Bahnsteig flüchten und unter den Bänken verkriechen. Aber dann würde ich Frau Neumann bestimmt verfehlen. Ich zwinge mich, noch einmal den Bahnsteig abzusuchen. Um mich zu beruhigen, wiederhole ich leise Frau Steins Worte: »Sie sind bei Papatya sicher. Ganz bestimmt.«

Ist es möglich, dass in der Nähe jemand ist, den ich kenne? Vielleicht hat die Person mich schon gesehen, ist auf dem Weg zu mir oder steht bereits hinter mir. Ich drehe mich hektisch um.

Eine blonde Frau steht vor mir. »Ayşe?« – »Ja«, sage ich leise und versuche ein Lächeln.

Frau Neumann streckt mir ihre Hand entgegen. »Du kannst mich Susanne nennen, wenn du willst«, sagt sie. Ich nehme ihre Hand. Gleichzeitig weiß ich nicht, was ich sagen könnte. Mein Kopf ist auf einmal wie leer gefegt. Am liebsten würde ich anfangen zu heulen. Aber ich reiße mich zusammen. Ich reiße mich so oft zusammen. Nur manchmal bricht es aus mir heraus, dann kann ich meine Tränen nicht zurückhalten. Das ist mir jedes Mal peinlich. Mein Vater sagte immer, wir sollen tapfer sein, uns zusammennehmen. Diese Worte werde ich wohl nie wieder von ihm hören, trotzdem beiße ich die Zähne zusammen.

»Soll ich dir mit deiner Tasche helfen?«, fragt nun Susanne. Ich gebe ihr den rechten Träger der Reisetasche und wir laufen zur U-Bahn. Ich folge dieser Frau einfach, die mich zu Papatya bringen wird, einem Ort, von dem ich im Grunde nur weiß, dass sein Name türkisch ist und auf Deutsch »Kamille« bedeutet.

In der U-Bahn spricht niemand, die Fahrgäste starren vor sich hin. Ich sehe auf die Uhr. Es ist halb neun. Mir kommt es sehr viel später vor. Obwohl ich im Zug geschlafen habe, fallen mir beinahe die Augen zu. »Bist du sehr müde?«, fragt mich Susanne freundlich. – »Es geht.« – »Hattest du denn eine gute Fahrt?«

Ja, die Fahrt war in Ordnung, denke ich bei mir. Wenn da nicht immer wieder diese Panik gewesen wäre. Die Angst, die mich minutenlang lähmt. Ob ich sie jemals loswerde? Im selben Moment fällt mir Oliver ein. Wie es ihm wohl gehen mag? Noch ist er bei seinen Eltern in Berlin und hat keine Ahnung davon, dass ich nur ein paar Minuten von ihm entfernt bin.

»Ayşe?« Susanne weckt mich aus meinen Überlegungen. »Hattest du eine gute Fahrt?« Sie wiederholt ihre Frage.

»Entschuldige«, sage ich, »ich war gerade in Gedanken. Ja, die Fahrt war angenehm. Ich habe sogar ein bisschen geschlafen.« Ich fühle mich unfähig, ein Gespräch mit ihr zu beginnen. Wenn ich doch nur schon in einem Bett wäre und mir die Decke über den Kopf ziehen könnte.

Zweimal müssen wir umsteigen. Erst in eine andere U-Bahnlinie, anschließend in einen Bus. Ich bin erleichtert – das Heim ist weit entfernt von dem Haus meiner Eltern, dem Kiez meiner Verwandten. Unterwegs beginnt Susanne zu erzählen. Sie spricht über das Heim, über die Mädchen dort, die Situation, in der sie sich befinden. Ich höre ihre Worte, kann sie aber immer noch nicht ganz aufnehmen. »Du musst dein Handy abgeben, das ist sonst zu gefährlich«, höre ich sie sagen. »Um spätestens sieben Uhr abends musst du wieder im Heim sein.« Und: »Am Wochenende ist die Gruppe oft gemeinsam unterwegs, es darf dann keiner allein zurückbleiben.« Die Regeln nehmen kein Ende.

Ich unterbreche sie: »Ich würde gerne Oliver anrufen, wenn ich angekommen bin.«

Susanne schaut mich ernst an. »Ayşe«, beginnt sie, »darüber muss ich mit dir besonders reden. Du solltest Oliver nicht gleich anrufen. Das könnte dich in Gefahr bringen.«

»Aber er wird sich Sorgen machen, er weiß ja gar nicht, wo ich zu erreichen bin«, wende ich ein.

»Deine Eltern werden wieder bei ihm auftauchen, sie werden ihn löchern, fragen, wo du dich aufhältst. Vielleicht wird er bei ihren Drohungen schwach und sagt es ihnen, vielleicht verspricht er sich. Dann bist du gefährdet.«

»Aber Oliver wird mich nicht verraten, ich kenne ihn doch. Er würde niemals etwas tun, was mich in Schwierigkeiten bringen könnte.«

»Das kann schon sein, Ayşe, aber ich kenne Oliver nicht. Und es geht hier auch um die anderen Mädchen. Ihre Sicherheit ist nicht mehr gewährleistet, wenn herauskommt, wo Papatya liegt.«

Schon wieder fühle ich mich wie eine Marionette, wie eine Puppe an durchsichtigen Nylonschnüren, durch die meine Bewegungen und Verhaltensweisen gesteuert werden. Schon wieder kann ich mein Leben nicht selbst lenken, schon wieder werden mir Entscheidungen aus der Hand genommen. Ich will keine Marionette mehr sein, schließlich bin ich einundzwanzig Jahre alt, es muss doch möglich sein, über mich selbst bestimmen, meine eigenen Entscheidungen treffen zu können.

Ich sage nichts mehr. Später werde ich noch einmal mit Susanne reden. Ich muss Oliver anrufen. Er muss doch wissen, dass es mir gut geht!

Als wir aus dem Bus steigen, ergreift Susanne erneut das Wort. »Versuch dir nun den Weg zum Heim zu merken.« Eindringlich fährt sie fort: »Du darfst niemals Passanten nach dem Weg fragen. Wenn du an den Falschen gerätst, kann das lebensbedrohlich werden. Unsere Adresse ist streng geheim.«

Ich komme mir vor wie in einem Film mit Geheimagenten. Es ging alles so schnell – die Entführung, die Polizei vor der Tür, das Frauenhaus, meine zweite Flucht nach München und die Rückkehr nach Berlin. Ich nicke einfach, zu schwach, etwas zu erwidern. Morgen. Morgen werde ich Susanne alles fragen. Ich bezweifle, dass ich den Weg behalten werde. Dafür bin ich zu nervös. Immer wieder werfe ich unruhige Blicke hinter mich. Auch wenn in Berlin fast vier Millionen Menschen leben – die Wahrscheinlichkeit, hier auf einen Verwandten von mir zu stoßen, ist weitaus größer als in München.

Die Strecke von der Bushaltestelle zu Papatya ist nicht weit. Trotzdem kostet mich jeder Schritt Überwindung. Wäre Susanne nicht neben mir, würde ich in meiner Naivität sicher einfach losrennen. Auch wenn ich weiß, dass mir das nicht weiterhilft. Ständig will ich einfach alles hinter mir lassen, vor allem flüchten.

Aber so reiße ich mich zusammen und versuche ruhig zu bleiben. Die Straßen, die wir entlanglaufen, sind dunkel und unbelebt. Die Gehsteige sind mit Autos zugeparkt, von den Häuserfassaden, die mit Graffiti besprüht sind, bröckelt der Putz. Überall liegt der Kot von Hunden, man muss aufpassen, wohin man tritt.

Wir sind angekommen. Ein Heim hatte ich mir immer als ein großes Haus mit einem Pförtner, vielen Zimmern und einem Speisesaal vorgestellt. Susanne bleibt aber vor einem Wohnhaus stehen, das so aussieht wie jedes andere in der Straße auch. Es ist ein altes Gebäude, ein wenig heruntergekommen. Wir gehen in den zweiten Stock hinauf. Das Heim ist in Wirklichkeit eine große Wohnung mit mehreren Zimmern, in denen jeweils zwei bis drei Personen schlafen können. Susanne führt mich durch die Räume. In der Küche sitzen sieben Mädchen, eins von ihnen spielt Gitarre, die anderen sind mit einem Brettspiel beschäftigt. Sobald sie mich allerdings in der Tür stehen sehen, legen sie alles beiseite. Sie haben schon auf mich gewartet.

»Das ist Ayşe«, sagt Susanne, »sie wird von nun an hier wohnen.«

Die Mädchen sind noch so jung! Die Jüngste von ihnen – ein Mädchen mit Brille – schätze ich auf elf, die Älteste auf siebzehn. Keine von ihnen trägt ein Kopftuch oder ist verschleiert. Sie schauen aus wie ich. Man sieht ihnen nicht an, was sie durchgemacht haben oder immer noch durchmachen. Eine Frau kommt auf mich zu, ihrer Hautfarbe nach zu urteilen, scheint sie Türkin zu sein. »Hallo, Ayşe«, sagt sie, lacht mich an und reicht mir die Hand. Ihr Händedruck ist warm, sie legt mir dabei freundschaftlich ihre linke Hand auf die Schulter. »Ich bin Eren, eine Betreuerin.« Eren ist eine kleine Frau um die vierzig, mit einem so herzlichen Lachen, dass ich mich gleich bei ihr geborgen fühle.

Ich entspanne mich etwas. Der Raum strahlt viel Wärme aus: Das Licht ist gedämpft, Kerzen brennen. Der Fußboden ist aus Holz, genau wie die Sitzecke und die Stühle. Blaue Gardinen hängen an den hohen Fenstern. Auf der roten Couch liegen Bücher. Eine Salatschüssel sowie benutzte Teller und Gläser stehen noch auf der Anrichte. Es riecht nach Essen. Erst jetzt merke ich, wie groß mein Hunger ist.

Susanne beginnt, mir die Mädchen vorzustellen. »Maja, Didem, Jasmin, Serap, Bediya, Ayşel und Selma.« Sie nicken mir freundlich zu. Ihre Namen kann ich mir heute bestimmt nicht merken. Zu müde bin ich und zu neu ist alles für mich. Nur bei Jasmin gelingt es mir. Es ist das Mädchen, das ich auf siebzehn geschätzt habe. Sie ist mir sofort sympathisch, weil sie mich so offen anlächelt. Auch ich versuche ein Lächeln und sage: »Danke.«

Eren sieht wohl meinen hungrigen Blick. »Möchtest du etwas essen?«, fragt sie mich. »Wir haben noch etwas für dich übrig gelassen.« Ehe ich michs versehe, sitze ich auch schon an dem braunen Holztisch, vor mir eine Schale mit Salat und eine Portion Kartoffelauflauf. Ausgerechnet Kartoffeln! Nicht, dass ich die nicht gerne äße. Ich esse sie sogar so gerne, dass sie mich daheim immer Kartoffel genannt haben. »Kartoffel, komm mal her«, hieß es immer. Kartoffel – das war irgendwie auch ein Synonym für die Deutschen, weil die, nach Ansicht meiner Familie, immer so viele Kartoffeln essen. Für meine Eltern ist »Kartoffel« eigentlich ein Schimpfwort.

Ich fange langsam an zu kauen. Jetzt kommen sicher die Fragen. Susanne hat noch einen Stuhl an den großen Tisch herangezogen. Nun sitzen sie alle um mich herum, starren mich mit teilweise unverhohlener Neugierde an oder lächeln mit gesenktem Blick den Tisch an. Eren sitzt neben mir. Susanne sagt: »Ayşe ist hier, weil ihre Eltern sie verfolgen. Die Eltern wollen sie gegen ihren Willen mit ihrem Cousin verheiraten. Löchert Ayşe nicht, sie kann euch alles aus freien Stücken erzählen, wenn sie mehr Kraft hat.«

Dafür bin ich Susanne dankbar. Ich will den Mädchen meine Geschichte nicht erzählen. Noch nicht jedenfalls.

Das junge Mädchen mit Brille, ich glaube, ihr Name ist Maja, macht den Anfang: »Woher kommst du? Aus der Türkei?« Ich zögere, kaue schnell zu Ende und antworte ihr: »Ja. Nein. Meine Eltern stammen aus der Türkei, aus dem Südosten. Sie sind Jesiden. Ich selbst bin hier in Berlin geboren und deshalb Deutsche.«

Wie alt bist du? Gehst du noch zur Schule? Was arbeitest du? Hast du einen Freund? Welche Musik hörst du? Die Fragen nehmen kein Ende, auch nicht, als ich schon längst fertig gegessen habe. Manche beantworte ich nicht oder nur ausweichend. Ich muss gähnen. Susanne lächelt. »Genug für heute, ich zeige Ayşe jetzt ihr Bett.«

Das Zimmer teile ich mit Jasmin. Sie war bis zu meiner Ankunft die Älteste und bewohnte das Doppelzimmer allein. Es ist wunderbar, sich endlich wieder lang auszustrecken, unter einer dicken Daunendecke zu liegen und zu spüren, wie der Körper warm wird und die Beine schwer. Ich bin so müde, dass meine Augen brennen und mir ein bisschen schwindelig ist. Aber die Angst vor dem, was noch alles auf mich zukommen wird, hält mich wach. Es ist die Ungewissheit vor der Zukunft: Ich kann ja nicht ewig bei Papatya bleiben. Aber wo werde ich dann hingehen? Und was, wenn Oliver mich vergisst? Bei diesem Gedanken fröstelt es mich. Ich ziehe die Decke enger um mich und beruhige mich selbst: Das wird er nicht, nicht nach allem, was er bereits mit mir durchgestanden hat.

»Ayşe, schläfst du schon?«, flüstert Jasmin, die inzwischen ins Zimmer gekommen ist. Ich rühre mich nicht, liege mit dem Gesicht zur Wand. Dass ich leise weine, kann sie nicht sehen.

Am nächsten Morgen werde ich durch ein sanftes Rütteln an der Schulter geweckt. Es ist Jasmin. Sie steht vor mir in Shorts und weißem Trägershirt, worin sie geschlafen hat. Ihre langen schwarzen Haare breiten sich glatt über ihren Schultern aus. Im ersten Moment weiß ich nicht, wo ich bin. Die Angst, die ich soeben im Traum empfand, steckt mir immer noch in den Knochen.

Das Licht, das hinter Jasmin durch den Vorhang fällt, erhellt das Zimmer. Es ist ein schöner Raum mit hohen Wänden und Stuck an der Decke. Jetzt fällt mir wieder ein, wo ich bin. Unterhalb der großen Fensterflügel prunkt ein weiß lackierter Schreibtisch mit einem seltsam geschwungenen Polsterstuhl. Zwischen den Betten steht ein massiver Holzschrank. Meine Kleidung habe ich darin noch nicht verstaut. Die Tasche, die ich mitgebracht habe, liegt noch unausgepackt neben dem Bett. »Guten Morgen, Ayşe«, sagt Jasmin. »Komm frühstücken.« Dann verlässt sie das Zimmer, wahrscheinlich, um ins Bad zu gehen.

Ich drehe mich auf den Rücken. Mein Laken ist zerwühlt. Mich überkommt wieder diese entsetzliche Furcht, die ich seit meiner Flucht vor mehr als drei Monaten nicht mehr loswerde. Der Traum der vergangenen Nacht fällt mir wieder ein. Er ist noch so nah, dass ich nicht weiß, was davon Realität ist. Alle saßen um mich herum: mein Vater, meine Mutter, meine ältere Schwester und Nuri, mein Bruder. Auch meine Großmutter war dabei, aber diesmal war sie nicht die geheimnisvolle Geschichtenerzählerin, sondern völlig entstellt. Sie blutete aus den Augen und stierte mich unverhohlen an, so wie es die anderen auch taten. Ich lag in meinem Bett in Berlin und fühlte mich von ihnen umzingelt. Alle sahen aus wie monströse Greifvögel, wie schwarze Ungeheuer, die sich mit ihren Krallen an den Pfosten meines Bettes festklammerten. Manchmal schlugen sie mit ihren Schwingen durch die Luft, so dass es einen Sturm im Zimmer auslöste und ihre dunklen Federn mir die Sicht nahmen. Ihr Kreischen klang dabei wie ein höhnisches Lachen. Ich hatte Angst, dass sie mir mit ihren Krallen das Gesicht verunstalten und mit ihren spitzen Schnäbeln die Augen auspicken würden.

Ich will den Erinnerungen an meinen Traum entkommen, deshalb erhebe ich mich mit einem Ruck, um Jasmin ins Badezimmer zu folgen. Als ich mein Gesicht im Spiegel sehe, erschrecke ich. Meine verquollenen Augen sehen mich aus dunklen Ringen an. Ich sehne mich nach einer Dusche. Nach heißem Wasser. Nach der langen Fahrt fühle ich mich schmutzig. Und ich will auch noch ein paar Minuten nachdenken, bevor ich mich zu den anderen Mädchen an den Tisch setze.

Das Wasser, das mir über den Körper fließt, befreit mich vom Schweiß der vergangenen Nacht, wischt mir die angetrockneten Tränen aus dem Gesicht und spült den Staub der Reise aus meinen Haaren. Doch die Bilder der vergangenen Tage werde ich nicht los. Immer wieder taucht mein Vater vor meinen Augen auf. Auch Ali. Und Osman. Mich selbst höre ich schreien, sehe mich wimmernd am Boden liegen. Dazwischen die hasserfüllten Blicke meiner Mutter, das höhnische Lächeln meiner Schwester Beriwan. Ich versuche, die Bilder zu verscheuchen, und konzentriere mich auf das Hellblau des gefliesten Badezimmers. Alles kommt mir so unwirklich vor.

Ich drehe das Wasser ab und steige aus der Dusche. Der Spiegel über dem Waschbecken ist so beschlagen, dass ich mein Gesicht darin nicht mehr erkennen kann. Ich wische den Wasserdampf mit dem Zipfel des Handtuchs ab, in das ich mich gewickelt habe. Unentwegt betrachte ich mein Spiegelbild. Ich weiß nicht, wie lange. Fünf, zehn, zwanzig Minuten? Ich suche nach den Spuren, die die letzten Monate an mir hinterlassen haben. Es muss etwas sichtbar sein. Was passiert ist, hat tiefe Kerben in meinem Inneren hinterlassen. Es kann doch nicht möglich sein, dass ich in meinem Spiegelbild nichts, gar nichts davon wieder finde?

Als ich in die Küche komme, sind die Mädchen schon damit beschäftigt, den Tisch zu decken, stellen Marmelade, Butter, Brot, Kaffee und Zucker auf den Tisch. Mein Blick wandert suchend durch den Raum. Jasmin sitzt auf dem roten Sofa, immer noch in ihren Shorts. Als sie mich entdeckt, winkt sie mich zu sich.

»Nach wem hast du denn gerade Ausschau gehalten? Susanne?« Jasmin kann anscheinend Gedanken lesen. Ich nicke.

»Ist sie nicht mehr hier?«, frage ich.

In diesem Moment kommt Eren zur Küchentür herein. In den Händen trägt sie zwei Tüten H-Milch, die sie wohl aus der Vorratskammer geholt hat.

»Die Betreuerinnen arbeiten im Schichtdienst«, erklärt Jasmin und sieht dabei zu Eren. »Mindestens eine von ihnen übernachtet in der WG, die anderen gehen heim in ihre eigenen Wohnungen. Du musst dich daran gewöhnen, öfter mal ein neues Gesicht zu sehen.«

»Wie viele Betreuerinnen gibt es denn?«

Jasmin legt den Kopf zur Seite. Sie scheint zu zählen. Nach einer kurzen Pause sagt sie: »Insgesamt acht. Aber meistens sind tagsüber immer nur zwei oder drei von ihnen da.«

»Ist das nicht anstrengend, so viele Personen?«, frage ich.

Jasmin beugt sich zu mir und flüstert: »Ich komme nicht mit allen klar. Am besten, du hältst dich an Eren. Sie ist Türkin, aber du hast sie ja schon kennen gelernt. Und an Merem, das ist eine Kurdin, die mag ich am liebsten. Du wirst sie morgen treffen. Ach ja, und Wiebke ist auch wirklich nett, aber sie kann sehr streng sein, genau wie Susanne und Alisha …«

»Ayşe, Jasmin, setzt euch doch!« Erens Stimme unterbricht unser Gespräch freundlich. Die anderen Mädchen sind schon um den Tisch versammelt. Sie warten auf uns. Kaum sitzen wir bei ihnen, nimmt Jasmin ein Stück Brot, bestreicht es dick mit Butter und Erdbeermarmelade und legt es auf den Teller vor mir. »Iss mal.« Jasmin ist jünger als ich, aber sie behandelt mich, als wäre ich ihre kleinere Schwester oder ihr Kind. Ich sehe sie ein bisschen spöttisch an und sage: »Danke, Mama!« Wir lachen beide.

Nach dem Frühstück winkt mich Eren zu sich. »Ayşe, wir müssen zusammen überlegen, wie es mit dir weitergehen soll. Willst du nachher zu mir ins Büro kommen?« So wie Eren mit mir spricht, wirkt sie wie eine erfahrene Freundin.

»Lass uns das doch gleich besprechen«, antworte ich.

Wie ein Büro sieht das Zimmer, in das ich Eren folge, nicht aus. Es wirkt sogar richtig gemütlich mit der großen Eckcouch, dem Sessel und einem niedrigen Tisch davor. Gegenüber der Tür steht ein Schreibtisch mit einem Computer darauf und dahinter ein Regal, das fast von dem einen Ende der Wand zum anderen reicht und voll gestopft ist mit Büchern.

Eren sieht mich an. »Setz dich doch«, sagt sie und bietet mir einen Platz auf der Couch an. Sie selbst lässt sich in dem Sessel mir gegenüber nieder. Ich ziehe die Beine an den Oberkörper, so wie ich es immer tue, wenn ich mich allein fühle, und warte, bis Eren das Wort ergreift.

»Ayşe«, sagt sie, »ich weiß, du hast viel durchgemacht. Vor über drei Monaten bist du während einer Hochzeit vor deinen Eltern weggerannt. Anschließend hast du dich bei deinem Freund in München versteckt, bis dich deine Eltern dort entdeckten und entführten. Du bist ein zweites Mal geflohen und dann zu uns gekommen.« Eren hat einen Ordner vor sich, in den sie immer wieder kurz hineinschaut. Die Angaben hat ihr sicher Frau Stein übermittelt, die Münchner Sozialarbeiterin. Bestimmt steht in dem Ordner aber noch sehr viel mehr. Mir kommt es vor, als sei das, was mir Eren eben vorgelesen hat, nicht meine Geschichte. Ihre Worte klingen hohl, leer, ganz ohne Inhalt. Sie spiegeln so wenig wider, was wirklich geschehen ist. Eren redet weiter, ohne auf eine Reaktion von mir zu warten. »Willst du mit mir darüber reden?«, fragt sie nach einer Weile.

»Aber du weißt doch alles«, entgegne ich ihr erstaunt.

»Ja, die Fakten, die kenne ich.« Eren lächelt mir zu. »Aber deine Gefühle nicht. Erzähl sie mir, wenn du willst.«

Ich merke, wie mir Tränen in die Augen steigen. Jetzt bloß nicht heulen. Ich sehe aus dem Fenster. Bestimmt wirkt diese Geste trotzig oder arrogant. Aber wenn ich jetzt etwas sage, dann weine ich ganz bestimmt.

Eren bemerkt, dass ich den Tränen nahe bin. »Tee?«, fragt sie und erhebt sich aus dem Sessel. Ich sage immer noch nichts, nicke aber. Sie geht aus dem Zimmer. Sicher will sie mir Gelegenheit geben, mich wieder zu fassen. Während sie in die Küche geht, sehe ich mich um. An den Wänden hängen Fotos. Junge Mädchen sind darauf abgebildet, einige mit Kopftuch, die meisten ohne, manche strahlen in die Kamera, andere sehen ernst aus. Neben den Bildern hängen Postkarten. Ich komme mir vor wie beim Arzt, oder besser, wie beim Psychologen. Dabei habe doch nicht ich das Problem, sondern meine Eltern. Sie sind es, die aufgerüttelt werden müssten, ihnen müsste endlich einmal gesagt werden, dass es einen Artikel im deutschen Grundgesetz gibt, nach dem die Freiheit eines jeden Menschen unantastbar ist.

Eren kommt wieder ins Zimmer. Sie trägt ein Tablett mit Tee und Keksen. »Ayşe, du musst mir nichts von dir erzählen, wenn du nicht willst. Aber vielleicht hilft es dir bei deiner Entscheidung, wie es weitergehen soll.«

Eren schenkt uns Tee ein. Sie schiebt mir eine der beiden Tassen hin, lehnt sich selbst im Sessel zurück. Sie drängt mich zu nichts. Ich glaube, ich könnte genauso gut aufstehen und wieder durch die Tür, die sie offen gelassen hat, in mein Zimmer laufen.

Aber ich greife nach der Teetasse, nehme vorsichtig einen Schluck von dem heißen Getränk und erzähle dieser Frau, die ich kaum kenne, zu der ich aber dennoch Vertrauen habe, von meiner Kindheit, von meiner Sehnsucht nach Geborgenheit, von dem Gefühl der Fremdheit, das ich zu Hause immer hatte. Mit jedem Satz, den ich ausspreche, merke ich, wie eine tonnenschwere Last nach und nach von mir abfällt. Ich berichte ihr von den Schlägen, von den vielen bösen Worten, von meinem Versteckspiel und der ständigen Angst.

»Wie willst du dein Leben einmal führen, Ayşe?«, fragt mich Eren schließlich. Bisher hat sie nur zugehört.

»Ich will einfach nur mit Oliver durch die Straßen laufen können, ohne mich vor meinen Eltern fürchten zu müssen.« Ich seufze. »Aber ich sehe nicht, wie das möglich sein soll.«

Eren lächelt mir aufmunternd zu. »Einfach wird das auch nicht werden. Aber wir werden dich unterstützen, den bestmöglichen Weg für dich zu finden.« Die Betreuerin bemerkt wohl meinen skeptischen Blick. »Sprich mit den anderen Mädchen«, sagt sie. »Sie alle sind davongelaufen, weil sie es daheim nicht mehr ausgehalten haben.«

Ich nicke. Gleichzeitig denke ich mir: Aber bestimmt ist bei keiner von ihnen die Situation so ausweglos wie bei mir. In diesem Moment unterbricht Eren meine Gedanken. »Ich mache dir einen Vorschlag, Ayşe. Hör ihn dir erst an, dann sag mir, was du davon hältst.« Ich sehe sie aufmerksam an. Irgendetwas sagt mir, dass diese Frau ganz genau weiß, was gut für mich ist.

»Du solltest dir erst einmal Ruhe gönnen. Zwei Monate vielleicht, in denen du mit keiner Person aus deinem Bekanntenkreis sprichst.«

Ich zucke zusammen. Ihr Vorschlag betrifft ja auch Oliver. Entsetzt entgegne ich ihr: »Das will ich doch gar nicht! Meine Freunde von der Arbeit, Oliver – mit ihnen will ich wenigstens telefonieren können.«

»Das ist natürlich deine Entscheidung, Ayşe. Aber du solltest es dir gut überlegen. Ich arbeite hier schon seit zehn Jahren. Jeder Fall ist selbstverständlich verschieden, aber bei deinen Eltern scheint mir äußerste Vorsicht geboten.« Mit Nachdruck fügt sie hinzu: »Du solltest auf keinen Fall das Risiko eingehen, dass deine Eltern herausbekommen, wo du bist.«

»Wenn ich Oliver verliere, dann habe ich überhaupt niemanden mehr«, sage ich leise.

»Ayşe, ich kann mir vorstellen, wie du dich fühlst. Aber bedenke, dass deine Eltern bereits bei seinen Eltern waren.«

»Vielleicht hast du Recht. Aber wie soll es nach den zwei Monaten weitergehen?«

»Du musst wissen, dass viel in deiner Hand liegt. Wir können dir nur zur Seite stehen, dich beraten.«

»Ich möchte mit meinen Eltern nichts mehr zu tun haben«, antworte ich.

»Vielleicht solltest du mit deinen Eltern reden, wenn ein bisschen Gras über die Sache gewachsen ist. Vielleicht haben sie bis dahin verstanden, wie ernst es dir ist, und sind doch noch zu Zugeständnissen bereit, bevor sie dich ganz verlieren.«

Ich schüttle energisch den Kopf. »Bestimmt werden sie mich auch dann nicht begreifen.«

»Wieso bist du dir da so sicher, Ayşe?«

»Weil es für meine Eltern Schande bedeutet, wenn ihre Tochter mit einem Deutschen zusammen ist. Weil sie innerhalb unserer jesidischen Gemeinschaft das Gesicht verlieren, wenn ich nicht zurückkomme. Weil ihnen ihre Ehre mehr bedeutet als ihre Tochter.«

»Meinst du etwa, die Mädchen hier im Heim hätten nicht ähnliche Probleme? Ich habe schon viele Eltern erlebt, die ihre Ansicht mit der Zeit geändert haben.«

Ich seufze. »Gut, ich will es ausprobieren. Mir fällt auch kein anderer Vorschlag ein.«

Eren bemerkt, wie erschöpft ich bin, und sagt: »Ayşe,

hast du Lust, mit uns zu kochen? Lass uns in die Küche gehen.«

Der Trubel in der Küche holt mich wieder zurück in die Gegenwart. Es ist laut. Die Mädchen haben die Musik aufgedreht, alle reden durcheinander. Eine von ihnen holt Teller aus dem Schrank, die andere schneidet das Gemüse, Jasmin setzt Wasser für Spaghetti auf. Der Rest der Gruppe spielt ein Spiel, bei dem es darum geht, sich gegenseitig zu fangen. Und das alles in einer kleinen Küche!

Das Durcheinander gibt mir Sicherheit. Auch wenn ich nicht so ausgelassen bin wie die anderen Mädchen, die herumflachsen, Witze reißen oder laut zu der Musik im Hintergrund singen, fühle ich mich doch wohl.

Auf einmal bemerke ich, dass sich eines der Mädchen zurückgezogen hat. Sie hat sich an den Tisch gesetzt und schneidet Gurken in kleine Viertel. Ihre Schultern sind nach oben gezogen, der Kopf tief über die Arbeit gebeugt. Mir fällt ihr Name ein. Es ist Maja, die Jüngste aus der Gruppe. Sie sieht einsam aus, wie sie da so kauert. Ich bekomme sofort Mitleid. Ich greife zu Brett und Messer, um den Salat zu schneiden, und nehme neben ihr Platz. »Hallo, Maja«, beginne ich. Das Mädchen sieht auf. Es bemüht sich um ein Lächeln. Seine Augen hinter den dicken Brillengläsern sind ganz verquollen. »Hallo«, sagt Maja so leise, dass ich sie kaum verstehe.

Schweigend sitzen wir nebeneinander. Plötzlich merke ich, wie ihr Körper zuckt. Sie weint. Ich lege ihr meine Hand auf den Arm: »Was ist denn los, Maja?«, frage ich. Doch ihr Schluchzen wird nur noch heftiger. Es schmerzt mich, dieses junge Mädchen so verzweifelt zu sehen.

Nach ein paar Minuten hat sich Maja beruhigt.

»Ich habe gerade mit meinen Eltern am Telefon gesprochen. Jedes Mal, wenn ich mit ihnen rede, geht es mir furchtbar. Meine Mutter sagt, dass ihr alles so Leid tut«, erzählt Maja stockend. »Morgen treffe ich mich mit meinen Eltern. Susanne, unsere Betreuerin, begleitet mich. Sie will mir helfen, meine Eltern zu überzeugen, mich bei meiner Tante wohnen zu lassen.«

Maja wirkt schon ein wenig gefasster, dennoch wage ich nicht nachzuhaken, was ihrer Mutter Leid tun könnte.

»Wie ist das bei dir?«, fragt sie.

»Bei mir? Ich vermisse meinen Freund. Meine Eltern erlauben nicht, dass ich mit ihm zusammen bin.«

Jetzt versucht Maja, mich zu trösten und berührt meine Schulter. Mir ist diese Geste unangenehm. Sie macht den Schmerz, Oliver nicht bei mir haben zu können, nur noch größer. Dazu kommt die Ungewissheit, wann ich ihn wiedersehen kann, die an meinem Herzen zerrt und reißt. Der Gedanke an ihn versetzt mir einen Stich, der so plötzlich und unerwartet kommt, dass er mir für einen Moment den Atem nimmt.

Nach dem Essen tippt mich Jasmin an. »Kommst du mit, eine rauchen?« Ich sage: »Ja« – obwohl ich Nichtraucherin bin. Jasmin nimmt meine Hand und führt mich in unser Zimmer. Zigaretten sind eigentlich nur in der Küche erlaubt, weshalb meine Mitbewohnerin die Fensterflügel öffnet. Jetzt fällt mir auf, wie groß und schlank sie ist. Ich finde sie unwahrscheinlich hübsch mit ihren langen dunklen Haaren, die sie offen trägt, und ihren tiefschwarzen Augen. Nur im Gesicht, da hat sie ein paar

Pickel. Wir setzen uns auf das Fensterbrett, sie bietet mir eine Zigarette einer Marke an, die ich noch nie gesehen habe. »Die sind arabisch, wie ich«, sagt sie und lacht.

Ich lehne dankend ab. »Weshalb bist du denn hier?«, frage ich sie neugierig.

»Ich sollte verheiratet werden. An irgendeinen Trottel, den ich noch nie gesehen habe. Meine Eltern hatten bereits alles arrangiert«, erzählt Jasmin.

»Und dann bist du vor der Hochzeit abgehauen?«

Jasmin nickt.

»Das ist ja wie bei mir«, sage ich. Wir blicken uns an, keine sagt etwas. Aber wir beide wissen sofort, was die andere denkt, was sie durchmachen musste und wie viel Kraft es kostet, hier zu sein und alles hinter sich zu lassen.

Plötzlich klopft es an unserer Zimmertür. Fast im gleichen Augenblick wird die Tür mit einem Ruck aufgestoßen. Es ist Susanne, die jetzt wieder ihren Dienst angetreten hat. »Rauchen ist in den Zimmern verboten!«, ruft sie ärgerlich, sie hat den Qualm bemerkt. »Jasmin, du musst das doch wissen, du bist schließlich schon lange genug hier.« Dann sieht sie mich an: »Ayşe, die Regeln gelten auch für dich. Also bitte, Zigaretten aus!« So schnell Susanne im Zimmer war, so schnell ist sie auch wieder verschwunden. Dass ich gar keine Zigarette in der Hand halte, hat sie gar nicht bemerkt. Jasmin schaut schuldbewusst. »Du hast sicher schon bemerkt, wer von den Betreuerinnen die strengste ist«, sagt sie. Daraufhin prusten wir los. »Ayşe, lass uns eine Runde spazieren gehen, draußen gibt es keine Regeln. Wenigstens fast keine.«

»Ich weiß nicht«, antworte ich unsicher. »Wenn mich jemand sieht…« Ich will die Wohnung nicht verlassen. Was, wenn ich direkt in die Arme meiner Eltern laufe?

»Ayşe, du kannst dich doch nicht dein Leben lang verstecken. Es wird uns niemand sehen, ich verspreche es dir.« Jasmin ändert ihren Tonfall. Ein bisschen spöttisch fügt sie hinzu: »Abknallen können sie dich auf offener Straße nicht.«

»Hast du eine Ahnung«, murmele ich. Ich ärgere mich darüber, dass sie anscheinend nicht begreift, in was für einer Gefahr ich schwebe.

Aber Jasmin zieht mich einfach an der Hand hinter sich her.

»Jetzt komm schon. Wir geben Susanne Bescheid«, sagt sie fast befehlend.

Meine Knie sind ganz weich. Wenn es nach mir ginge, würde ich am liebsten hier im Zimmer bleiben. Aber sie hat Recht. Ich muss den Schritt nach draußen wagen, auch hier in Berlin. Schließlich bin ich gegangen, um mich aus meinem Gefängnis zu befreien, in das mich meine Eltern gesperrt hatten. Ich muss endlich die Angst vor ihnen loswerden. Sonst sitze ich weiterhin in einem Käfig. Wozu bin ich sonst geflohen?

Ich folge Jasmin in die Küche. Was bleibt mir auch anderes übrig?

Susanne wirkt schon wieder ganz gelassen.

»Ja, geht raus, das tut Ayşe sicher gut. Aber bis zum Abendessen um sieben seid ihr wieder hier«, gibt sie uns zu verstehen.

Übermütig läuft Jasmin die Treppe hinunter, mich immer noch im Schlepptau.

Die Straße ist ganz leer, ich sehe keinen einzigen Menschen. Jasmin läuft energisch voraus, ich bleibe immer ein, zwei Schritte hinter ihr zurück. Meine Beine sind wackelig, als wir um die Straßenecke biegen. Schon von weitem sehe ich eine Gruppe Männer, die vor dem Eingang eines Hauses steht. Ich greife nach Jasmins Hand. »Die tun nichts, ignoriere sie einfach«, flüstert sie mir zu.

Beim Vorübergehen schauen uns die Männer nach, einer sagt: »Seht ihr super aus«, und pfeift. Die anderen lachen. Mir ist das unangenehm, aber mehr als die dumme Anmache verstört mich, dass es Kurden sind. Ich erkenne es an ihrer Sprache. Unwillkürlich drehe ich den Kopf zur Seite und laufe schneller.

»He, du weißt doch gar nicht, wo es langgeht!«, ruft mir Jasmin hinterher. Sie lacht, als sie mich eingeholt hat, und sagt: »Aber die Richtung stimmt schon. Wir gehen in den Park.« – »Ist es weit?«, frage ich.

»Nur ein paar Minuten«, antwortet meine Beschützerin. »Oder bist du etwa fußlahm?«

Es ist ein ziemlich trüber Tag. Wir laufen an einem kleinen Platz vorbei. Zwei Penner sitzen dort auf einer Bank und betrinken sich mit Rotwein. In den schmalen Straßen ist alles grau und still, wie eingefroren. Wir biegen wieder um eine Ecke. Ich halte mich eng an Jasmin, gleichzeitig drehe ich mich immer wieder um. Ständig habe ich das Gefühl, es könnte jemand hinter mir herschleichen, mir die Hand auf den Mund legen und mich wegziehen. Aber da ist niemand.

Vor mir erkenne ich eine größere Straße, wir sind fast beim Kurfürstenplatz. Dort reiht sich ein türkischer Obsthändler an den anderen, es gibt Verkäufer, die Ramsch verkaufen, mehrere kurdische Bäcker und etliche Döner-Buden. Mir ist unheimlich. »Jasmin«, flüstere ich, »hier kauft meine Familie auch manchmal ein.«

»Du brauchst deswegen aber nicht zu flüstern, deine Familie kann dich ja nicht meilenweit hören«, sagt Jasmin laut und packt mich an der Hand. Wir rennen über die befahrene Straße, schlängeln uns zwischen den Passanten hindurch, rennen weiter, geradeaus in eine Seitenstraße und biegen schließlich links ab, bis wir zu einem kleinen Park kommen. Hier bleiben wir stehen. Erschöpft und außer Atem lehnen wir uns an einen Baum. Es ist so kalt, dass man unsere Atemwolken sehen kann. Auf dem nahe gelegenen Spielplatz ist es sogar ein wenig nebelig und die Grashalme tragen weiße Raureifspitzen.

Unser Ziel sind die Schaukeln. Beim Gehen steckt sich Jasmin eine Zigarette in den Mund und hält mir wieder ihre Schachtel hin. Ich will auch diesmal keine. Wir setzen uns auf die Schaukeln; es sind große Autoreifen, die an Eisenketten aufgehängt worden sind. Man muss sich rittlings darauf setzen.

Das Schaukeln heitert mich auf. In hohem Bogen sausen wir aneinander vorbei. »Wenn meine Mutter mich jetzt sehen würde – sie hätte sicher Angst, dass mein Jungfernhäutchen reißen könnte«, rufe ich Jasmin zu.

»Das ist ja wohl nicht dein Ernst!«, sagt sie und lässt sich ausschaukeln.

»Doch.«

»Nee, so doof kann die doch gar nicht sein!« Jasmin grinst.

»Ich durfte ja auch nicht Fahrrad fahren.«

»Und du, hast du daran geglaubt?«

Für mich spielt das Thema sowieso keine Rolle mehr. Meine Unschuld habe ich bereits vor drei Monaten verloren.

»Nein, nie«, sage ich fest.

»Du klingst aber so, als wärst du da nicht immer so sicher gewesen.« Jasmin etwas vorzumachen scheint nahezu unmöglich zu sein, obwohl sie jünger ist als ich.

»Aber keine Sorge«, fährt sie spöttisch fort, »meine Eltern haben mir auch nicht erlaubt, auf Bäume zu klettern.«

Nach einer kurzen Pause fragt sie: »Bist du eigentlich noch Jungfrau?«

Ich kann nicht glauben, dass sie mich das fragt. Wir kennen uns doch gerade erst einen Tag! Die Jungfräulichkeit ist in meiner Kultur mehr wert als Schönheit oder Geld. Bist du keine Jungfrau mehr, bist du auch nichts wert. Dabei wird Jasmin ähnlich erzogen worden sein. Ob sie selber noch Jungfrau ist? Wahrscheinlich nicht. Was aber, wenn sie es den anderen Mädchen sagt? Sie hätten bestimmt keine gute Meinung mehr von mir. Ich beschließe, meiner Mitbewohnerin nicht die Wahrheit zu sagen. »Natürlich bin ich noch Jungfrau.«

»Was ist denn daran so natürlich«, blafft mich Jasmin an. »Du bist schließlich schon einundzwanzig. Die meisten Frauen haben es da längst getan.«

»Na gut, ich aber eben nicht«, blaffe ich zurück.

Mein harscher Ton zeigt auch prompt Wirkung. »Es tut mir Leid, ich wollte dich nicht verletzen«, sagt Jasmin entschuldigend.

»Ist schon okay, das hast du auch nicht.«

Schweigend schaukeln wir.

Nach einer Weile fragt Jasmin: »Hast du denn keinen Freund?« An ihrer Stimme kann ich hören, wie neugierig sie ist.

»Hm«, mache ich nur. Ich muss aufpassen, niemand soll mehr über mich wissen als nötig. Jasmin seufzt. »Na, du musst mir ja nichts erzählen. Mein Freund ist Italiener. Kannst du dir vorstellen, was bei mir daheim los war? Meine Mutter ist ausgeflippt und mein Vater hat mich eiskalt vor die Tür gesetzt, als sie mich mit Marco erwischten. Von einem Tag auf den anderen war ich obdachlos.«

»Ich hätte meinen Eltern niemals von Oliver erzählen können«, rutscht es mir heraus.

Jasmin lächelt. »Oliver.«

Warum eigentlich nicht? Jasmin ist nett und wo soll sie schon etwas ausplaudern? Schließlich ist sie hier, weil sie – genau wie ich – auf Hilfe angewiesen ist.

»Ja, Oliver. Wir sind seit einem Dreivierteljahr zusammen, aber meine Eltern wussten bis zu meiner Flucht vor über drei Monaten nichts von ihm.«

»Du hast deinen Freund ein halbes Jahr lang vor ihnen geheim gehalten? Hut ab.« Jasmin pfeift durch die Zähne.

»Ja, das war wirklich nicht leicht.«

Plötzlich springt Jasmin in hohem Bogen von der Schaukel. »Lass uns gehen, mir wird kalt. Ich zeig dir ein Café, da wärmen wir uns auf und du berichtest mir mehr von deinem Oliver.«

Sie geht einfach, ohne sich noch einmal nach mir umzudrehen. So ist Jasmin. Also bremse ich ab und laufe ihr nach. Das Café ist klein und es sind kaum Gäste da. Dadurch ist es überschaubar. Auch wenn meine Familienmitglieder nie in Cafés gehen, könnte es doch sein, dass einer von meinen Cousins zufällig hier vorbeikommt, dass sein Blick durch die Fensterscheibe fällt und er mich dann entdeckt. Bei dem Gedanken fängt mein

Herz schneller an zu klopfen. »Können wir im hinteren Teil sitzen?«, frage ich Jasmin und versuche dabei so locker wie möglich zu wirken. Sie soll nicht merken, wie viel Angst ich immer noch habe.

Jasmin erhebt keine Einwände. Ich setze mich so, dass ich den Ausgang im Blick habe, Jasmin nimmt mir gegenüber Platz und strahlt mich an. »So, jetzt erzähl!«

»Du darfst aber niemandem etwas weitersagen, Jasmin. Das musst du mir versprechen.« Jasmin hebt die rechte Hand und murmelt irgendetwas auf Arabisch. Ich vertraue ihr.

In der nächsten Stunde erfährt meine Mitbewohnerin alles über meine Beziehung zu Oliver. Ich berichte ihr, wie wir uns kennen lernten, schildere die heimlichen Treffen. Ich erzähle von der Zeit, in der ich ohne ihn in Berlin war und einzig auf eine Gelegenheit zur Flucht wartete. Und von den Monaten, die wir in München zusammenlebten.

»Und da habt ihr wirklich nicht?« Jasmin lächelt. »Du weißt schon. Ich nehme dir das einfach nicht ab.«

Ich spüre, dass ich rot werde.

»Hör mal, Ayşe. Das mit Ehre und so vergiss gleich mal. Wir leben im einundzwanzigsten Jahrhundert.«

»Ich nicht«, seufze ich und sehe betreten in meine Cola, die ich in der Zwischenzeit bestellt hatte.

»Doch, du auch, Ayşe. Mach dich endlich frei von den Moralvorstellungen deiner Eltern. Du bist erwachsen.« Jasmin wird richtig energisch.

Ich sehe auf. Eigentlich hat sie Recht. Warum soll ich mich weiter verschließen? Dinge verheimlichen, nur weil ich immer an die Worte meiner Eltern denken muss?

Wenn ich mich wirklich von meiner Familie lösen will, muss ich zu meinen Entscheidungen stehen.

»Ich liebe Oliver«, beginne ich. »Und ich liebe Oliver so sehr, dass ich ihm tatsächlich meine Jungfräulichkeit geschenkt habe«, gestehe ich feierlich.

»Hab ich's doch gewusst«, erwidert Jasmin lapidar. »Aber was redest du da? Du hast ihm deine Jungfräulichkeit doch nicht geschenkt! Das klingt ja gerade so, als hättest du dich geopfert!«

»Natürlich nicht. Es war ja schön mit ihm.«

»Dann sag es auch.«

Draußen ist es inzwischen dunkel geworden. Der Abend ist wie ein schwarzes Tuch, das mich umhüllt und mir das Gefühl gibt, in Sicherheit zu sein, auch wenn ich weiß, dass ich es hier nicht bin.

Während Jasmin und ich im Schein der Straßenlaternen zurück zu Papatya laufen, schweigen wir.

Immerzu denke ich an Oliver. Erst drei Tage ist es her, seit wir uns das letzte Mal gesehen haben. Seit jener Nacht in München, als keine Zeit mehr war für einen sentimentalen Abschied, als ich vor seinen Augen zu Boden geschlagen wurde. Eren hat Recht, ihn anzurufen ist ein zu großes Risiko. Aber er muss trotzdem wissen, dass mit mir alles in Ordnung ist. Und Oliver? Wer weiß, ob es ihm gut geht? Vielleicht ist er es, der – mehr noch als ich selbst – in Lebensgefahr schwebt.

Leila fällt mir ein. Vielleicht hat mir meine Schwester damals die Geschichte der Ermordung unserer Cousine in allen Einzelheiten erzählt, um mich zu erschrecken. Vielleicht, weil auch ihr der grausame Tod von Leila als Warnung von meinen Eltern immer und immer wieder eingebläut wurde. Möglicherweise würden meine eigenen Eltern nie so weit gehen wie Ali. Aber sicher bin ich mir nicht. Sonst würde ich jetzt nicht neben Jasmin durch die Stadt laufen.

In der Küche sind die Vorbereitungen für das Abendessen bereits in vollem Gange. Als ich Susanne sehe, die gerade das Büro betritt, halte ich sie auf.

»Ich muss dringend Oliver Bescheid geben, dass ich nicht in Gefahr bin«, sage ich bittend.

»Hast du nicht mit Eren darüber geredet?«

Ich zucke zusammen. Hat Eren alles, was ich ihr anvertraut habe, an Susanne weitergegeben? Susanne sieht meinen misstrauischen Blick.

»Ayşe, unter den Betreuerinnen gibt es keine Geheimnisse«, sagt sie ernst. »Wir tauschen alle wichtigen Informationen aus, du sollst ja schließlich auch nicht alles immer und immer wieder erzählen müssen. Aber du kannst sicher sein, dass wir nichts ohne Absprache mit dir nach außen tragen. Aber wenn du willst, können wir die Sozialarbeiterin in München anrufen und sie bitten, Oliver etwas auszurichten.«

Ich bin erleichtert. Auf diese Weise gefährde ich Oliver nicht.

»Können wir das gleich tun? Es würde mich beruhigen.«

Susanne nimmt mich mit in das Büro. Dort wählt sie die private Nummer von Gisela Stein. Anschließend reicht sie mir den Hörer:

»Da, sprich du mit ihr.«

»Frau Stein, hier ist Ayşe«, sage ich.

Die Sozialarbeiterin reagiert sofort. »Ayşe! Das ist ja

schön, dass Sie sich melden!« An ihrer Stimme kann ich hören, dass sie sich über meinen Anruf freut – auch wenn sie schon längst Feierabend hat.

»Geht es Ihnen gut?«, fragt sie mich besorgt.

»Ja, Frau Stein. Vielen Dank. Hier sind alle sehr nett zu mir.« Dann komme ich zu meiner Bitte. »Könnten Sie mir einen Gefallen tun?«

»Welchen denn, Ayşe?«

»Würden Sie Oliver anrufen und ihm ausrichten, dass ich in Sicherheit bin? Und dass ich mich nicht bei ihm melden kann, solange meine Eltern mich noch suchen?«

»Er hat schon zweimal angerufen und sich nach Ihnen erkundigt, Ayşe.«

»Wirklich? Woher hat er denn Ihre Nummer?«

»Oliver ist zur Polizei gegangen, die haben ihm gesagt, dass ich Ihnen geholfen habe.«

»Wie geht es ihm?«

»Er ist sehr besorgt um Sie«, antwortet Frau Stein. Sie unterbricht sich, dann sagt sie: »Ihre Familie war übrigens wieder bei seinen Eltern. Sie hoffte wohl, Sie dort zu finden.«

»Haben sie ihm etwas angetan?«, frage ich ängstlich.

»Machen Sie sich keine Sorgen. Oliver und seine Eltern stehen unter Polizeischutz.«

Der Mann, den ich liebe, braucht Schutz vor meinen eigenen Eltern! Wann hört dieser Alptraum endlich auf?

»Können Sie Oliver sagen, dass ich ihn liebe?«, frage ich schwach.

Frau Stein verspricht es.

In der Nacht schlafe ich wieder schlecht. Erneut träume ich von meinem Schlafzimmer bei meinen Eltern. Ich liege im Bett und mir ist unerträglich heiß. Um mich herum lodern Flammen, das ganze Zimmer brennt. Und wieder sind da die schwarzen Raubvögel, die kreischend und drohend in meinem Zimmer lauern. Ihr Gefieder ist zerrupft und blutverschmiert. Aus den Augen der Vögel tropfen dicke rote Tränen. Erst allmählich erkenne ich, dass es Blut ist. Wann immer eine ihrer Tränen in das Feuer fällt, steigt dichter schwarzer Rauch auf, der mir für kurze Zeit die Sicht nimmt. Die Vögel weinen immer heftiger, bis aus ihren Augen rote Sturzbäche strömen. Das Feuer erlischt. Als sich der schwarze Rauch verzieht, sehe ich plötzlich weiße Vögel aus meinem Fenster davonfliegen.

Schweißgebadet wache ich auf. Ich habe das Gefühl, dass dieser Traum immer wiederkehren wird, weil es Dinge gibt, die ich jahrelang geschluckt habe, ohne jemals mit einem Menschen darüber gesprochen zu haben.

Zum ersten Mal denke ich, dass es gut wäre, über all die Demütigungen, die ich erleiden musste, zu reden. Und plötzlich glaube ich zu wissen, wie sehr es mir hilft, bei Papatya zu sein. Nur hier kann ich Abstand gewinnen und gleichzeitig meine Vergangenheit verarbeiten. Nur hier wird es mir gelingen, die schwarzen Vögel irgendwann einmal zu vertreiben. Da bin ich mir sicher.

Ich schaue zu Jasmin. Sie liegt in ihrem Bett und sieht mich an. Wie lange sie mich schon beobachtet, weiß ich nicht, aber in ihrem Blick lese ich Besorgnis.

»Ayşe, was ist denn los? Ich habe noch nie einen Menschen im Schlaf so wimmern hören wie dich«, sagt sie.

»Ich habe einen furchtbaren Traum gehabt«, antworte ich ihr und bemühe mich um ein Lächeln.

Jasmin versucht, mich zu trösten: »Die Zeit heilt alle

Wunden – wenigstens einige. Bei mir war das auch so. Ich hatte anfangs schreckliche Angst davor, auf einmal ganz auf mich allein gestellt zu sein.«

»Diese Angst ist bei mir verflogen«, antworte ich ihr. »Jetzt will ich einfach nur noch von meiner Familie getrennt sein. Daheim hat mich alles eingeengt, so als hätte man mich in eine Klarsichtfolie gewickelt, durch die ich zwar hindurchsehen konnte, die mir aber jede Bewegungsfreiheit nahm. Wie ein eingeschweißter Fisch kam ich mir vor, fertig zum Abtransport und ohne die Möglichkeit, sich zu wehren.« Ich seufze. »Aber dann bin ich ihnen doch noch davongeschwommen.«

»Aber vermisst du deine Eltern denn gar nicht?«, fragt Jasmin.

»Nein. Ich will, dass sie mich mein Leben so führen lassen, wie ich es will. Ansonsten kann und werde ich sie nie wiedersehen.«

Jasmin ist anzusehen, dass meine Antwort sie erstaunt. »Aber liebst du deine Eltern denn gar nicht?«

Liebe. Ich weiß nicht, ob ich die für meine Eltern empfinde. Sie haben mich großgezogen, mich ernährt und gekleidet. Aber sie haben mich auch leiden lassen und beschimpft. Ich weiß nicht, ob ich ihnen das, was sie mir angetan haben, jemals verzeihen kann. Uns verbindet nichts als das Blut, das in unseren Adern fließt.

»Wovor hast du denn dann Angst, wenn nicht vor dem Alleinsein?« Jasmins Frage höre ich wie aus dem Off.

»Vor meiner Familie«, sage ich. »Davor, dass sie Oliver etwas antun könnte.« Ich muss an Leilas entstellten Freund denken, an das kochende Wasser.

»Glaubst du denn, deine Eltern wären dazu fähig?«

»Davon bin ich überzeugt. Blutrache ist eine Frage der Ehre. Oliver hat in ihren Augen meine Ehre verletzt, deshalb muss er büßen.«

»Aber was könnten sie denn tun? Ihn umbringen? Traust du ihnen das zu?«

Ich überlege. Gerade weil es meine Eltern sind, halte ich das für möglich. Ich weiß, dass sie mich lieben. Aber ihre Liebe ist wie ein zweischneidiges Schwert. Ich war ihre Lieblingstochter. Aber eben nur, solange ich hübsch, brav und fleißig war und ihrem Willen folgte. Jetzt bereite ausgerechnet ich ihnen Schande. Sie müssen diese Schande rächen, um ihre Ehre zu retten. Es kann gar nicht anders sein.

Ich nicke auf Jasmins Frage hin. Aber sie bohrt weiter: »Irgendwann einmal wirst du oder Oliver ihnen über den Weg laufen. Und dann …? Was passiert dann?«

Das weiß ich doch auch nicht! Verzweiflung steigt in mir hoch. »Jasmin, hör auf«, sage ich und halte mir die Hände vors Gesicht. Meine neue Freundin steigt aus ihrem Bett und kommt zu mir herüber. Ich schluchze noch immer in mich hinein. All den Kummer und die Verzweiflung, die ich die ganzen letzten Tage zu unterdrücken versucht habe, kann ich jetzt nicht mehr zurückhalten. Die Tränen strömen einfach immer weiter aus mir heraus, und als Jasmin mich in ihre Arme nimmt und hin und her wiegt, werden es noch mehr.

»Hör auf zu weinen, Ayşe. Du bist hier ja erst einmal sicher, und wie es weitergeht, wird sich schon noch zeigen.«

Sie versucht, mich zu trösten, als wäre ich ein kleines Kind. »Schau, heute ist Samstag, da haben wir nach dem Saubermachen Ausgang. Ich zeig dir einen Ort, an dem du unter Garantie noch nie warst, ja?« Es dauert nicht lange und ich höre auf zu weinen.

Samstag ist Putztag bei Papatya. Alle Mädchen bekommen eine Aufgabe. Die eine soll den Boden fegen, die nächste wischen, die andere das Bad sauber machen. Jasmin und ich sind für die Fenster zuständig. Einige Mädchen murren, Jasmin gehört dazu. »Mann, ich bin doch hier nicht deren Putzfrau«, stöhnt sie, als sie einen Eimer mit Wasser füllt. Für mich ist das unbegreiflich. Was habe ich daheim nicht alles machen müssen und mich niemals darüber beschwert! Nicht im Traum wäre mir das eingefallen. Das bisschen Fensterputzen, das ist doch selbstverständlich.

»Na hör mal, bei dir zu Hause musstest du sicher auch mithelfen«, sage ich.

Jasmin schaut betreten. »Das stimmt schon. Diese Arbeiten erinnern mich einfach an daheim. Deshalb reagiere ich auch so empfindlich. Ich weiß schon, dass das blöd von mir ist.«

Das ist typisch Jasmin. Erst spielt sie die schwierige Zicke, dann zeigt sie sich wieder so verletzlich.

»Haben dich deine Eltern auch so viel schuften lassen?«, fragt sie mich.

Ich nicke und denke daran, wie ich bereits als Zwölfjährige in der Küche stand und lernte, eine siebenköpfige Familie zu verköstigen. Wie ich Töpfe schleppte, so groß wie Kübel, Aufläufe machte, Eintöpfe kochte und Fladenbrot buk.

»Schlimmer als das Putzen fand ich es aber, immer herumkommandiert zu werden. Wenn mein Bruder oder mein Vater etwas wollte, musste ich sofort gehorchen.«

»Genau die gleichen Machos wie bei mir! Meine Brüder haben Gameboy gespielt und ich musste den Dreck unter ihren Füßen wegsaugen. Und zum Dank haben sie mich anschließend verdroschen.«

»Deswegen mecker nicht, wenn du hier ein bisschen Staub wischen musst.« Und dann fordere ich sie energisch auf: »Wir fangen in unserem Zimmer an.«

Die Musik, die Jasmin in ihren Kassettenrekorder einlegt und bis zum Anschlag aufdreht, ist rasant und arabisch. »Ich verstehe kein Wort von dem, was die da sagen«, brülle ich Jasmin zu, die laut mitsingt. Sie zuckt nur mit den Schultern und übertönt jetzt fast die Sänger.

Noch nie hat mir Putzen so viel Spaß gemacht. Den Kassettenrekorder nehmen wir mit uns in die anderen Zimmer, wo sich ein Teil der Mädchen erst ärgerlich die Ohren zuhält, bis auch sie zu den arabischen Rhythmen den Boden schrubben und den Staub von den Schränken wischen.

Als wir fertig sind, ruft uns Susanne zu: »So, wenn alles geputzt ist, könnt ihr meinetwegen schon jetzt Ausgang haben!« Sie muss fast schreien, weil die Musik immer noch so laut gestellt ist.

»Ausgang – das klingt ja wie in einem Gefängnis«, sage ich zu Jasmin, als wir die Treppen hinuntergehen, um den Nachmittag draußen zu genießen.

»So fühlt sich das hier auch manchmal an«, antwortet mir meine Putzgenossin. »Um acht aufstehen, um elf strikte Bettruhe. Wer abends länger weg will, muss einen Antrag stellen. Pünktlich zum Essen erscheinen. Kein Alkohol ...«

Ich unterbreche Jasmin, die mir ansonsten die gesamte Hausordnung herunterbeten würde. »Aber du musst doch zugeben, dass das alles seine Berechtigung hat«, sage ich. Ich will mich nicht mit meiner Freundin streiten, aber ihre Haltung ärgert mich. »Klar, es ist blöd, nicht immer das tun zu können, worauf man Lust hat«, beginne ich, »aber erstens sind die Regeln zu unserem Wohl gedacht und zweitens bin ich hier immer noch sehr viel freier als bei meiner Familie.«

Jasmin verdreht die Augen. »Du redest ja schon wie Susanne«, stöhnt sie. Meine Freundin gibt mir einen Knuff von der Seite und lacht. Ich boxe sie leicht zurück.

Sobald wir auf der Straße sind, überfällt mich das bekannte Gefühl der Unsicherheit. Es ist zwei Tage her, seit ich mit Jasmin auf dem Spielplatz und im Café war. Unser Ausflug kommt mir immer noch wie eine Mutprobe vor. Nur dass diese Mutprobe keine dumme Kinderwette für mich ist, sondern todbitterer Ernst.

Es stimmt schon, ich kann mich nicht mein Leben lang verbergen. Aber meine Flucht ist noch keine Ewigkeit her. Erst vor einer Woche haben mir meine Eltern bewiesen, wozu sie in der Lage sind.

Jasmin hat mir versprochen, mich an einen Ort zu führen, den meine Familie bestimmt nicht kennt. Wir spazieren gemütlich in Richtung S-Bahn. Es ist erst das zweite Mal seit meiner Flucht, dass ich am helllichten Tag durch Berliner Straßen laufe. Es ist mir immer noch sehr unheimlich. Ich ziehe die Kapuze von meinem grauen Pulli, den ich unter dem Mantel trage, über den Kopf und tief ins Gesicht. So fühle ich mich besser. Ob Jasmin meine Angst bemerkt?

An der Haltestelle müssen wir uns noch ein paar Minuten gedulden. Wie oft habe ich in den letzten Monaten schon an Gleisen gestanden und gewartet. Und jedes Mal voller Furcht. Ein halbes Jahr lang habe ich nachmittags auf die Bahn gewartet, die mich zu Oliver brachte. Und abends auf die, mit der ich wieder zurück zum Krankenhaus fuhr. Auf der Hinfahrt hatte ich Angst, entdeckt zu werden, und auf der Rückfahrt betete ich, der Zug möge keine Verspätung haben. Jetzt stehe ich wieder hier und warte. Und immer noch kann ich die Angst nicht abschütteln. Vielleicht werde ich sie noch viele Jahre nicht loswerden, diese Angst, die an mir nagt, egal, wohin ich gehe.

»Wo ist sie?« Plötzlich höre ich ein Gespräch in kurdischer Sprache. Ich bin wie versteinert. Selbst wenn ich wollte, könnte ich jetzt nicht weglaufen. Ich umfasse Jasmins Hand und bedeute ihr, sich nicht zu rühren. Langsam schaue ich mich um. Ich sehe einen Mann und eine Frau. Sie stehen mit dem Rücken zu uns. Die Frau ist klein, rund und trägt schwarze Kleidung. Von hinten ähnelt sie einer meiner Tanten. »Da liegt sie. Sie ist auf den Boden gefallen«, ruft die Frau, während sie sich schwungvoll zu uns umdreht. Ich bin erleichtert. Ihr Gesicht habe ich noch nie gesehen. Der Mann hat nur seine Geldbörse gesucht. Als die Frau bemerkt, dass ich sie beobachte, lächelt sie.

Wir fahren raus in Richtung Wannsee. Diese Strecke ist mir so vertraut. Es macht mich schwermütig, sie jetzt wieder entlangzufahren.

Durch das Fensterglas scheint die Wintersonne auf Jasmins Gesicht. Sie hat die Augen geschlossen und genießt die Wärme.

»Über ein halbes Jahr bin ich diese Strecke fast jeden zweiten Tag gefahren«, sage ich.

Jasmin öffnet ihre Augen weit und sieht mich an. »Zu Oliver?«

Ich nicke. »Am Dienstag, Donnerstag, Freitag und manchmal auch am Samstag – wann immer ich eine Ausrede fand, weshalb ich länger arbeiten musste.«

»Dafür bewundere ich dich«, sagt Jasmin. »Ich hätte das nie durchgehalten.«

»Wie hast du dich denn mit deinem Freund Marco getroffen?«, frage ich Jasmin. »Etwa nicht heimlich?«

Es ist ein seltsames Gefühl, mich mit Jasmin über Probleme zu unterhalten, als gehörten sie schon lange der Vergangenheit an. Es befreit, jemanden gefunden zu haben, der Ähnliches durchgemacht hat.

»Klar haben wir uns heimlich getroffen«, antwortet Jasmin auf meine Frage. »Ich wurde aber nicht ständig auf Schritt und Tritt von meinen Eltern belagert. Das hat die Sache leichter gemacht.« Sie hält kurz inne und sagt schließlich: »Am Anfang wenigstens.«

Ich hake nach. »Und dann?«

»Dann hat mich mein Bruder erwischt, wie ich Marco gerade mit einem Kuss verabschiedet habe. Er hat mich an den Haaren nach Hause gezerrt und mein Vater schlug mich grün und blau.«

»Wieso tun Eltern das? Wieso schlagen sie ihre eigenen Kinder?«, presse ich wütend hervor.

Jasmin sieht bitter aus, als sie sagt: »Frag mal Maja. Die hat wohl die brutalsten Eltern. Sie ist gerade mal elf und schon Dutzende Male von ihrem Vater bewusstlos geschlagen worden. Tausende von Prellungen, Verstauchungen und drei Knochenbrüche.«

Ich denke an heute Mittag, als Maja wieder weinend am Tisch saß. Sie wirkte so klein und verletzlich. Wie konnten ihre Eltern sie so misshandeln?

»Jedes der Mädchen, das bei Papatya ist, wurde geschlagen, Ayşe«, fährt Jasmin fort. »Und sie machen nur einen winzigen Bruchteil von den Frauen und Mädchen aus, die ein ähnliches Schicksal haben. Es sind nicht nur kurdische oder türkische Frauen, die geschlagen werden, sondern auch deutsche.«

Den Rest der Fahrt schauen wir beide aus dem Fenster, jede in Gedanken versunken.

Haltestelle Wannsee. Wir sind angekommen. Ich bin ein bisschen enttäuscht. Jasmin wollte mir einen Ort zeigen, den ich noch nicht kenne. »Hier war ich aber schon«, sage ich. »Hassan ist hier manchmal mit mir spazieren gegangen.«

Jasmin schnaubt mit gespieltem Ärger: »Jetzt sei doch nicht so ungeduldig, wir müssen noch in einen Bus steigen. Und halte mich nicht für einfallslos.« Zielstrebig wie immer läuft sie zur Haltestelle voraus.

Der Bus hält am Rand eines Waldes. Es ist kaum zu glauben, dass wir noch in Berlin sind. Nach fünf Minuten Fußweg kommen wir an einer kleinen russischen Kirche vorbei, von der aus man auf die Havel blicken kann. »Die Kirche heißt Sankt Peter und Paul«, erklärt mir Jasmin. »Und siehst du die Insel da? Das ist die Pfaueninsel. Wir nehmen jetzt die Fähre und dann sind wir da.«

Die matte Sonne hüllt die winterliche Landschaft in ein milchiges Licht. Während in Berlin alles mit grauem Matsch bedeckt ist, hat hier der Schnee den Bäumen und dem Kuppeldach der Kirche weiße Hauben aufgesetzt. Jasmin nimmt mich an der Hand. »Komm, ich muss dir was zeigen.« Sie zieht mich zu dem hölzernen Blockhaus neben der Kirche. Wir stellen uns auf die Terrasse. Von hier aus sieht man weit auf die Havel hinaus. Die Eisschollen, die auf dem Wasser treiben, glänzen. Es sieht aus, als sei in dem Fluss ein Schatz aus Silber versunken. Um uns ist fast völlige Stille. Nur aus der Ferne hört man die Stimmen zweier Menschen näher kommen.

Ich fühle mich richtig frei. Ein unglaubliches Gefühl ist das. An die Brüstung gelehnt, reiße ich die Arme hoch und schreie. Es ist ein Jubelschrei. Jasmin sieht mich an, dann reißt auch sie die Arme in die Luft und stimmt in mein Gejauchze mit ein. Wir fallen uns in die Arme.

Fast zwei Stunden schlendern wir über die verwunschene Insel. Jasmin erzählt mir, dass hier einmal ein Liebespaar gelebt haben soll. Einen schöneren Platz kann ich mir nicht vorstellen. Langsam beginnt es zu dämmern. »Wir müssen zurück«, sagt Jasmin, »sonst kommen wir zu spät.«

Die Zeit bei Papatya hilft mir, Abstand zu gewinnen und nachzudenken. In meinen Gesprächen mit den Betreuerinnen und den anderen Mädchen wird mir immer mehr bewusst, wie gut es mir tut, mit niemandem von meiner Familie zu sprechen. Mit Eren rede ich am liebsten, zu ihr habe ich das größte Vertrauen. Ich kann spüren, wie viel Erfahrung sie hat.

Jasmin hat mir erzählt, dass Eren Psychologin sei und »dafür da ist, unsere Köpfe auszuquetschen«. Und dass sie vor allem die »Neuankömmlinge auf die Couch legt und durchleuchtet«. Dabei geht doch jede von uns freiwillig zu den Betreuerinnen! Meine Freundin hat sicherlich nicht oft ein Gespräch mit ihnen gesucht. Sie verarbeitet ihre Probleme auf eine ganz andere Art und Weise als ich. Während ich meinen Kummer jahrelang hinuntergeschluckt habe, reißt sie Witze über ihre Familie und wird so mit den vielen Demütigungen fertig, die sie erlitten hat.

Zum ersten Mal in meinem Leben schenke ich anderen Menschen – neben Oliver natürlich – völliges Vertrauen. Bisher musste ich immer abwägen, wie viel und was ich wem über mich erzählen konnte. Meine Arbeitskollegen wussten, dass ich einen Freund habe, den meine Eltern nie akzeptiert hätten. Dass ich längst Hassan versprochen war, wussten sie dagegen nicht. Sie haben auch nicht erfahren, dass meine Familie mich auf Schritt und Tritt verfolgte, jede Minute meines Lebens kontrollieren wollte und dass dies der Grund war, weshalb ich so gern Überstunden machte.

Meine Cousine Şhirin, von deren Hochzeit ich geflohen war, wusste von den Schlägen, aber ich hatte ihr nie erzählt, wie sehr ich mein Leben innerhalb der Familie verabscheute. Denn das höchste Gebot bei Jesiden ist die Loyalität. Aber Şhirin hatte ja Augen im Kopf. Sie war oft genug dabeigewesen, wenn mich mein Bruder niederschlug, sie hatte die harten Worte meines Vaters gehört und das schrille Schreien meiner Mutter. Sie verstand auch ohne Worte, worunter ich litt.

Es vergehen fast zwei Monate und mit ihnen kein Tag, an dem ich nicht an Oliver denke. Ich denke an ihn, wenn ich mit den Mädchen in der Küche bin, wenn ich mit ihnen diskutiere, lache oder weine. Nachts träume ich von ihm, und wenn ich morgens aufwache, bete ich, er möge mich nicht vergessen.

Dann kommt der Tag, an dem ich Oliver anrufen darf. Es ist der 19. Januar, ein Sonntag. Am Frühstückstisch bekomme ich kaum einen Bissen hinunter. Was, wenn ich ihn nicht erreiche? Wenn er eine neue Freundin hat? Nichts mehr von mir wissen will? Ich bin voller Zweifel und Ängste, als ich ins Büro gehe.

»Ayşe, rechne mit dem Schlimmsten und hoffe nur auf das Beste«, beginnt Eren, als ich mich zu ihr auf die Eckcouch setze. »Sei nicht blauäugig, wenn du heute Oliver anrufst.« Ich nicke nervös.

»Hast du dir schon überlegt«, fährt Eren fort, »was du machst, wenn Oliver nicht mehr für dich da sein will?«

»Ich bin auf niemanden angewiesen«, antworte ich ihr. »Und eines ist sowieso sicher: Auch wenn Oliver nicht mehr mit mir zusammen sein will, kehre ich nicht zu meinen Eltern zurück. Ich gehe meinen Weg auch allein.«

Eren lächelt. »Wunderbar, Ayşe. Ich bin stolz auf dich.«

Ich sehe sie fragend an.

»Ich finde, du bist in den letzten zwei Monaten viel selbstbewusster geworden«, erklärt Eren. »Du hast gelernt, dich in eine neue Umgebung einzufinden, und dazu gehört viel Kraft. Vor allem, wenn man sich auf keine vertrauten Personen stützen kann.«

Eren hat Recht. Es waren zwei harte Monate, aber ich habe das Beste daraus gemacht. Mit jedem Tag habe ich mehr über mich gelernt, vieles auch mit Hilfe von Jasmin.

»Gut, Ayşe. Ich lass dich jetzt allein. Du kannst auch deine Eltern anrufen, das überlasse ich dir.«

»Ich will heute nur mit Oliver sprechen«, antworte ich.

»Dann solltest du vielleicht morgen mit deinen Eltern telefonieren, Ayşe.« Eren ist in der Tür stehen geblieben. »Denn ich glaube, allmählich ist die Zeit auch dafür gekommen.«

Ich stehe auf, gehe langsam durch den Raum und greife nach dem Telefon. Ich nehme es mit mir, zurück auf die Couch, auf die ich mich wieder fallen lasse. In meinem Kopf pocht es wie wild. Ich versuche, mich zu beruhigen. Was sollte schon geschehen sein? – Dass Oliver nichts mehr von mir wissen mag. Aber dann wäre er kein Verlust. Und ich kann auch nicht glauben, dass er so reagieren wird. Ich wähle Olivers Nummer – die Nummer unserer gemeinsamen Wohnung. Es ist jetzt zwölf Uhr mittags. Sonntags waren Oliver und ich immer lange im Bett, haben die Sendung mit der Maus angesehen und dabei gefrühstückt. Ob er das wohl auch ohne mich noch macht? Es klingelt. Einmal, zweimal, schon beim dritten Klingeln nimmt Oliver ab.

»Ja, hallo?«

Beim Klang seiner Stimme wird mir ganz warm. »Oliver!« Mehr bringe ich nicht heraus, ich habe einen Kloß im Hals.

»Ayşe, endlich!«, sagt Oliver. An seiner Stimme höre ich, wie sehr er sich freut.

»Ich habe dich vermisst«, flüstere ich in den Hörer.

»Ich dich auch, Ayşe. Und wie.«

Meine Anspannung löst sich langsam. »Es tut mir so Leid, dass ich mich nicht eher gemeldet habe, aber …«

»Ich weiß schon. Die Frau vom Münchner Sozialamt hat mir alles erklärt.«

»Wie geht es dir?«

»Mir geht es gut, Ayşe. Alles ist in bester Ordnung. Das Studium gefällt mir sehr und die Wohnung existiert auch noch.« Seine Antwort klingt so, als wenn er mir nicht die ganze Wahrheit sagen würde. Ich habe sofort einen Verdacht.

»Hast du etwas von meinen Eltern gehört?«, frage ich.

Olivers Stimme klingt gequält. »Lass uns jetzt nicht davon reden, bitte. Diese Minuten am Telefon sollen nur uns gehören. Es ist mir viel wichtiger zu wissen, wie du im Heim zurechtkommst!«

»Alle helfen mir. Die anderen Mädchen hier sind auch sehr nett.« Plötzlich weiß ich nicht, was ich sagen soll. Ich muss zuerst die Wahrheit wissen. »Oliver, sag mir doch bitte, was du über meine Eltern weißt. Ich habe auch mit ihnen seit zwei Monaten nicht mehr gesprochen.«

Oliver seufzt. »Gut, Ayşe. Aber es ist nicht so schlimm, wie es sich vermutlich anhört.« Er macht eine Pause. Wahrscheinlich überlegt er, wie er es mir sagen soll. »Deine Eltern waren noch mal hier. Sie haben mir gedroht, mich umzubringen, wenn sie uns noch einmal zusammen erwischen.«

Mein Magen krampft sich zusammen. »Wann war das?«

»Vor einem Monat.«

»Und seitdem?«

»Ich glaube, sie beschatten mich«, antwortet Oliver. Er versucht, locker zu klingen, aber ich kenne ihn zu gut, um seine Anspannung nicht zu bemerken. »Manchmal sehe ich Osman, wie er mir folgt, wenn ich zur Akademie fahre, oder abends, wenn ich weggehe.«

»Oliver«, sage ich und bemühe mich um eine feste Stimme, »du musst das alles nicht durchmachen, du kannst dich von mir trennen, wenn du willst.«

Wie oft habe ich ihm das schon gesagt. Nur bin ich mir dieses Mal nicht sicher, wie er reagieren wird.

»Ich bleib bei dir, Ayşe. Ich liebe dich.«

Seine Worte geben mir so viel Kraft und machen mich

gleichzeitig unwahrscheinlich traurig. Wie sehr wünsche ich mir jetzt, bei Oliver zu sein, ihn in den Armen zu halten.

»Ich liebe dich auch«, flüstere ich ins Telefon. »Sehr.«

Oliver schweigt für einen Moment. Dann sagt er: »Kann ich dich anrufen?«

»Nein, die Nummer ist geheim. Aber ich melde mich morgen wieder bei dir, ja? Ich muss jetzt auflegen.«

»Ist gut, meine Süße. Bis morgen.«

»Bis morgen.«

Um mich herum ist Stille. Tränen laufen meine Wangen hinab. Ich wische sie energisch weg. Ich will jetzt nicht weinen. Dazu habe ich kein Recht. Es ist Oliver, der in Gefahr schwebt. Ich muss jetzt stark sein. Gleichzeitig wird mir bewusst, dass ich ihn auch in nächster Zeit nicht sehen kann. Nicht, solange meine Eltern ihn durch Osman oder andere Familienmitglieder überwachen lassen. Ich muss mit ihnen sprechen. Nicht morgen, sondern heute. Sofort.

Mit einem Ruck stehe ich auf, laufe auf den Flur, in die Küche. Eren sitzt dort auf dem Sofa. Sie hat auf mich gewartet. »Und?«, fragt sie gespannt.

»Meine Eltern spionieren Oliver aus! Ich muss sie gleich anrufen und ihnen sagen, dass sie das nicht dürfen!«

»Ayşe«, beginnt Eren. »Lass uns genau überlegen, was du zu deinen Eltern sagen wirst.« Sie bedeutet mir, mich neben sie zu setzen. »Es ist bestimmt nicht sinnvoll, sie gleich anzuklagen.«

Eren ist viel weiser als ich, wie immer. »Aber was soll ich sagen?«, frage ich ratlos.

»Versuche, sachlich zu bleiben. Sag ihnen, dass es dir gut geht und dass du glücklich bist.«

»Und anschließend werden sie mich auffordern, zu ihnen zurückzukommen.«

»Vielleicht werden sie auch versuchen, dich zu erpressen, Ayşe. Darauf darfst du nicht reagieren.«

»Okay«, sage ich und stehe abrupt vom Sofa auf. »Dann rufe ich sie jetzt an.«

»Warte, Ayşe«, ruft mir Eren nach. Ich bleibe stehen. »Egal, was passiert, du darfst auf keinen Fall sagen, wo du bist.«

»Natürlich nicht«, antworte ich.

»Ich meine, auch nicht aus Versehen. Das ist einmal einem Mädchen passiert, eine Stunde später stand der Vater vor unserer Tür.«

»Ich passe auf«, verspreche ich.

»Ayşe, ich werde mit dir ins Büro gehen. Für den Fall, dass es ein Problem gibt«, sagt Eren, während sie sich ebenfalls vom Sofa erhebt.

»Ja, danke«, erwidere ich, erleichtert darüber, gleich nicht allein zu sein.

Das Herzrasen, der plötzliche Schweißausbruch, die zittrigen Hände – das alles ist wieder da. Wie werden meine Eltern reagieren? »Gras über die Sache wachsen lassen«, hatte Eren vor zwei Monaten gesagt. Ich habe damals bezweifelt, dass das geht. Und auch jetzt glaube ich nicht daran.

Im Büro nehme ich das Telefon und gehe damit zur Couch. Eren bleibt neben dem Schreibtisch stehen. Sie nickt mir zu. »Du schaffst das, Ayşe.«

Ich atme tief aus, dann wähle ich die Nummer meiner Eltern. Meine Hände sind feucht.

Es geht niemand an den Apparat. Schon fünfmal habe ich es klingeln lassen. Irgendwie bin ich erleichtert. Doch gerade als ich auflegen will, meldet sich meine Schwester Beriwan. Als sie hört, wer da am Apparat ist, bekommt ihre Stimme einen eiskalten Tonfall. »Ayşe! Du kannst was erleben, wenn du wieder heimkommst.«

»Ich komme nicht mehr heim, Beriwan«, antworte ich.

»Vergiss es, die kriegen dich.«

Ich ignoriere ihre Worte. »Bitte gib mir mal Papa.« Beriwan legt grußlos den Hörer zur Seite. Ich höre, dass sich ihre Schritte entfernen. Dann erkenne ich Stimmen, die meines Vaters und die durchdringende meiner Mutter. Jetzt wird der Hörer erneut aufgenommen. Mein Vater meldet sich. »Ayşe, wo bist du?« Seine Stimme klingt so fern, wie aus einem anderen Leben. Einem Leben, mit dem ich nichts mehr zu tun haben möchte.

»Das darf ich dir nicht sagen«, antworte ich.

»Wieso?« Die Stimme meines Vaters klingt misstrauisch. »Wirst du festgehalten?«

»Nein, ich bin freiwillig hier.« Ich mache eine Pause, überlege, wie ich fortfahren könnte.

Mein Vater kommt mir zuvor. »Wir werden dich so oder so finden, Ayşe. Es ist besser, du kommst aus freien Stücken zu uns zurück.«

»Papa, das wird nicht geschehen. Ich will mein eigenes Leben führen.«

»Mit deinem Deutschen?« Die Worte meines Vaters klingen kalt.

»Nein. Ich habe mich von Oliver getrennt.« Ich muss jetzt lügen, um meinen Freund zu schützen. »Dann komm zurück!«, fordert mein Vater. »Hassan wartet immer noch auf dich. Er wird dir verzeihen.«

»Du verstehst mich nicht, Papa. Ich will Hassan nicht heiraten.«

»Was fällt dir ein, mir zu widersprechen! Werde endlich wieder vernünftig!«

Ich höre, wie mein Vater wütend schnaubt. Schließlich sagt er: »Niemals werde ich zulassen, dass du eine deutsche Hure wirst.« An harte Worte bin ich gewöhnt, aber diesmal treffen sie mich mehr als je zuvor. Ich bin unfähig, ihm zu antworten. Da höre ich die Stimme meiner Mutter. Sie keift in den Hörer: »Ayşe, verdammt, wo bist du?« Ich schlucke. Vor ihr hatte ich schon immer mehr Angst als vor meinem Vater. »Ich bin bestens aufgehoben, Mama.«

»Was heißt das? Mach dich schleunigst auf den Weg nach Hause, sonst wird es dir bald schlecht ergehen.«

»Ich kann nicht, Mama«, antworte ich.

»Ach ja? Und aus welchem Grund? Hast du etwa deine Unschuld verloren, du Schlampe?«

Ich antworte ihr nicht. Die Tränen strömen mir über das Gesicht, es sind so viele, dass mein Hemd nass wird. Eren sieht mich aufmunternd an. Ihr Blick scheint mir zu sagen: Bleib tapfer. Niemand hat gesagt, es würde leicht werden. Meine Mutter bemerkt mein Schluchzen. Plötzlich klingt ihre Stimme viel sanfter. »Komm zurück, Ayşe. Das Jungfernhäutchen kann man nähen. Hassan wird dich trotzdem nehmen.« Langsam lasse ich den Hörer sinken. Ich lege einfach auf.

Epilog

Ayşe gibt es nicht mehr. Sie hatte keine Chance. Ich habe meinen Namen ändern lassen, denn als Ayşe konnte ich mich nirgendwo anmelden oder etwas unterzeichnen. Ich will es meinen Eltern nicht allzu leicht machen, mich aufzuspüren.

»Komm zurück«, hatte meine Mutter am Telefon gesagt und mir versprochen, dass dann alles gut werden würde. Aber ich weiß, was das in ihrer Vorstellungswelt bedeutet: Hassan heiraten. Aber das kann ich nicht, ich würde innerlich sterben.

Der Brief mit meinem neuen Namen kam vom Bezirksamt Pankow am 17. März 2003 an, drei Tage vor meinem zweiundzwanzigsten Geburtstag. Susanne fing die Post ab, auf die ich so sehnsüchtig gewartet hatte. Erst an meinem Geburtstag überreichte sie mir den Umschlag. Noch nie hatte ich mich so sehr über eine Überraschung gefreut.

Alle Mädchen saßen mit mir um den Küchentisch, auf dem Geschenke und eine Geburtstagstorte standen. Ich blies die Kerzen aus, schloss die Augen und wünschte mir dabei nichts sehnlicher als die Möglichkeit für einen Neubeginn. Ich wusste zu dem Zeitpunkt schon, dass ich Papatya bald verlassen würde.

Dann entdeckte ich den Brief. Als ich ihn öffnete und

meinen neuen Namen erstmals schwarz auf weiß vor mir sah, stiegen mir Tränen in die Augen. Ich weinte, weil ich mich mit dem neuen Namen endgültig von meiner Familie distanziert hatte. Ich war keine von ihnen mehr. Es waren Tränen der Erleichterung.

Seit meinem Geburtstag ist ein Monat vergangen, den ich damit verbracht habe, mir ein neues Leben aufzubauen. Ich habe mich entschieden, nach Stuttgart zu ziehen, weil ich hier eine Stelle als Krankenschwester und eine kleine Wohnung gefunden habe. Und weil Stuttgart weder zu nah noch zu fern von München ist, wo der Mann lebt, den ich liebe und mit dem ich zusammen sein will.

Damit ist meine Geschichte allerdings nicht zu Ende. Im Gegenteil, sie hat gerade erst begonnen. Denn wenn ich auch während meiner Zeit bei Papatya viel über mich gelernt habe und mich auf das Leben vorbereitete, das ich nun führe, habe ich das eigentliche Ziel nicht erreicht: Ich habe mich nicht mit meinen Eltern ausgesöhnt. Ich habe es nicht geschafft, dass sie meine Beziehung zu Oliver akzeptieren oder zumindest aufhören, nach mir zu suchen. Immer noch haben sie den Ehrgeiz, mich mit Hassan oder einem anderen Jesiden zu verheiraten.

Solange mich meine Familie nicht aufgibt, muss ich weiter im Verborgenen leben. Und immer in Angst. Und solange kann ich Oliver auch nur heimlich treffen. Wenn wir uns sehen, mieten wir uns ein Hotelzimmer irgendwo zwischen München und Stuttgart. Aber selbst dort lässt mich die Furcht vor meinen Eltern nicht los.

Der König in dem Märchen von Tausendundeiner Nacht hat Scheherazade die Freiheit geschenkt. Ich weiß, dass die Zukunft sich oft nicht so gestaltet, wie man sie sich erträumt. Aber trotzdem wünsche ich mir weiterhin nichts sehnlicher, als dass auch meine Eltern irgendwann einmal von mir ablassen werden.